運行管理者試験

貨物自動車運送事業編

過去の問題の解説と実践模擬問題

～出題範囲の要点と問題30問付～

国家試験受験対策研究会　編著

は し が き

　平成2年12月に貨物自動車運送事業法及び貨物運送取扱事業法のいわゆる物流2法が施行されました。これにより，トラック運送事業の免許制が許可制に，運賃の認可制が届出制になるなど規制緩和措置がとられる一方，輸送の安全確保を目的に一層の社会的規制の強化が図られることになりました。

　その一つとして運行管理者の国家試験制度が導入され，この試験に合格して運行管理者資格者証を取得した者でなければ運行管理者として選任することができないことになりました。

　この国家試験を受けるためには，自動車運送事業（貨物軽自動車運送事業を除く。）又は特定第二種利用運送事業の職場で運行の管理に関し1年以上の実務経験（受験資格）を得るか，あるいは国土交通大臣が認定する講習実施機関が平成7年4月1日以降に実施している基礎講習を修了していることが必要であります。

　運行管理者試験はCBT試験で行われ，その出題の内容も，貨物自動車運送事業法をはじめ関係諸法令から運行管理者の業務に関し必要な実務上の知識及び能力までと広範囲にわたっています。

　従って，試験に合格するには，運行管理業務を処理するうえで必要となる法的知識・一般知識のほか，当然，事業用自動車の運転者や乗務員に必要と思われる知識等についても十分に理解しておくと同時に，その日常の業務を再確認する必要があります。

　本書は，運行管理者試験を当面の目標とした受験勉強の一助となるように編集，構成しました。

　すなわち，<u>第1編ではこれから出題されると思われる事項の要点をまとめてありますので法律を十分理解されるよう熟読してください。</u>第2編では，過去の問題についてわかりやすく解説をし，第3編では，模擬問題を掲載しました。第1編を繰りかえし読み込んで勉強して自信がついたら，第2編・第3編を実施し最後の仕上げができるように考慮しました。

　運行管理者試験の受験参考書として，有意義にご活用いただければ幸いです。

編 著 者

もくじ

受験の手引
1 運行管理者試験とは ……………………………………………… 4
2 運行管理者試験を受験するには ………………………………… 4

第1編 出題範囲の要点 ……………………………………………… 7
1 貨物自動車運送事業法関係のポイント ………………………… 9
　1）法の目的・定義，事業の許可，届出など ………………… 9
　2）安全関係規定 ………………………………………………… 16
　3）事業者の遵守事項及び運行管理者の業務一覧表 ………… 71
2 道路運送車両法関係のポイント ………………………………… 72
　1）法の目的・定義，自動車の種別 …………………………… 72
　2）車両法に規定されている検査・登録等の概要 …………… 74
　3）車両法において「自動車の運行の要件」とされている事項 ……… 79
　4）自動車の点検・整備 ………………………………………… 83
　5）道路運送車両の保安基準及び細目告示のポイント ……… 90
3 道路交通法関係のポイント ……………………………………… 108
4 労働基準法関係のポイント ……………………………………… 149
　1）労働時間，休日，休日労働など …………………………… 149
　2）労働時間等の改善基準 ……………………………………… 161
4-2 労働安全衛生法関係のポイント ……………………………… 170
5 運行管理者の業務に関し必要な実務上の知識及び
　　　　　　　　　　　　　　　　能力関係のポイント ……… 175

第2編 運行管理者試験過去の問題の解説 ………………………… 199
試験問題の要約 …………………………………………………… 201
過去3回分の試験問題 …………………………………………… 206
過去の頻出試験問題10問 ………………………………………… 358

第3編 実践模擬問題 ………………………………………………… 373

受験の手引

1 運行管理者試験とは

　運行管理者とは，自動車運送事業の用に供する事業用自動車の運行の安全の確保に関する業務について，事業者に代わってこれを行う者をいいます。運行管理者試験は，このような業務の重要性を考慮し，必要と思われる知識及び能力について一定の水準に達しているか否かをCBT試験により判定するもので，一定の受験資格がある者の受験の申請に基づいて行われます。

　この運行管理者試験は，年2回，8月頃及び3月頃に実施されています。

2 運行管理者試験を受験するには

(1) 受験資格

　運行管理者試験を受けようとする者は，試験日の前日において，次のいずれかに当てはまらなければなりません。

　　ア　自動車運送事業（貨物軽自動車運送事業を除く。）の事業用自動車（緑ナンバーの車）の運行の管理に関し，1年以上の実務の経験を有する者

　　イ　国土交通大臣が認定する講習実施機関において，平成7年4月1日以降の試験区分に応じた基礎講習を修了した者

　　　①貨物自動車運送事業輸送安全規則に基づき国土交通大臣から認定された講習実施機関で基礎講習を受講された者は，貨物の受験資格となります。

　　　②旅客自動車運送事業運輸規則に基づき国土交通大臣から認定された講習実施機関で基礎講習を受講された者は，旅客の受験資格となります。

(2) 試験の施行

　運行管理者試験は，法に定めるところにより，指定試験機関である（公財）運行管理者試験センターで実施しています。

　なお，試験実施日時や試験会場については，試験の実施の都度，当該試験センターのホームページに掲載されます。

(3) 試験の内容・合格基準

・試験の内容

　運行管理者試験は，次に掲げる事項についてCBT試験により行われます。

　　ア．貨物自動車運送事業法……………………………………………………（8問）
　　イ．道路運送車両法……………………………………………………………（4問）
　　ウ．道路交通法…………………………………………………………………（5問）
　　エ．労働基準法…………………………………………………………………（6問）

オ．その他運行管理者の業務に関し，必要な実務上の知識及び能力……（7問）
・合格基準
次の①及び②の得点が必要です。
①原則として，総得点が満点の60％（30問中18問）以上であること。
②出題分野のア～エの出題ごとに正解が1問以上であり，オについては正解が2問以上であること。
(4) 受験の申請
運行管理者試験は，CBT試験により実施されます。
運行管理者試験を受けようとする者は，パソコン又は，スマートフォンから（公財）運行管理者試験センターのホームページにアクセスし，申請手順に従って申請して下さい。

（注） CBT試験とは，問題用紙やマークシートなどの紙を使用せず，パソコンの画面に表示される問題に対しマウス等を用いて回答する試験です。受験者は，申請時に複数の試験実施日時や試験会場の中から，受験する日時と会場を選択することができます。（（公財）運行管理者試験センター・ホームページにCBT試験の申請方法，試験方法が掲載されますので確認してください。）

《運行管理者試験に関する問い合わせ先》

```
●運行管理者試験の全般に関する問い合わせ先
 運行管理者試験コールセンター
   TEL 03-6635-9400（受付時間：平日9：00～17：00）
   ホームページ  https://www.unkan.or.jp
●受験申請についての問い合わせ先
 新規受験申請  運行管理者試験コールセンター
         TEL 03-6635-9400（受付時間：平日9：00～17：00）
 再受験申請   （公財）運行管理者試験センター　再受験申請デスク
         TEL 03-6803-4304（受付時間：平日9：00～17：00）
```

テキストの内容に関するお問い合わせ

このテキストの内容についての疑問・質問等がありましたら下記電話・FAXまでお問い合わせ下さい。

◎受付電話番号　　　　03-3861-0291
◎受付FAX番号　　　　03-3861-0295

テキストの訂正について

テキストの内容に訂正がある場合は、下記ホームページで訂正箇所を正誤表にして掲載いたします。検索または下記QRコードを読み取ってご確認ください。

◎輸送文研社ホームページ　　　https://yuso-bunken.co.jp/
　（または『輸送文研社』で検索してください）

第1編

出題範囲の要点

＊第１編をお読み頂くまえに

　運行管理者試験に出題された過去の問題については，第２編で各々の選択肢の正誤を示し，解説してありますので，精読して頂ければ，今後の試験の出題内容と傾向を知るのに役立つと思いますが，この第１編ではさらに万全を期すために今後，出題されると思われる事項の要点について各法令ごとにまとめてあります。

　難かしい法令の条文等に初めて接する読者の方もおられると思いますが，飛ばし読みはせず，熟読して理解に努めて下さい。

　また，本書のはじめに述べましたように，試験の内容が広く，多岐多様に分れ，そのなかでも特に「運行管理者の業務に関し必要な実務上の知識」となると，ほとんど無数の出題が可能となります。

　従って，本編の内容だけにこだわらず，広い眼くばりをもって学習してください。

　<u>なお，本文中の条文等は，試験問題として重要と思われるものを掲載しており，一部が抜粋されている場合もありますので，「自動車六法」等をぜひ参照するなど併読してください。</u>

1　貨物自動車運送事業法関係のポイント

　　　　凡例　**法**…貨物自動車運送事業法
　　　　　　　施行規則…貨物自動車運送事業法施行規則
　　　　　　　安全規則…貨物自動車運送事業輸送安全規則
　　　　　　　事故報告規則…自動車事故報告規則

1）　法の目的・定義，事業の許可，届出など

根拠条項	規　定　内　容　等
目　的 （法第1条）	●この法律は，貨物自動車運送事業の運営を適正かつ合理的なものとするとともに，貨物自動車運送に関するこの法律及びこの法律に基づく措置の遵守等を図るための民間団体等による自主的な活動を促進することにより，輸送の安全を確保するとともに，貨物自動車運送事業の健全な発達を図り，もって公共の福祉の増進に資することを目的とする。
定　義 （法第2条）	●貨物自動車運送事業とは，一般貨物自動車運送事業，特定貨物自動車運送事業及び貨物軽自動車運送事業をいう。 ●一般貨物自動車運送事業とは，他人の需要に応じ，有償で，自動車（三輪以上の軽自動車及び二輪の自動車を除く。）を使用して貨物を運送する事業であって，特定貨物自動車運送事業以外のものをいう。 ●特定貨物自動車運送事業とは，特定の者の需要に応じ，有償で，自動車（三輪以上の軽自動車及び二輪の自動車を除く。）を使用して貨物を運送する事業をいう。 ●貨物軽自動車運送事業とは，他人の需要に応じ，有償で，自動車（三輪以上の軽自動車及び二輪の自動車に限る。）を使用して貨物を運送する事業をいう。 ●特別積合せ貨物運送とは，一般貨物自動車運送事業として行う運送のうち，営業所その他の事業場（以下，事業場という。）において集貨された貨物の仕分けを行い，集貨された貨物を積み合わせて他の事業場に運送し，当該他の事業場において運送された貨物の配達に必要な仕分けを行うものであって，これらの事業場の間における当該積合せ貨物の運送を定期的に行うものをいう。 （注）特別積合せ貨物運送に係る運行系統に配置する事業用自動車を「運行車」という。（施行規則第2条第2項第3号）

根拠条項	規　定　内　容　等
	●貨物自動車利用運送とは，一般貨物自動車運送事業又は特定貨物自動車運送事業を経営する者が，他の一般貨物自動車運送事業又は特定貨物自動車運送事業を経営する者の行う運送（自動車（三輪以上の軽自動車及び二輪の自動車を除く。）を使用して行う貨物の運送に係るものに限る。）を利用してする貨物の運送をいう。
運送事業の許可，届出 （法第3条） （法第35条） （法第36条）	●一般貨物自動車運送事業，特定貨物自動車運送事業を経営しようとする者は，国土交通大臣の許可を受けなければならない。 ●貨物軽自動車運送事業を経営しようとする者は，定められた事項を国土交通大臣に届け出なければならない。
事業の許可，許可の申請 （法第4条）	●一般貨物自動車運送事業の許可を受けようとする者は，次の事項を記載した申請書を国土交通大臣に提出しなければならない。 　①　氏名又は名称，住所，法人の場合は代表者氏名 　②　営業所の名称・位置，事業用自動車の概要，特別積合せ貨物運送をするかどうかの別，貨物自動車利用運送を行うかどうかの別その他国土交通省令で定める事項に関する事業計画 ●申請書には，事業用自動車の運行管理の体制その他の国土交通省令で定める事項を記載した書類を添付しなければならない。
欠格事由 （法第5条）	●国土交通大臣は，次に掲げる場合には，第3条の許可をしてはならない。 　①　許可を受けようとする者が，1年以上の懲役又は禁錮の刑に処せられ，その執行を終わり，又は執行を受けることがなくなった日から5年を経過しない者であるとき。 　②　許可を受けようとする者が，一般貨物自動車運送事業又は特定貨物自動車運送事業の許可の取消しを受け，その取消しの日から5年を経過しない者（当該許可を取り消された者が法人である場合においては，当該取消しに係る聴聞の通知が到達した日前60日以内にその法人の役員（いかなる名称によるかを問わず，これと同等以上の職権又は支配力を有する者を含む。）であった者で当該取消しの日から5年を経過しないものを含む。）であるとき。 　③　許可を受けようとする者と密接な関係を有する者が，一般貨

根拠条項	規　定　内　容　等
	物自動車運送事業又は特定貨物自動車運送事業の許可の取消しを受け，その取消しの日から５年を経過しない者であるとき。 ④　許可を受けようとする者が，一般貨物自動車運送事業又は特定貨物自動車運送事業の許可の取消しの処分に係る聴聞の通知が到達した日から当該処分をする日又は処分をしないことを決定する日までの間に事業の廃止の届出をした者（当該事業の廃止について相当の理由がある者を除く。）で，当該届出の日から５年を経過しないものであるとき。 ⑤　許可を受けようとする者が，第60条第４項の規定による検査が行われた日から聴聞決定予定日までの間に事業の廃止の届出をした者（当該事業の廃止について相当の理由がある者を除く。）で，当該届出の日から５年を経過しないものであるとき ⑥　第４号に規定する期間内に事業の廃止の届出があった場合において，許可を受けようとする者が，同号の聴聞の通知が到達した日前60日以内に当該届出に係る法人（当該事業の廃止について相当の理由がある法人を除く。）の役員であった者で，当該届出の日から５年を経過しないものであるとき。 ⑦　許可を受けようとする者が営業に関し成年者と同一の行為能力を有しない未成年者又は成年被後見人である場合において，その法定代理人が前各号（第３号を除く。）又は次号のいずれかに該当するものであるとき。 ⑧　許可を受けようとする者が法人である場合において，その役員が前各号（第３号を除く。）のいずれかに該当する者のあるとき
許可の基準 （法第６条）	●国土交通大臣は，第３条の許可の申請が次に掲げる基準に適合していると認めるときでなければ，同条の許可をしてはならない。 ①　その事業の計画が過労運転の防止，事業用自動車の安全性その他輸送の安全を確保するため適切なものであること。 ②　前号に掲げるもののほか，事業用自動車の数，自動車車庫の規模その他の国土交通省令で定める事項に関し，その事業を継続して遂行するために適切な計画を有するものであること。 ③　その事業を自ら適確に，かつ，継続して遂行するに足る経済

根拠条項	規 定 内 容 等
	的基礎及びその他の能力を有するものであること。 　④　特別積合せ貨物運送に係るものにあっては，事業場における必要な積卸施設の保有及び管理，事業用自動車の運転者の乗務の管理，積合せ貨物に係る紛失等の事故の防止その他特別積合せ貨物運送を安全かつ確実に実施するため特に必要となる事項に関し適切な計画を有するものであること。
事業計画 （法第8条）	●一般貨物自動車運送事業者は，その業務を行う場合には，事業計画に従わなければならない。 ●国土交通大臣は，一般貨物自動車運送事業者が事業計画に違反していると認めるときは，事業者に対し，事業計画に従い業務を行うべきことを命ずることができる。
事業計画の変更 （法第9条）	●一般貨物自動車運送事業者は，事業計画の変更（第3項に規定するものを除く。）をしようとするときは，国土交通大臣の認可を受けなければならない。 ●一般貨物自動車運送事業者は，事業用自動車に関する国土交通省令で定める事業計画の変更をするときは，あらかじめその旨を，国土交通省令で定める軽微な事項に関する事業計画の変更をしたときは，遅滞なくその旨を，国土交通大臣に届け出なければならない。
事業計画の変更の届出 （施行規則第6条）	●法第9条第3項の事業用自動車に関する国土交通省令で定める事業計画の変更は，次のとおりとする。（あらかじめ届け出） 　①　各営業所に配置する事業用自動車の種別ごとの数の変更 　　（当該変更後の事業計画が貨物自動車運送事業法第9条第2項において準用する同法第6条各号に掲げる基準に適合しないおそれがある場合を除く。） 　②　各営業所に配置する運行車の数の変更
（施行規則第7条）	●法第9条第3項の国土交通省令で定める軽微な事項に関する事業計画の変更は，次のとおりとする。（遅滞なく届け出） 　①　主たる事務所の名称及び位置の変更 　②　営業所又は荷扱所の名称の変更 　③　営業所又は荷扱所の位置の変更（貨物自動車利用運送のみに係るもの及び地方運輸局長が指定する区域内におけるものに限

根 拠 条 項	規 定 内 容 等
	る。）
運賃及び料金等の掲示 （法第11条）	●一般貨物自動車運送事業者は，運賃及び料金（個人（事業として又は事業のために運送契約の当事者となる場合におけるものを除く。）を対象とするものに限る。），運送約款その他国土交通省令で定める事項について，主たる事務所その他の営業所において公衆に見やすいように掲示するとともに，その事業の規模が著しく小さい場合その他の国土交通省令で定める場合を除き，国土交通省令で定めるところにより，電気通信回線に接続して行う自動公衆送信（公衆によって直接受信されることを目的として公衆からの求めに応じ自動的に送信を行うことをいい，放送又は有線放送に該当するものを除く。）により公衆の閲覧に供しなければならない。
運賃及び料金の届出 （貨物自動車運送事業報告規則第２条の２）	●一般貨物自動車運送事業者，特定貨物自動車運送事業者及び貨物軽自動車運送事業者は，運賃及び料金を定め又は変更したときは，運賃及び料金の設定又は変更後30日以内に，所定の事項を記載した運賃料金設定（変更）届出書を，一般貨物自動車運送事業及び特定貨物自動車運送事業に係るものにあっては所轄地方運輸局長（特別積合せ貨物運送に係る運賃及び料金であって，届出に係る運行系統が２以上の地方運輸局長の管轄区域に設定され，かつ，その起点から終点までの距離の合計（運行系統が重複する部分に係る距離を除く。）が100キロメートル以上である場合にあっては国土交通大臣）に，貨物軽自動車運送事業に係るものにあってはその主たる事務所の所在地を管轄する運輸監理部長又は運輸支局長に，それぞれ提出しなければならない。
運送約款 （法第10条）	●一般貨物自動車運送事業者は，運送約款を定め，国土交通大臣の認可を受けなければならない。これを変更しようとするときも，同様とする。 ●国土交通大臣は，前項の認可をしようとするときは，次に掲げる基準によって，これをしなければならない。 ①　荷主の正当な利益を害するおそれがないものであること。 ②　少なくとも運賃及び料金の収受並びに一般貨物自動車運送事業者の責任に関する事項が明確に定められているものであるこ

根拠条項	規定内容等
	と。 ③ 前号の運賃及び料金の収受に関する事項については、国土交通省令で定める特別の事情がある場合を除き、運送の役務の対価としての運賃と運送の役務以外の役務又は特別に生ずる費用に係る料金とを区分して収受する旨が明確に定められているものであること。 ● 国土交通大臣が標準運送約款を定めて公示した場合（これを変更して公示した場合を含む。）において、事業者が標準運送約款と同一の運送約款を定め、又は現に定めている運送約款を標準運送約款と同一のものに変更したときは、その運送約款は、国土交通大臣の認可を受けたものとみなす。
荷主への勧告 （法第65条）	● 国土交通大臣は、貨物自動車運送事業者が第15条第１項から第４項まで（第35条第６項及び第36条第２項において準用する場合を含む。）の規定に違反したことにより第22条（第35条第６項及び第36条第２項において準用する場合を含む。）の規定による命令をする場合又は貨物自動車運送事業者が第33条第１号（第35条第６項及び第36条第２項において準用する場合を含む。）に該当したことにより第33条（第35条第６項及び第36条第２項において準用する場合を含む。）の規定による処分をする場合において、当該命令又は処分に係る違反行為が荷主の指示に基づき行われたことが明らかであるときその他当該違反行為が主として荷主の行為に起因するものであると認められ、かつ、当該貨物自動車運送事業者に対する命令又は処分のみによっては当該違反行為の再発を防止することが困難であると認められるときは、当該荷主に対しても、当該違反行為の再発の防止を図るため適当な措置を執るべきことを**勧告することができる**。

解　説

1　事業の種類について
　　貨物自動車運送事業法では，事業の種類を次のように分けています。

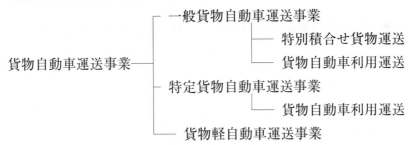

　　また，事業法の中で「一般貨物自動車運送事業者等」とあるのは，一般貨物自動車運送事業者と特定貨物自動車運送事業者の両方の事業者を指しています。

2　主な手続き上の許可，認可，届出事項について
　　主な手続き上の許認可事項は次のとおりです。
　　・許可：一般貨物自動車運送事業，特定貨物自動車運送事業を始めるとき。
　　　　　　（添付書類のなかに，運行管理の体制を記載した書類が必要。）
　　・認可：事業計画の変更（一部届出），運送約款，事業の譲渡・譲受・法人の合併・分割・相続。
　　・届出：運行管理者の選任・解任，事業の休止・廃止，運賃・料金，事業者の氏名，名称又は住所・法人の役員。
　　・報告：営業報告，事業実績報告書。
　　なお，事業計画の変更については項目により，手続きが次のように認可又は届出に分かれます。

　　・主たる事務所の名称・位置　　　　　　　　　　　（届　　出）
　　・営業所の名称　　　　　　　　　　　　　　　　　（届　　出）
　　・営業所の位置　　　　　　　　　　　　　　　　　（認可事項）
　　　（ただし，地方運輸局長が指定する区域内の位置の変更は届出）
　　・**各営業所に配置する事業用自動車の種別ごとの数**　（あらかじめ届出）
　　　（除外規定あり　P12を参照）
　　・各営業所に配置する運行車の数の変更　　　　　　（あらかじめ届出）
　　・**自動車車庫の位置・収容能力**　　　　　　　　　（認可申請）
　　・休憩睡眠施設の位置・収容能力　　　　　　　　　（認可申請）
　　・特別積合せ貨物運送をするかどうかの別　　　　　（認可申請）
　　・貨物自動車利用運送を行うかどうかの別　　　　　（認可申請）

2） 安全関係規定

根拠条項	規定内容等
輸送の安全性の向上 （法第13条）	●一般貨物自動車運送事業者は，輸送の安全の確保が最も重要であることを自覚し，絶えず輸送の安全性の向上に努めなければならない。
輸送の安全 （安全規則第2条の2）	●貨物自動車運送事業者は，経営の責任者の責務を定めることその他の国土交通大臣が告示で定める措置を講ずることにより，絶えず輸送の安全性の向上に努めなければならない。
安全管理規程等 （法第14条）	1　一般貨物自動車運送事業者（事業の規模が国土交通省令で定める規模未満であるものを除く。以下法第14条において同じ。）は，安全管理規程を定め，国土交通省令で定めるところにより，国土交通大臣に届け出なければならない。これを変更しようとするときも，同様とする。
安全管理規程を定める貨物自動車運送事業者の事業の規模 （安全規則第2条の3）	●法第14条第1項（安全管理規程等）の国土交通省令で定める数は，事業用自動車（被けん引自動車を除く。）の数が200両であることとする。
（法第14条）	2　安全管理規程は，輸送の安全を確保するために一般貨物自動車運送事業者が遵守すべき次に掲げる事項に関し，国土交通省令で定めるところにより，必要な内容を定めたものでなければならない。 ①　輸送の安全を確保するための事業の運営の方針に関する事項 ②　輸送の安全を確保するための事業の実施及びその管理の体制に関する事項 ③　輸送の安全を確保するための事業の実施及びその管理の方法に関する事項 ④　安全統括管理者（前3号に掲げる事項に関する業務を統括管理させるため，事業運営上の重要な決定に参画する管理的地位

根拠条項	規定内容等
	にあり、かつ、一般貨物自動車運送事業に関する一定の実務の経験その他の国土交通省令で定める要件を備える者のうちから選任するものをいう。)の選任に関する事項 3　国土交通大臣は、安全管理規程が前項の規定に適合しないと認めるときは、一般貨物自動車運送事業者に対し、これを変更すべきことを命ずることができる。 4　一般貨物自動車運送事業者は、安全統括管理者を選任しなければならない。 5　一般貨物自動車運送事業者は、安全統括管理者を選任し、又は解任したときは、国土交通省令で定めるところにより、遅滞なく、その旨を国土交通大臣に届け出なければならない。 6　一般貨物自動車運送事業者は、輸送の安全の確保に関し、安全統括管理者のその職務を行う上での意見を尊重しなければならない。 7　国土交通大臣は、安全統括管理者がその職務を怠った場合であって、当該安全統括管理者が引き続きその職務を行うことが輸送の安全の確保に著しく支障を及ぼすおそれがあると認めるときは、一般貨物自動車運送事業者に対し、当該安全統括管理者を解任すべきことを命ずることができる。
国土交通大臣による輸送の安全にかかわる情報の公表（法第23条の2）（安全規則第62条）	●国土交通大臣は、毎年度、法第22条の規定による命令に係る事項、前条(事故報告)の規定による届出に係る事項その他の国土交通省令で定める輸送の安全にかかわる情報を整理し、これを公表するものとする。 ●法第23条の2の国土交通省令で定める輸送の安全にかかわる情報は、次のとおりとする。 (1)法第22条(輸送の安全確保の命令)、法第27条(事業改善の命令)又は第33条(許可の取消し等)の規定による処分(輸送の安全に係るものに限る。)を受けた者の氏名又は名称及び当該処分に係る内容 (2)法第23条(事故の報告)の規定による届出に係る事項 (3)法第60条第4項の規定による立入検査(輸送の安全に係るものに限る。)に係る事項 (4)前3号に掲げるもののほか、輸送の安全に重大な関係を有する事項がある場合には、その事項 ●法第23条の2の規定による公表は、インターネットの利用その他

根拠条項	規定内容等
	の適切な方法により行うものとする。
一般貨物自動車運送事業者による輸送の安全にかかわる情報の公表 （法第23条の3） （安全規則第2条の8）	●一般貨物自動車運送事業者は，国土交通省令で定めるところにより，輸送の安全を確保するために講じた措置及び講じようとする措置その他の国土交通省令で定める輸送の安全にかかわる情報を公表しなければならない。 ●一般貨物自動車運送事業者等は，毎事業年度の**経過後100日以内**に，輸送の安全に関する基本的な方針その他の輸送の安全に係る情報であって国土交通大臣が告示で定める事項について，インターネットの利用その他の適切な方法により公表しなければならない。 「貨物自動車運送事業輸送安全規則第2条の8第1項の規定に基づき一般貨物自動車運送事業者等（特定第2種貨物利用運送事業者を含む。）が公表すべき輸送の安全に係る事項」 1　貨物自動車運送事業輸送安全規則（平成2年運輸省令第22号）第2条の8第1項の規定に基づき，一般貨物自動車運送事業者等（特定第2種貨物利用運送事業者を含む。）が公表すべき輸送の安全に係る事項は，次のとおりとする。 　(1)　輸送の安全に関する基本的な方針 　(2)　輸送の安全に関する目標及びその達成状況 　(3)　自動車事故報告規則（昭和26年運輸省令第104号）第2条に規定する事故に関する統計 ●一般貨物自動車運送事業者等は，法第22条（輸送の安全確保命令），法第27条（事業改善の命令）又は法第33条（許可の取消し等）の規定による処分（輸送の安全に係るものに限る。）を受けたときは，遅滞なく，当該処分の内容並びに当該処分に基づき講じた措置及び講じようとする措置の内容をインターネットの利用その他の適切な方法により公表しなければならない。
輸送の安全 （法第15条） （過労防止）	1　一般貨物自動車運送事業者は，次に掲げる事項に関し国土交通省令で定める基準を遵守しなければならない。 　①　事業用自動車の数，荷役その他の事業用自動車の運転に附帯

根 拠 条 項	規 定 内 容 等
（過積載防止）	する作業の状況等に応じて必要となる員数の運転者及びその他の従業員の確保，事業用自動車の運転者がその休憩又は睡眠のために利用することができる施設の整備及び管理，事業用自動車の運転者の適切な勤務時間及び乗務時間の設定その他事業用自動車の運転者の過労運転を防止するために必要な事項 ② 事業用自動車の定期的な点検及び整備その他事業用自動車の安全性を確保するために必要な事項 2　一般貨物自動車運送事業者は，事業用自動車の運転者が疾病により安全な運転をすることができないおそれがある状態で事業用自動車を運転することを防止するために必要な医学的知見に基づく措置を講じなければならない。 3　一般貨物自動車運送事業者は，事業用自動車の最大積載量を超える積載をすることとなる運送（以下「過積載による運送」という。）の引受け，過積載による運送を前提とする事業用自動車の運行計画の作成及び事業用自動車の運転者その他の従業員に対する過積載による運送の指示をしてはならない。 4　前3項に規定するもののほか，一般貨物自動車運送事業者は，輸送の安全を確保するため，国土交通省令で定める事項を遵守しなければならない。 5　事業用自動車の運転者及び運転の補助に従事する従業員は，運行の安全を確保するため，国土交通省令で定める事項を遵守しなければならない。
過労運転等の防止 （安全規則第3条）	●事業者等は，事業計画に従い業務を行うに必要な員数の運転者又は特定自動運行保安員を常時選任しておくこと。 **【事業計画に応じた運転者の選任の基準】** 最終改正（国自貨第391号，国自安第94号，国自整第158号，令和6年10月11日） 「事業計画に従い業務を行うに必要な員数の事業用自動車の運転者」については，事業の実態が千差万別であるため，一概に，統一的かつ定量的な基準を定めることは困難であるが，事業計画に応じた運転者の選任を行っていくための指針は次のとおりである。 (1)　営業所全体に公休日がある場合 　　荷主の休日に合わせて営業所全体が休みとなることが多く週単位に休日があり，1人1車を原則とすれば， 　　〔運転者数〕×（7日－休日数）≧〔車両数〕×（7日－休日数）

根拠条項	規　定　内　容　等
	∴運転者数≧車両数 (2)　営業所全体が無休の場合 　　車両は無休で稼働し，運転者に週1日公休を与え，かつ，1人1車を原則とすれば， 　〔運転者数〕×(7日－休日数)≧〔車両数〕×7日 　　∴運転者数≧1.2(≒7/6)×〔車両数〕 　これらの算出法は，きわめて単純化されたケースについてのものであり，実際上は，交替運転者の配置，運転者の年休，整備・検査のための車両の運休の状況等それぞれの事業者の事業の実態を十分考慮して個別に判断することが必要である。 ●選任する運転者及び特定自動運行保安員は，次に該当する者でないこと。 　①　日々雇い入れられる者 　②　**2月以内**の期間を定めて使用される者 　③　試みの使用期間中の者（ただし，**14日**を超えて引き続き使用されるに至った者を除く。） ●事業者は，乗務員等（運転者，特定自動運行保安員及び事業用自動車の運行の業務の補助に従事する従業員。以下同じ。）が有効に利用することができるように，休憩又は睡眠に必要な施設を整備し，並びにこれらの施設を適切に管理し，及び保守すること。 　なお，休憩・睡眠施設が設けられている場合であっても，次のいずれかに該当する施設は，「有効に利用することができる施設」に該当しない例とする。 　①　乗務員等が実際に休憩・睡眠又は仮眠を必要とする場所に設けられていない施設 　②　寝具等必要な設備が整えられていない施設 　③　施設・寝具等が不潔な状態にある施設 ●事業者は，休憩又は睡眠のための時間及び勤務が終了した後の休息のための時間が十分に確保されるように，国土交通大臣が告示で定める基準に従って，運転者の勤務時間及び乗務時間を定め，当該運転者にこれらを遵守させなければならない。 **【国土交通大臣が告示で定める具体的な基準とは】** 　①　貨物自動車運送事業者の事業用自動車の運転者の勤務時間及び乗務時間に係る基準(平成13年国土交通省告示1365号)

根拠条項	規 定 内 容 等
	運転者の勤務時間及び乗務時間を定める場合の基準は，運転者の労働時間等の改善が過労運転の防止にも資することに鑑み，「自動車運転者の労働時間等の改善のための基準」（平成元年労働省告示第7号。以下「改善基準告示」という。）とする。 　なお，運転者が一の運行における最初の勤務を開始してから最後の勤務を終了するまでの時間（ただし，改善基準告示第4条第4項第4号に定める自動車運転者がフェリーに乗船している時間のうち休息期間とされる時間を除く。）は**144時間**を超えてはならない。 ②　①の「**一の運行**」とは，運転者が所属する営業所を出発してから当該営業所に帰着するまでをいい，「**最初の勤務を開始してから最後の勤務を終了するまでの時間**」とは，一の運行に係る拘束時間と休息期間の総和をいう。

運行期間の制限について

① 運行期間

```
        拘束時間              拘束時間              拘束時間
①────○ 休息期間 ○────○ 休息期間 ○────②
所属営業所        目的地              目的地          所属営業所
        ├──── ①～②の全ての時間が144時間を超えてはならない。 ────┤
```

② 運行途中フェリーに乗船した場合の運行期間

```
      拘束時間          拘束時間            拘束時間          拘束時間
③──○ 休息期間 ○──◎ ─────── ◎── ○ 休息期間 ○──④
所属営業所    目的地      フェリー乗船時間       目的地      所属営業所
        ├── ③～④の時間から『フェリーに乗船している時間のうち休息期間
            とされる時間』を除いた時間が144時間を超えてはならない。──┤
```

※　『フェリーに乗船している時間のうち休息期間とされる時間』とは，原則としてフェリー乗船時間とする。

- ●事業者は，酒気を帯びた状態にある乗務員等を事業用自動車の運行の業務に従事させてはならない。
- ・「酒気を帯びた状態」とは，道路交通法施行令第44条の3に規定する血液中のアルコール濃度0.3mg/mℓ又は呼気中のアルコール濃度0.15mg/ℓ以上であるか否かを問わないものである。

根拠条項	規 定 内 容 等
	●事業者は，乗務員等の健康状態の把握に努め，疾病，疲労，睡眠不足その他の理由により安全に運行の業務を遂行し，又はその補助をすることができないおそれがある乗務員等を運行の業務に従事させないこと。 　なお，健康状態の把握とは，労働安全衛生法第66条に基づく健康診断を行うことをいう。 　また，その他の理由とは，覚せい剤等の薬物の服用，異常な感情の高ぶり等をいう。 ●事業者は，運転者が長距離運転又は夜間運転に従事する場合で，疲労等により安全な運転を継続することができないおそれがあるときは，あらかじめ交替運転者を配置すること。 **【交替運転者を配置する場合の基準】** 「自動車運転者の労働時間等の改善のための基準」（平成元年２月９日付け労働省告示第７号）で定められた基準を超えて引き続き運行する場合は，交替運転者の配置が必要となる。具体的には，次のような場合が該当する。 ① 拘束時間が15時間を超える場合 ② 運転時間が２日を平均して１日９時間を超える場合 ③ 連続運転時間が４時間を超える場合
（運行業務基準） （安全規則第３条第８項）	●特別積合せ貨物運送を行う事業者は，運行系統ごと（起点から終点までの距離が**100キロメートルを超える**ものに限る。）に運行の業務に関する基準を定め，乗務員等に対し指導及び監督を行うこと。 　なお，運行業務基準には次の事項を定める。 ① 主な地点間の運行時分及び平均速度 ② 乗務員等が休憩又は睡眠をする地点及び時間 ③ 交替運転者を配置する場合は交替地点
点検整備 （安全規則第３条の３）	●貨物自動車運送事業者は，道路運送車両法の規定によるもののほか，事業用自動車の点検及び整備について，次に掲げる事項を遵守しなければならない。 ① 事業用自動車の構造及び装置並びに運行する道路の状況，走行距離その他事業用自動車の使用の条件を考慮して，定期に行

根拠条項	規定内容等
	う点検の基準を作成し，これに基づいて点検をし，必要な整備をすること。 ② 前号の点検及び整備をしたときは，道路運送車両法第49条の規定に準じて，点検及び整備に関する記録簿に記載し，これを保存すること。
点検等のための施設 （安全規則第3条の4）	●貨物自動車運送事業者は，事業用自動車の使用の本拠ごとに，事業用自動車の点検及び清掃のための施設を設けなければならない。
整備管理者の研修 （安全規則第3条の5）	●貨物自動車運送事業者は，道路運送車両法第50条第1項の規定により選任した整備管理者であって次に掲げるものに地方運輸局長が行う研修を受けさせなければならない。 ① 整備管理者として新たに選任した者 ② 最後に当該研修を受けた日の属する年度の翌年度の末日を経過した者
過積載の防止 （安全規則第4条）	●事業者は，過積載の防止について運転者，特定自動運行保安員その他の従業員に対する適切な指導及び監督を怠ってはならない。
貨物の積載方法 （安全規則第5条）	●事業者は，貨物の積載については，次により行うこと。 ① 偏荷重が生じないように積載すること。 ② 落下防止のため，貨物にロープ又はシートを掛ける等必要な措置をすること。 　なお，「偏荷重が生じる積載」とは，荷物の位置が極端に荷台の後方又は片側に偏る積載をいう。
通行の禁止又は制限等違反の防止 （安全規則第5条の2）	●貨物自動車運送事業者は，次に掲げる行為の防止について，運転者等に対する適切な指導及び監督を怠ってはならない。 ・道路法第47条第2項の規定に違反し，又は同条第1項の政令で定める最高限度を超える車両の通行に関し同法第47条の2第1項の規定により道路管理者が付した条件に違反して事業用自動車を通行させること。

根拠条項	規　定　内　容　等
	・道路法第47条第3項の規定による禁止若しくは制限に違反し，又は同項の規定により通行が禁止され，若しくは制限されている道路の通行に関し同法第47条の2第1項の規定により道路管理者が付した条件に違反して道路を通行すること。
自動車車庫の位置 （安全規則第6条）	●貨物自動車運送事業者は，事業用自動車の保管の用に供する自動車車庫を営業所に併設しなければならない。ただし，自動車車庫を営業所に併設して設けることが困難な場合において，当該自動車車庫を当該営業所から自動車の保管場所の確保等に関する法律施行令第1条第1号に規定する距離を超えない範囲で設けるときは，この限りでない。
点呼等 （業務前点呼） （安全規則第7条）	●事業者は，業務に従事しようとする運転者等に対して対面により，又は対面による点呼と同等の効果を有するものとして国土交通大臣が定める方法（運行上やむを得ない場合は電話その他の方法。以下において同じ。）により点呼を行い，**次の事項について報告を求め，及び確認を行い**，並びに事業用自動車の運行の安全を確保するために必要な指示を与えなければならない。 ①　運転者に対しては，**酒気帯びの有無** ②　運転者に対しては，**疾病，疲労・睡眠不足**その他の理由により安全な運転をすることができないおそれの有無 ③　道路運送車両法第47条の2第1項及び第2項の規定による点検（**日常点検**）の実施又はその確認 ④　特定自動運行保安員に対しては，特定自動運行事業用自動車による運送を行うために必要な自動運行装置の設定の状況に関する確認
（中間点呼）	●事業者は，業務前及び業務後の点呼のいずれも対面により，又は対面による点呼と同等の効果を有するものとして国土交通大臣が定める方法で行うことができない業務を行う運転者等に対し，当該点呼のほかに，当該業務の途中において少なくとも一回対面による点呼と同等の効果を有するものとして国土交通大臣が定める方法（当該方法により点呼を行うことが困難である場合にあっては，電話その他の方法）により点呼を行い，**次の事項について報告を求め，及び確認を行い**，並びに事業用自動車の運行の安全を

根拠条項	規　定　内　容　等
	確保するために必要な指示をしなければならない。 ①　運転者に対しては，**酒気帯びの有無** ②　運転者に対しては，**疾病，疲労，睡眠不足**その他の理由により安全な運転をすることができないおそれの有無
（業務後点呼）	●事業者は，業務を終了した運転者等に対して対面により，又は対面による点呼と同等の効果を有するものとして国土交通大臣が定める方法により点呼を行い，当該業務に係る**事業用自動車，道路及び運行の状況について報告**を求め，かつ，運転者に対しては**酒気帯びの有無について確認**を行うこと。この場合において，当該運転者等が他の運転者等と交替した場合にあっては，当該運転者等が**交替した運転者等に対して行った通告**（自動車，道路及び運行の状況）についても報告を求めなければならない。
（アルコール検知器の有効保持及び使用義務付け）	●事業者は，アルコール検知器（呼気に含まれるアルコールを検知する機器であって，国土交通大臣が告示で定めるものをいう。）を営業所ごとに備え，常時有効に保持するとともに，前3項の規定により酒気帯びの有無について確認を行う場合には，運転者の状態を目視等で確認するほか，当該運転者の属する営業所に備えられたアルコール検知器を用いて行うこと。
（点呼の記録）	●事業者は，点呼を行い，報告を求め，確認を行い，及び指示をしたときは，運転者等ごとに点呼を行った旨，報告，確認及び指示の内容並びに次に掲げる事項を記録し，その記録を**1年間保存**すること。 ①　点呼を行った者及び点呼を受けた運転者等の氏名 ②　点呼を受けた運転者等が従事する運行の業務に係る事業用自動車の自動車登録番号又は車両番号その他の当該事業用自動車を識別できる表示 ③　点呼の日時 ④　点呼の方法 ⑤　その他必要な事項 　点呼の実施に当たっては，次の要領により行うこと。 【点呼の実施の要領】最終改正（国自貨第391号，国自安第94号，国自整第158号，令和6年10月11日）

根拠条項	規　定　内　容　等
	(1) 「運行上やむを得ない場合」とは，遠隔地で業務を開始又は終了するため，業務前点呼又は業務後点呼を当該運転者等が所属する営業所において対面で実施できない場合をいい，車庫と営業所が離れている場合及び早朝・深夜等において点呼執行者が営業所に出勤していない場合は「運行上やむを得ない場合」には該当しない。 　　なお，当該運転者が所属する営業所以外の当該事業者の営業所で乗務を開始又は終了する場合には，より一層の安全を確保する観点から，当該営業所において当該運転者の酒気帯びの有無，疾病，疲労，睡眠不足等の状況を可能な限り対面で確認するよう指導すること。 　　また，点呼は営業所において行うことが原則であるが，営業所と車庫が離れている場合等，必要に応じて運行管理者又は補助者（以下「運行管理者等」という。）を車庫へ派遣して点呼を行う等，対面点呼を確実に実施するよう指導すること。 (2) 「その他の方法」とは，携帯電話，業務無線等により運転者等と直接対話できるものでなければならず，電子メール，ＦＡＸ等一方的な連絡方法は該当しない。 　　また，電話その他の方法による点呼を運行中に行ってはならない。 (3) 「酒気帯びの有無」は，道路交通法施行令第44条の3に規定する血液中のアルコール濃度0.3mg/ml又は呼気中のアルコール濃度0.15mg/ℓ以上であるか否かを問わないものである。 (4) アルコール検知器は，(7)の場合を除き，当面，性能上の要件を問わないものとする。 (5) 「アルコール検知器を営業所ごとに備え」とは，営業所若しくは営業所の車庫に設置され，営業所に備え置き（携帯型アルコール検知器等）又は営業所に属する事業用自動車に設置されているものをいう。 (6) 「アルコール検知器を用いて」とは，対面でなく電話その他の方法で点呼をする場合には，運転者に携帯型アルコール検知器を携行させ，又は自動車に設置されているアルコール検知器を使用させ，及び当該アルコール検知器の測定結果を電話その他の方法（通信機能を有し，又は携帯電話等通信機器と接続するアルコール検知器を用いる場合にあっては，当該測定結果を

根拠条項	規　定　内　容　等
	営業所に電送させる方法を含む。）で報告させることにより行うものとする。
営業所と車庫が離れている等の場合において，運行管理者等を車庫へ派遣して点呼を行う場合については，営業所の車庫に設置したアルコール検知器，運行管理者等が持参したアルコール検知器又は自動車に設置されているアルコール検知器を使用することによるものとする。
(7)　(6)の規定にかかわらず，対面でなく電話その他の方法で点呼をする場合であって，同一事業者の他の営業所（以下この項において「他の営業所」という。）において乗務を開始又は終了する場合，運転者に他の営業所に備えられたアルコール検知器（この場合のアルコール検知器は，他の営業所に常時設置されており，検査日時及び測定数値を自動的に記録できる機能を有するものに限る。）を使用させ，及び当該アルコール検知器の測定結果を電話等の方法により所属する営業所の運行管理者等に報告させたときは，「当該運転者の属する営業所に備えられたアルコール検知器」を用いたとみなすものとする。
(8)　運転者に他の営業所のアルコール検知器を使用させる場合は，アルコール検知器の使用方法等について，運転者の所属する営業所及び他の営業所の双方の運行管理規程に明記するとともに，運転者，運行管理者等その他の関係者に周知することとする。
(9)　(6)による方法又は(7)による方法のいずれの場合であっても，他の営業所において乗務を開始又は終了する場合には，他の営業所に所属する運行管理者等の立ち会いの下で検査を実施するよう事業者を指導することとする。また，(7)による方法の場合には，アルコール検査をより一層確実に実施する観点から，運転者の所属する営業所において，一定期間ごとに，他の営業所から測定結果の記録又はその写しの送付を受けるとともに，その確認等を行うよう事業者を指導することとする。
(10)　「常時有効に保持」とは，正常に作動し，故障がない状態で保持しておくことをいう。このため，アルコール検知器の製作者が定めた取扱説明書に基づき，適切に使用し，管理し，及び保守するとともに，次のとおり，定期的に故障の有無を確認し，故障がないものを使用しなければならない。
① 毎日（アルコール検知器を運転者に携行させ，又は自動車

根拠条項	規定内容等

に設置されているアルコール検知器を使用させる場合にあっては、運転者の出発前。②において同じ。）確認すべき事項
　ア　アルコール検知器の電源が確実に入ること。
　イ　アルコール検知器に損傷がないこと。
②　毎日確認することが望ましく、少なくとも1週間に1回以上確認すべき事項
　ア　確実に酒気を帯びていない者が当該アルコール検知器を使用した場合に、アルコールを検知しないこと。
　イ　洗口液、液体歯磨き等アルコールを含有する液体又はこれを希釈したものを、スプレー等により口内に噴霧した上で、当該アルコール検知器を使用した場合に、アルコールを検知すること。

(11)　「目視等で確認」とは、運転者の顔色、呼気の臭い、応答の声の調子等で確認することをいう。なお、対面でなく電話その他の方法で点呼をする場合には、運転者の応答の声の調子等電話等を受けた運行管理者等が確認できる方法で行うものとする。

(12)　補助者を選任し、点呼の一部を行わせる場合であっても、当該営業所において選任されている運行管理者が行う点呼は、点呼を行うべき総回数の少なくとも**3分の1以上**でなければならない。

(13)　「対面による点呼と同等の効果を有するものとして国土交通大臣が定める方法」とは、以下をいう。
・「対面による点呼と同等の効果を有するものとして国土交通大臣が定める方法を定める告示（令和5年国土交通省告示第266号。以下「点呼告示」という。)」において規定する遠隔点呼及び業務後自動点呼
・輸送の安全の確保に関する取組が優良であると認められる営業所において、当該営業所の管理する点呼機器を用い、及び当該機器に備えられたカメラ、ディスプレイ等によって、運行管理者等が運転者の酒気帯びの有無、疾病、疲労、睡眠不足等の状況を随時確認でき、かつ、運転者の酒気帯びの状況に関する測定結果を、自動的に記録及び保存するとともに当該運行管理者等が当該測定結果を直ちに確認できる方法

(14)　(13)に規定する「輸送の安全の確保に関する取組が優良である

根拠条項	規 定 内 容 等
	と認められる営業所」とは，全国貨物自動車運送適正化事業実施機関が認定している安全性優良事業所（認定が失効した営業所及び認定が取消された営業所を除く。以下「Gマーク営業所」という。）をいう。なお，次のいずれにも該当する一般貨物自動車運送事業者等の営業所にあっては，営業所と当該営業所の車庫間で行う点呼に限り，これと同等として扱う。 ① 開設されてから３年を経過していること。 ② 過去３年間所属する貨物自動車運送事業の用に供する事業用自動車の運転者が自らの責に帰する自動車事故報告規則第２条に規定する事故を発生させていないこと。 ③ 過去３年間点呼の違反に係る行政処分又は警告を受けていないこと。 ④ 地方貨物自動車運送適正化事業実施機関が行った直近の巡回指導において，総合評価が「Ｄ，Ｅ」以外であり，点呼の項目の判定が「適」であること又は巡回指導時に総合評価が「Ｄ，Ｅ」若しくは点呼の項目の判定が「否」であったものの，３ヶ月以内に改善報告書が提出され，総合評価が「Ａ，Ｂ，Ｃ」であり，点呼の項目の判定が「適」に改善が図られていること。 ⒂ 同一事業者内のGマーク営業所において，点呼告示に規定する方法以外の方法により，営業所間，営業所と車庫間又は車庫と車庫間で行う点呼（以下「IT点呼」という。）は以下に定めるところにより行うものとする。 ① IT点呼の実施方法 　ア 運行管理者等は，IT点呼を行う営業所（以下「IT点呼実施営業所」という。）又は当該営業所の車庫において，当該営業所で管理するIT点呼機器（IT点呼において使用する機器をいう。以下同じ。）を使用しIT点呼を行うものとする。なお，IT点呼の際，運転者等の所属する営業所名及び運転者等のIT点呼実施場所を確認するものとする。 　イ 運転者等は，IT点呼を受ける運転者等が所属する営業所（以下「被IT点呼実施営業所」という。）又は当該営業所の車庫において，当該営業所で管理するIT点呼機器を使用しIT点呼を受けるものとする。 　ウ 点呼は対面により行うことが原則であることから，IT

根拠条項	規　定　内　容　等
	点呼の実施は，1営業日のうち連続する16時間以内とする。ただし，営業所と当該営業所の車庫の間及び営業所の車庫と当該営業所の他の車庫の間でIT点呼を実施する場合にあってはこの限りではない。 ② 運行管理及び整備管理関係 　ア　営業所間（営業所と他の営業所の車庫の間及び営業所の車庫と他の営業所の車庫間を含む。以下同じ。）においてIT点呼を実施した場合，規則第7条第5項の規定に基づき点呼等の内容を記載する帳票等（以下「点呼簿」という。）に記録する内容を，IT点呼実施営業所及び被IT点呼実施営業所の双方で記録し，保存すること。 　イ　営業所間においてIT点呼を実施した場合，IT点呼実施営業所の運行管理者等は，点呼実施後，速やかに（原則，翌営業日以内とする。），その記録した内容を被IT点呼実施営業所の運行管理者等に通知し，通知を受けた当該運行管理者等は，IT点呼実施営業所の名称，IT点呼実施者の名前及び通知の内容を点呼簿へ記録し，保存すること。 　ウ　営業所間においてIT点呼を実施する場合，被IT点呼実施営業所の運行管理者等は，IT点呼実施営業所において適切なIT点呼が実施できるよう，あらかじめ，点呼に必要な情報をIT点呼実施営業所の運行管理者等に伝達すること。 (16)　点呼に関する内容の記録は，次の事項について記録すること。 **１）業務前点呼** 　①　点呼執行者名 　②　運転者等の氏名 　③　運転者等が従事する運行の業務に係る事業用自動車の自動車登録番号又は車両番号その他の当該事業用自動車を識別できる記号，番号等 　④　点呼日時 　⑤　点呼方法 　　　イ．アルコール検知器の使用の有無 　　　ロ．対面でない場合は具体的方法 　⑥　運転者の酒気帯びの有無 　⑦　運転者の疾病，疲労，睡眠不足等の状況

根拠条項	規定内容等
	⑧ 日常点検の状況 ⑨ 指示事項 ⑩ その他必要な事項 2）中間点呼 ① 点呼執行者名 ② 運転者等の氏名 ③ 運転者等が従事している運行の業務に係る事業用自動車の自動車登録番号又は車両番号その他の当該事業用自動車を識別できる記号，番号等 ④ 点呼日時 ⑤ 点呼方法 　　イ．アルコール検知器の使用の有無 　　ロ．具体的方法 ⑥ 運転者の酒気帯びの有無 ⑦ 運転者の疾病，疲労，睡眠不足等の状況 ⑧ 指示事項 ⑨ その他必要な事項 3）業務後点呼 ① 点呼執行者名 ② 運転者等の氏名 ③ 運転者等が従事した運行の業務に係る事業用自動車の自動車登録番号又は車両番号その他の当該事業用自動車を識別できる記号，番号等 ④ 点呼日時 ⑤ 点呼方法 　　イ．アルコール検知器の使用の有無 　　ロ．対面でない場合は具体的方法 ⑥ 自動車，道路及び運行の状況 ⑦ 交替運転者等に対する通告 ⑧ 運転者の酒気帯びの有無 ⑨ その他必要な事項
業務の記録 （安全規則第8条）	●事業者は，事業用自動車に係る運転者等の業務について，当該業務を行った運転者等ごとに次に掲げる事項を記録し，かつ，その記録を**1年間保存**すること。

根拠条項	規　定　内　容　等
	①　運転者等の氏名 ②　運転者等が従事した運行の業務に係る事業用自動車の自動車登録番号又は車両番号その他の当該事業用自動車を識別できる表示（車番等） ③　業務の開始及び終了の地点及び日時並びに主な経過地点及び業務に従事した距離 ④　業務を交替した場合にあっては，その地点及び日時 ⑤　休憩又は睡眠をした場合にあっては，その地点及び日時 ⑥　車両総重量が８トン以上又は最大積載量が５トン以上の普通自動車である事業用自動車の運行の業務に従事した場合にあっては，貨物の積載状況 ⑦　荷主の都合により集貨又は配達を行った地点（以下「集貨地点等」という。）で待機した場合にあっては，次に掲げる事項 　イ　集貨地点等 　ロ　集貨地点等への到着の日時を荷主から指定された場合にあっては，当該日時 　ハ　集貨地点等に到着した日時 　ニ　集貨地点等における積込み又は取卸しの開始及び終了の日時 　ホ　集貨地点等で，貨物の荷造り，仕分けその他の貨物自動車運送事業に附帯する業務（以下「附帯業務」という。）を実施した場合にあっては，附帯業務の開始及び終了の日時 　ヘ　集貨地点等から出発した日時 ⑧　集貨地点等で，当該一般貨物自動車運送事業者等が，荷役作業又は附帯業務（以下「荷役作業等」という。）を実施した場合（荷主との契約書に実施した荷役作業等の全てが明記されている場合にあっては，当該荷役作業等に要した時間が１時間以上である場合に限る。）にあっては，次に掲げる事項（⑦に該当する場合にあっては，イ及びロに掲げる事項を除く。） 　イ　集貨地点等 　ロ　荷役作業等の開始及び終了の日時 　ハ　荷役作業等の内容 　ニ　イからハまでに掲げる事項について荷主の確認が得られた場合にあっては，荷主が確認したことを示す事項，当該確認が得られなかった場合にあっては，その旨

根拠条項	規　定　内　容　等
	⑨　道交法第67条第２項に規定する交通事故，事故報告規則第２条に規定する事故又は著しい運行の遅延その他異常な状態が発生した場合は，その概要及び原因 ⑩　運行途中において，運行指示書の携行が必要な業務を行うことになった場合には，その指示内容 【道交法第67条第２項に規定する交通事故とは，車両等の交通により人に死傷又は物の損壊があったときをいいます。 　事故報告規則第２条に規定する事故については，67〜69ページ参照】 ●事業者は，業務の記録について，運転者等ごとに記録させることに代え，保安基準第48条の２第２項の基準に適合する運行記録計により記録することができる。 　この場合，運行記録計により記録された事項以外の記録すべき事項は，運転者等ごとに運行記録計の記録紙に付記させること。 【業務の記録の記載要領】最終改正（国自貨第391号，国自安第94号，国自整第158号，令和６年10月11日） ⑴　10分未満の休憩については，その記録を省略しても差しつかえない。 ⑵　安全規則第３条第８項に規定する業務の基準に定められたとおりに運行した場合には，運行業務基準どおり運行した旨を記録して処理しても差しつかえない。 ⑶　規則第８条第１項第６号については，過積載による運送の有無を判断するために記録するものであるので，貨物の重量又は貨物の個数，貨物の荷台等への積付状況等を可能な限り詳細に記録させること。 　　また規則第８条第１項第７号については，集貨地点等における到着日時から出発日時までの時間のうち，業務（荷積み，荷卸し，附帯作業等）及び休憩に係る時間を控除した時間（以下「待機時間」という。）が30分未満の場合は，記録を省略して差しつかえない。なお荷主の都合とは，事業者としての運行計画又は運行指示によらない，荷主の指示等によるものをいい，事業者の都合により生じた待機時間は，これに含まない。 ⑷　休憩又は睡眠をした場合の記録のうち，日時とは休憩又は睡眠

根拠条項	規 定 内 容 等
	若しくは仮眠を開始した日時及び終了した日時をいう。
運行記録計による記録 （安全規則第9条）	●事業者は，次に掲げる事業用自動車の業務について，瞬間速度，運行距離及び運行時間を運行記録計により記録させ，その記録を**1年間保存**すること。 ① **車両総重量が7トン以上**又は**最大積載量が4トン以上**の普通自動車である事業用自動車 ② ①に該当する被けん引車をけん引するけん引自動車である事業用自動車 ③ 特別積合せ貨物運送に係る運行系統に配置する事業用自動車
運行指示書による指示等 （安全規則第9条の3）	●事業者は，業務開始及び業務終了の点呼のいずれも対面により，又は対面による点呼と同等の効果を有するものとして国土交通大臣が定める方法で行うことができない業務を含む運行ごとに，次の事項を記載した運行指示書を作成し，これにより運転者等に対し適切な指示を行うとともに，これを当該運転者等に携行させること。 ① 運行の開始，終了の地点及び日時 ② 乗務員等の氏名 ③ 運行の経路，主な経過地における発車及び到着の日時 ④ 運行に際して注意を要する箇所の位置 ⑤ 乗務員等の休憩地点及び休憩時間（休憩がある場合に限る。） ⑥ 乗務員等の運転又は業務の交替の地点（運転又は業務の交替がある場合に限る。） ⑦ その他運行の安全を確保するために必要な事項 ●事業者は，運転者が運行指示書を携行した業務の途中において，運行の開始，終了の地点及び日時又は運行の経路，主な経過地における発車及び到着の日時に変更が生じた場合には，運行指示書の写しに当該変更の内容（当該変更に伴い，運行に際して注意を要する箇所の位置，乗務員等の休憩地点及び休憩時間，乗務員等の運転又は業務の交替地点，その他運行の安全を確保するために必要な事項に生じた変更の内容を含む。）を記載し，かつ，これにより運転者等に対し電話その他の方法により当該変更の内容について適切な指示を行い，及び当該運転者等が携行している運行

根拠条項	規定内容等

指示書に当該変更の内容を記載させること。
● 事業者は，業務途中の運転者に対し，運行指示書の携行が必要となる業務を行わせることになった場合には，当該業務以後の運行について運行指示書を作成し，これにより当該運転者等に対し，電話その他の方法により適切な指示を行うこと。
● 事業者は，運行指示書及びその写しを**運行の終了の日から１年間保存**すること。

【運行指示書による指示等】最終改正（国自貨第391号，国自安第94号，国自整第158号，令和６年10月11日）
　本条の趣旨は，長期間の運行をする場合及び長期間の運行の中で，求車・求貨システム等を活用して行先地で随時帰り荷を獲得する等により当初の運行計画が変更される場合には事業者と運転者等の双方が変更内容を記載することにより運行経路や運行の安全確保上必要な事項について運転者等への確実な伝達を期そうとするものである。
(1)　運行中は，運転者等が運行指示書を携行するとともに，営業所にその写しを備え置き，運行終了後は運行指示書及びその写しを営業所において保存すること。又，業務途中の運転者等に対し，運行指示書の携行が必要となる業務を行わせることとなった場合には，運転者等が業務の記録に指示の内容を記録するとともに，営業所に作成した運行指示書を備え置き，運行終了後は業務の記録及び運行指示書を営業所において保存すること。
(2)　事業者は，運転者等が運行指示書を携行した業務の途中において変更が生じた場合には，運転者等に対して指示を行った日時及び運行管理者名を運行指示書及びその写しに記録させること。
　　又，乗務途中の運転者等に対し，運行指示書の携行が必要となる業務を行わせることとなった場合には，運行指示書及び業務の記録に同様に記録させること。
(3)　運行指示書と異なる運行を行う場合には，原則として運行管理者の指示により行うこと。

中間点呼及び運行指示書について

① 中間点呼及び運行指示書の必要な運行

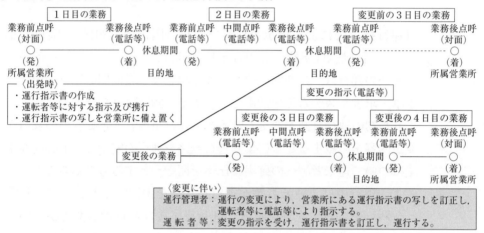

② 出発時①の運行予定であったものが，運行途中変更となる場合

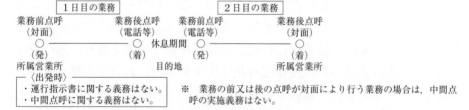

③ 中間点呼及び運行指示書の必要のない運行

④ 出発時③の運行予定であったものが，運行途中で変更となる場合

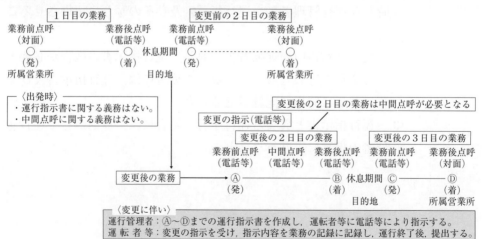

根 拠 条 項	規　定　内　容　等
適正な取引の確保 （安全規則第9条の4）	●一般貨物自動車運送事業者等は，運送条件が明確でない運送の引受け，運送の直前若しくは開始以降の運送条件の変更，荷主の都合による集荷地点等における待機又は運送契約によらない附帯業務の実施に起因する運転者の過労運転又は過積載による運送その他の輸送の安全を阻害する行為を防止するため，荷主と密接に連絡し，及び協力して，適正な取引の確保に努めなければならない。
運転者等台帳 （安全規則第9条の5）	●事業者は，運転者等ごとに次の事項を記載し，かつ，写真を貼り付けた一定の様式の運転者等台帳を作成し，これを当該運転者等の属する営業所に備え置くこと。 ① 作成番号及び作成年月日 ② 事業者の氏名又は名称 ③ 運転者等の氏名，生年月日及び住所 ④ 雇入れの年月日及び運転者等に選任された年月日 ⑤ 運転者にあっては，道路交通法に規定する運転免許に関する次の事項 　イ　運転免許証の番号及び有効期限 　ロ　運転免許の年月日及び種類 　ハ　運転免許に条件が付されている場合は，当該条件 ⑥ 事故を引き起こした場合は，その概要 ⑦ 道路交通法第108条の34の規定による通知を受けた場合は，その概要 ⑧ 運転者等の健康状態 ⑨ 運転者にあっては，第10条第2項の規定（死者又は負傷者を生じた事故を起こした者，新たに雇い入れた者，65歳以上の高齢者に対する特別指導・適性診断の実施）に基づく指導の実施及び適性診断の受診状況 ⑩ 運転者等台帳の作成前6か月以内に撮影した単独，上三分身，無帽，正面，無背景の写真 ●事業者は，運転者が転任，退職その他の理由で運転者でなくなった場合は，直ちに，当該運転者の運転者等台帳に運転者でなくなった年月日及び理由を記載し，これを**3年間保存**すること。 【⑥の「事故」とは，道交法第67条第2項に規定する事故及び事故報告規則第2条に規定する事故をいいます。また，⑦の「道交法第108条の34の規定による通知」とは，道交法違反等が使用者の業務

根拠条項	規　定　内　容　等
	に関してなされたものと認められるとき，公安委員会から使用者に対して行われる違反の内容を通知するものです。 　なお，事故を引き起こした場合とは，原則として当該運転者が当該事故の発生に最も大きな責任を有する場合（第1当事者）を指し，明らかに第2当事者以下の当事者である場合は記載しなくてもよい。また，直ちに判断できない場合は，判断を保留する旨を記載し，後に裁判等の結果により第1当事者であるかどうかの判断をすることができる。】
従業員に対する指導及び監督 （安全規則第10条）	●事業者は，国土交通大臣が告示で定めるところにより，当該運送事業に係る主な道路の状況，その他運行に関する状況，事業用自動車の運行の安全を確保するために必要な運転技術及び法令に基づき自動車の運転に関して遵守すべき事項について，運転者に対する適切な指導及び監督をしなければならない。 この場合においては，その日時，場所及び内容並びに指導及び監督を行った者及び受けた者を記録し，かつ，その記録を営業所において**3年間保存**しなければならない。 ●事業者は，国土交通大臣が告示で定めるところにより，次の運転者に対して，運行の安全を確保するために遵守すべき事項について特別な指導を行い，かつ，国土交通大臣が告示で定める適性診断であって国土交通大臣の認定を受けたものを受けさせること。 ①　死者又は負傷者（自動車損害賠償保障法施行令第5条第2号，第3号又は第4号に掲げる傷害を受けた者をいう。）が生じた事故を引き起こした者 ②　運転者として新たに雇い入れた者（貨物軽自動車運送事業者にあっては，運転者として初めて事業用自動車に乗務する者） ③　高齢者（65歳以上） 上記の①のうち，自動車損害賠償保障法施行令第5条関係の内容は，次のとおりである。 ・同令第5条第2号 14日以上病院に入院することを要する傷害で，医師の治療を要する期間が30日以上のものなど ・同令第5条第3号 入院を要する傷害で，医師の治療期間が30日以上のもの又は14日以上入院を要する傷害など

根拠条項	規　定　内　容　等
	・同令第5条第4号 　医師の治療を要する期間が11日以上の傷害を生じたもの ●事業者は，特定自動運行事業用自動車の特定自動運行保安員に対し，特定自動運行事業用自動車の運行の安全を確保するために遵守すべき事項について適切な指導監督をしなければならない。この場合においては，その日時，場所及び内容並びに指導及び監督を行った者及び受けた者を記録し，かつ，その記録を営業所において3年間保存しなければならない。 ●事業者は，非常信号用具及び消火器の取扱いについて，乗務員等に対する適切な指導をすること。 ●事業者は，従業員に対し，効果的かつ適切に指導及び監督を行うため，輸送の安全に関する基本的な方針の策定その他の国土交通大臣が告示で定める措置を講じなければならない。

【貨物自動車運送事業者が事業用自動車の運転者に対して行う指導及び監督の指針】

平成13年8月20日付け，告示第1366号
最終改正　令和6年10月1日付け，告示第1193号

第1章　一般的な指導及び監督の指針

　貨物自動車運送事業者は，貨物自動車運送事業輸送安全規則（以下「安全規則」という。）第10条第1項の規定に基づき，1に掲げる目的を達成するため，2に掲げる内容について，3に掲げる事項に配慮しつつ，貨物自動車運送事業の用に供する事業用自動車（以下単に「事業用自動車」という。）の運転者に対する指導及び監督を毎年実施し，その指導及び監督を実施した日時，場所及び内容並びに指導及び監督を行った者及び受けた者を記録し，かつ，その記録を営業所において3年間保存するものとする。

1　目的

　事業用自動車の運転者は，大型の自動車を運転したり，多様な地理的，気象的状況の下で運転したりすることから，道路の状況その他の運行の状況に関する判断及びその状況における運転について，高度な能力が要求される。このため，貨物自動車運送事業者は，事業用自動車の運転者に対して継続的かつ計画的に指導及び監督を行い，他の運転者の模範となるべき運転者を育成する必要がある。そこで，貨物自動車運送事業者が事業用自動車の運転者に対して行う一般的な指導及び監督は，貨物自動車運送事業法その他の法令に基づき運転者が遵守すべき事項に関する知識のほか，事業用自動車の運行の安全を確保する

根拠条項	規　定　内　容　等

ために必要な運転に関する技能及び知識を習得させることを目的とする。

2　指導及び監督の内容

(1)　事業用自動車を運転する場合の心構え

　貨物自動車運送事業は公共的な輸送事業であり、貨物を安全、確実に輸送することが社会的使命であることを認識させるとともに、事業用自動車による交通事故の統計を説明すること等により、事業用自動車による交通事故が社会に与える影響の大きさ及び事業用自動車の運転者の運転が他の運転者の運転に与える影響の大きさ等を理解させ、事業用自動車の運行の安全を確保するとともに他の運転者の模範となることが事業用自動車の運転者の使命であることを理解させる。

(2)　事業用自動車の運行の安全を確保するために遵守すべき基本的事項

　貨物自動車運送事業法、道路交通法及び道路運送車両法に基づき運転者が遵守すべき事項を理解させる。また、当該事項から逸脱した方法や姿勢による運転をしたこと及び日常点検を怠ったことに起因する交通事故の事例、当該交通事故を引き起こした貨物自動車運送事業者及び運転者に対する処分並びに当該交通事故が加害者、被害者その他の関係者に与える心理的影響を説明すること等により、当該事項を遵守することの重要性を理解させる。

(3)　事業用自動車の構造上の特性

　自らの運転する事業用自動車の車高、視野、死角、内輪差（右左折する場合又はカーブを通行する場合に後輪が前輪より内側を通ることをいう。以下同じ。）、制動距離等を確認させるとともに、これらが車両により異なること及び運搬中の貨物が事業用自動車の運転に与える影響を理解させる。この場合において、牽引自動車及び被牽引自動車を運行する場合においては、当該牽引自動車を運転するに当たって留意すべき事項を、当該被牽引自動車によりコンテナを運搬する場合においては、当該コンテナを下部隅金具等により確実に緊締しなければならないことを併せて理解させる。また、これらを把握していなかったことに起因する交通事故の事例を説明すること等により、事業用自動車の構造上の特性を把握することの必要性を理解させる。

(4)　貨物の正しい積載方法

　道路法その他の軸重の規制に関する法令に基づき運転者が遵守すべき事項を理解させるとともに、偏荷重が生じないような貨物の積載方法及び運搬中に荷崩れが生じないような貨物の固縛方法を指導する。また、偏荷重が生じている場合、制動装置を操作したときに安定した姿勢で停止できないおそれがあること及びカーブを通行したときに遠心力により事業用自動車の傾きが大きくなるおそれがあることを交通事故の事例を挙げるなどして理解、習得させる。

(5)　過積載の危険性

　過積載に起因する交通事故の事例を説明すること等により、過積載が事業用自動車の制動距離、安定性等に与える影響を理解させるとともに、過積載による運行を行った場合に

根拠条項	規 定 内 容 等

おける貨物自動車運送事業者，事業用自動車の運転者及び荷主に対する処分について理解させる。

(6) 危険物を運搬する場合に留意すべき事項

危険物（自動車事故報告規則第2条第5号に規定するものをいう。以下同じ。）を運搬する場合においては，危険物に該当する貨物の種類及び運搬する危険物の性状を理解させるとともに，危険物を運搬する前に確認すべき事項並びに危険物の取扱い方法，積載方法及び運搬方法について留意すべき事項を理解させる。また，運搬中に危険物が飛散又は漏えいした場合に安全を確保するためにとるべき方法を指導し，習得させる。この場合において，タンクローリにより危険物を運搬する場合にあっては，これを安全に運搬するために留意すべき事項を理解させる。

(7) 適切な運行の経路及び当該経路における道路及び交通の状況

① 当該貨物自動車運送事業に係る主な道路及び交通の状況をあらかじめ把握させるよう指導するとともに，これらの状況を踏まえ，事業用自動車を安全に運転するために留意すべき事項を指導する。この場合，交通事故の事例又は自社の事業用自動車の運転者が運転中に他の自動車又は歩行者等と衝突又は接触するおそれがあったと認識した事例（いわゆる「ヒヤリ・ハット体験」）を説明すること等により運転者に理解させる。

② 道路運送車両の保安基準第2条，第4条又は第4条の2について同令第55条の認定を受けた事業用自動車を運転させる場合及び道路法第47条の2第1項に規定する許可又は道路交通法第57条第3項に規定する許可を受けて事業用自動車を運転させる場合は，安全に通行できる経路としてあらかじめ設定した経路を通行するよう指導するとともに，当該経路における道路及び交通の状況を踏まえ，当該事業用自動車を安全に運転するために留意すべき事項を指導し，理解させる。

(8) 危険の予測及び回避並びに緊急時における対応方法

強風，豪雪等の悪天候が運転に与える影響，右左折時における内輪差，直前，後方及び左側方の視界の制約並びにジャックナイフ現象（制動装置を操作したときに牽引自動車と被牽引自動車が連結部分で折れ曲がり，安定性を失う現象をいう。）等の事業用自動車の運転に関して生ずる様々な危険について，危険予知訓練の手法等を用いて理解させるとともに，指差呼称及び安全呼称を行う習慣を体得させる。また，事故発生時，災害発生時その他の緊急時における対応方法について事例を説明すること等により理解させる。

(9) 運転者の運転適性に応じた安全運転

適性診断その他の方法により運転者の運転適性を把握し，個々の運転者に自らの運転行動の特性を自覚させる。また，運転者のストレス等の心身の状態に配慮した適切な指導を行う。

(10) 交通事故に関わる運転者の生理的及び心理的要因並びにこれらへの対処方法

長時間連続運転等による過労，睡眠不足，医薬品等の服用に伴い誘発される眠気，飲酒が身体に与える影響等の生理的要因及び慣れ，自らの運転技能への過信による集中力の欠

根拠条項	規　定　内　容　等

如等の心理的要因が交通事故を引き起こすおそれがあることを事例を説明することにより理解させるとともに，貨物自動車運送事業輸送安全規則第3条第4項の規定に基づき事業用自動車の運転者の勤務時間及び乗務時間に係る基準を定める告示に基づく事業用自動車の運転者の勤務時間及び乗務時間を理解させる。また，運転中に疲労や眠気を感じたときは運転を中止し，休憩するか，又は睡眠をとるよう指導するとともに，飲酒運転，酒気帯び運転及び覚せい剤等の使用の禁止を徹底する。

(11) 健康管理の重要性

疾病が交通事故の要因となるおそれがあることを事例を説明すること等により理解させるとともに，定期的な健康診断の結果，心理的な負担の程度を把握するための検査の結果等に基づいて生活習慣の改善を図るなど適切な心身の健康管理を行うことの重要性を理解させる。

(12) 安全性の向上を図るための装置を備える事業用自動車の適切な運転方法

安全性の向上を図るための装置を備える事業用自動車を運行する場合においては，当該装置の機能への過信及び誤った使用方法が交通事故の要因となるおそれがあることについて説明すること等により，当該事業用自動車の適切な運転方法を理解させる。

3　指導及び監督の実施に当たって配慮すべき事項

(1) 運転者に対する指導及び監督の意義についての理解

貨物自動車運送事業者は，貨物自動車運送事業法その他の法令に基づき運転者が遵守すべき事項に関する知識のほか，事業用自動車の運行の安全を確保するために必要な運転に関する技能及び知識を運転者に習得させることについて，重要な役割を果たす責務を有していることを理解する必要がある。

(2) 計画的な指導及び監督の実施

貨物自動車運送事業者は，運転者の指導及び監督を継続的，計画的に実施するための基本的な計画を作成し，計画的かつ体系的に指導及び監督を実施することが必要である。

(3) 運転者の理解を深める指導及び監督の実施

運転者が自ら考えることにより指導及び監督の内容を理解できるように手法を工夫するとともに，常に運転者の習得の程度を把握しながら指導及び監督を進めるよう配慮することが必要である。

(4) 参加・体験・実践型の指導及び監督の手法の活用

運転者が事業用自動車の運行の安全を確保するために必要な技能及び知識を体験に基づいて習得し，その必要性を理解できるようにするとともに，運転者が交通ルール等から逸脱した運転操作又は知識を身に付けている場合には，それを客観的に把握し，是正できるようにするため，参加・体験・実践型の指導及び監督の手法を積極的に活用することが必要である。例えば，交通事故の実例を挙げ，その要因及び対策について，必要により運

根拠条項	規定内容等

者を小人数のグループに分けて話し合いをさせたり，イラスト又はビデオ等の視聴覚教材又は運転シミュレーターを用いて交通事故の発生する状況等を間接的又は擬似的に体験させたり，実際に事業用自動車を運転させ，技能及び知識の習得の程度を認識させたり，実験により事業用自動車の死角，内輪差及び制動距離等を確認させたりするなど手法を工夫することが必要である。

(5) 社会情勢等に応じた指導及び監督の内容の見直し

指導及び監督の具体的内容は，社会情勢等の変化に対応したものでなければならない。このため，貨物自動車運送事業法その他の関係法令等の改正の動向及び業務の態様が類似した他の貨物自動車運送事業者による交通事故の実例等について，関係行政機関及び団体等から幅広く情報を収集することに努め，必要に応じて指導及び監督の内容を見直すことが必要である。

(6) 指導者の育成及び資質の向上

指導及び監督を実施する者を自社内から選任する貨物自動車運送事業者は，これらの者に対し，指導及び監督の内容及び手法に関する知識及び技術を習得させるとともに，常にその向上を図るよう努めることが必要である。

(7) 外部の専門的機関の活用

指導及び監督を実施する際には，指導及び監督のための専門的な知識及び技術並びに場所を有する外部の専門的機関を積極的に活用することが望ましい。

第2章 特定の運転者に対する特別な指導の指針

貨物自動車運送事業者（貨物軽自動車運送事業者にあっては，四輪以上の軽自動車を使用して貨物を運送する事業者に限る。以下この章において同じ。）は，安全規則第10条第2項の規定に基づき，第1章の一般的な指導及び監督に加え，1に掲げる目的を達成するため，2の各号に掲げる事業用自動車の運転者に対し，それぞれ当該各号に掲げる内容について，3に掲げる事項に配慮しつつ指導を実施し，安全規則第9条の5第1項又は第9条の6第1項に基づき，指導を実施した年月日及び指導の具体的内容を運転者等台帳若しくは貨物軽自動車運転者等台帳（以下「運転者等台帳等」という。）に記載するか，または，指導を実施した年月日を運転者等台帳等に記載したうえで指導の具体的内容を記録した書面を運転者等台帳等に添付するものとする。

また，4の各号に掲げる運転者に対し，当該各号に掲げる方法により適性診断を受診させ，受診年月日及び適性診断の結果を記録した書面を同項に基づき運転者等台帳等に添付するものとする。

さらに，5に掲げる事項により，運転者として新たに雇い入れた者に対し，雇い入れる前の事故歴を把握した上で，必要に応じ，特別な指導を行い，適性診断を受けさせるものとする。

根拠条項	規 定 内 容 等

1 目的

　一般貨物自動車運送事業者等は，交通事故を引き起こした事業用自動車の運転者についてその再発防止を図り，また，事業用自動車の運行の安全を確保するために必要な運転に関する技能及び知識を十分に習得していない新たに雇い入れた運転者及び加齢に伴い身体機能が変化しつつある高齢者である運転者について交通事故の未然防止を図るためには，これら特定の運転者に対し，よりきめ細かな指導を実施する必要がある。そこで，特定の運転者に対して行う特別な指導は，個々の運転者の状況に応じ，適切な時期に十分な時間を確保して事業用自動車の運行の安全を確保するために必要な事項を確認させることを目的とする。

2 指導の内容及び時間

(1) 死者又は重傷者（自動車損害賠償保障法施行令第5条第2号又は第3号に掲げる傷害を受けた者をいう。）を生じた交通事故を引き起こした運転者及び軽傷者（同条第4号に掲げる傷害を受けた者をいう。）を生じた交通事故を引き起こし，かつ，当該事故前の3年間に交通事故を引き起こしたことがある運転者（以下「事故惹起運転者」という。）

事故惹起運転者に対する特別な指導の内容及び時間

内容	時間
① 事業用自動車の運行の安全の確保に関する法令等 　事業用自動車の運行の安全を確保するため貨物自動車運送事業法その他の法令等に基づき運転者が遵守すべき事項を再確認させる。	①から⑤までについて一般貨物自動車運送事業者等にあっては合計**6時間以上**，貨物軽自動車運送事業者にあっては合計5時間以上実施すること。⑥については，可能な限り実施することが望ましい。
② 交通事故の事例の分析に基づく再発防止対策 　交通事故の事例の分析を行い，その要因となった運転行動上の問題点を把握させるとともに，事故の再発を防止するために必要な事項を理解させる。	
③ 交通事故に関わる運転者の生理的及び心理的要因並びにこれらへの対処方法 　交通事故を引き起こすおそれのある運転者の生理的及び心理的要因を理解させるとともに，これらの要因が事故につながらないようにするための対処方法を指導する。	

根拠条項	規定内容等	
	④ 交通事故を防止するために留意すべき事項 　貨物自動車運送事業者の事業の態様及び運転者の乗務の状況等に応じて事業用自動車の運行の安全を確保するために留意すべき事項を指導する。	
	⑤ 危険の予測及び回避 　危険予知訓練の手法等を用いて、道路及び交通の状況に応じて交通事故につながるおそれのある危険を予測させ、それを回避するための運転方法等を運転者が自ら考えるよう指導する。	
	⑥ 安全運転の実技 　実際に事業用自動車を運転させ、道路及び交通の状況に応じた安全な運転方法を添乗等により指導する。	

(2) 安全規則第3条第1項に基づき一般貨物自動車運送事業者等の運転者として常時選任するために新たに雇い入れた者（当該一般貨物自動車運送事業者等において初めて事業用自動車に乗務する前3年間に他の一般貨物自動車運送事業者等によって運転者として常時選任されたことがある者を除く。）（以下「初任運転者」という。）

初任運転者に対する特別な指導の内容及び時間

内容	時間
① 貨物自動車運送事業法その他の法令に基づき運転者が遵守すべき事項、事業用自動車の運行の安全を確保するために必要な運転に関する事項等 　第1章2に掲げる内容について指導する。この場合において、同章2（2）のうち日常点検に関する事項、同章2（3）のうち事業用自動車の車高、視野、死角、内輪差及び制動距離等に関する事項並びに同章2（4）のうち貨物の積載方法及び固縛方法に関する事項については、実際に車両を用いて指導する。	15時間以上実施すること。
② 安全運転の実技 　実際に事業用自動車を運転させ、道路及び交通の状況に応じた安全な運転方法を添乗等により指導する。	20時間以上実施すること。

根拠条項	規　定　内　容　等

(3)　(略)

(4)　高齢者である運転者(以下「高齢運転者」という。)

　4の(4)の適性診断の結果を踏まえ，個々の運転者の加齢に伴う身体機能の変化の程度に応じた事業用自動車の安全な運転方法等について運転者が自ら考えるよう指導する。

3　特別な指導の実施に当たって配慮すべき事項

(1)　指導の実施時期

① 事故惹起運転者

　当該交通事故を引き起こした後再度事業用自動車に乗務する前に実施する。ただし，やむを得ない事情がある場合には，再度乗務を開始した後1か月以内に実施する。なお，外部の専門的機関における指導講習を受講する予定である場合は，この限りでない。

② 初任運転者

　当該一般貨物自動車運送事業者等において初めて事業用自動車に乗務する前に実施する。ただし，やむを得ない事情がある場合には，乗務を開始した後1か月以内に実施する。

③ (略)

④ 高齢運転者

　4の(4)の適性診断の結果が判明した後1か月以内に実施する。

(2)　きめ細かな指導の実施

　事故惹起運転者が交通事故を引き起こした運転行動上の要因を自ら考え，初任運転者及び貨物軽自動車初任運転者(以下「初任運転者等」という。)が事業用自動車の安全な運転に関する自らの技能及び知識の程度を把握し，高齢運転者が加齢に伴う身体機能の変化を自覚することにより，これらの運転者が事業用自動車の運行の安全を確保するための知識の充実並びに技能及び運転行動の改善を図ることができるよう，4の適性診断の結果判明した当該運転者の運転行動の特性も踏まえ，当該運転者と話し合いをしつつきめ細かな指導を実施することが必要である。また，この場合において，当該運転者が気づかない技能，知識又は運転行動に関する問題点があれば，運転者としてのプライドを傷つけないように配慮しつつこれを指摘することが必要である。さらに，指導の終了時に，運転者により安全な運転についての心構え等についてのレポートを作成させるなどして，指導の効果を確認することが望ましい。

(3)　外部の専門的機関の活用

　指導を実施する際には，(2)に掲げるような手法についての専門的な知識及び技術並びに指導のための場所を有する外部の専門的機関を可能な限り活用するよう努めるものとする。

根拠条項	規　定　内　容　等

4　適性診断の受診

(1)　事故惹起運転者

　当該交通事故を引き起こした後再度事業用自動車に乗務する前に次に掲げる事故惹起運転者の区分ごとにそれぞれ特定診断Ⅰ（①に掲げる運転者のための適性診断として国土交通大臣が認定したものをいう。）又は特定診断Ⅱ（②に掲げる者のための適性診断として国土交通大臣が認定したものをいう。）を受診させる。ただし，やむを得ない事情がある場合には，乗務を開始した後1か月以内に受診させる。

　①　死者又は重傷者を生じた交通事故を引き起こし，かつ，当該事故前の1年間に交通事故を引き起こしたことがない者及び軽傷者を生じた交通事故を引き起こし，かつ，当該事故前の3年間に交通事故を引き起こしたことがある者

　②　死者又は重傷者を生じた交通事故を引き起こし，かつ，当該事故前の1年間に交通事故を引き起こしたことがある者

(2)　一般貨物自動車運送事業者等の運転者として常時選任するために新たに雇い入れた者であって当該一般貨物自動車運送事業者等において初めて事業用自動車に乗務する前3年間に初任診断（初任運転者等のための適性診断として国土交通大臣が認定したものをいう。以下同じ。）を受診したことがない者

　当該一般貨物自動車運送事業者等において初めて事業用自動車に乗務する前に初任診断を受診させる。ただし，やむを得ない事情がある場合には，乗務を開始した後1か月以内に受診させる。

(3)　（略）

(4)　高齢運転者

　適齢診断（高齢運転者のための適性診断として国土交通大臣が認定したものをいう。）を65才に達した日以後1年以内（65才以上の者を新たに一般貨物自動車運送事業者等の運転者として選任した場合又は貨物軽自動車運送事業者の運転者として初めて事業用自動車に乗務させる場合には，当該選任の日又は当該乗務の日から1年以内）に1回受診させ，その後3年以内ごとに1回受診させる。

5　新たに雇い入れた者の事故歴の把握

(1)　貨物自動車運送事業者は，運転者を新たに雇い入れた場合には，当該運転者について，自動車安全運転センター法に規定する自動車安全運転センターが交付する無事故・無違反証明書又は運転記録証明書等により，雇い入れる前の事故歴を把握し，事故惹起運転者に該当するか否かを確認すること。

(2)　(1)の確認の結果，当該運転者が事故惹起運転者に該当した場合であって，2(1)の特別な指導を受けていない場合には，特別な指導を行うこと。

(3)　(1)の確認の結果，当該運転者が事故惹起運転者に該当した場合であって，4(1)の適

根拠条項	規定内容等
	性診断を受診していない場合には，適性診断を受けさせること。
異常気象時等における措置 （安全規則第11条）	●事業者は，異常気象，土砂崩壊，路肩軟弱等の道路障害により，輸送の安全の確保に支障を生ずるおそれがあるときは，乗務員等に対する適切な指示その他輸送の安全を確保するために各種警報等の伝達，避難箇所の指定，運行中止の指示等を講ずること。
安全の確保のための服務規律 （安全規則第12条）	●特別積合せ貨物運送を行う事業者は，運行の安全を確保するために乗務員等の服務規律を定めること。
乗務員及び運転者の遵守事項 （安全規則第16条，第17条）	●事業用自動車の運転者及び運転者以外の乗務員は，事業用自動車の乗務について次に掲げる事項を遵守しなければならない。

乗務員
(1) 酒気を帯びて乗務しないこと。
(2) 過積載をした事業用自動車に乗務しないこと。
(3) 事業用自動車に貨物を積載するときは，第5条に定めるところにより積載すること。
　（第5条）
　① 偏荷重が生じないように積載すること。
　② 貨物が運搬中に荷崩れ等により落下することを防止するため，貨物にロープ又はシートを掛けること等必要な措置を講ずること。
(4) 事業用自動車の故障等により踏切内で運行不能となったときは，速やかに列車に対し適切な防護措置をとること。

運転者
(5) 酒気を帯びた状態にあるときは，その旨を貨物自動車運送事業者に申し出ること。
(6) 疾病，疲労，睡眠不足その他の理由により安全な運転をすることができないおそれがあるときは，その旨を貨物自動車運送事業者に申し出ること。
(7) 日常点検を実施し，またはその確認をすること。

根拠条項	規　定　内　容　等
	(8) 乗務を開始しようとするとき，第７条第３項（中間点呼）に規定する乗務の途中及び乗務を終了したとは，第７条第１項（業務前点呼）から第７条第３項（中間点呼）までの規定により事業者が行う点呼を受け，報告をすること。 (9) 事業用自動車の運行中に当該事業用自動車の重大な故障を発見し，又は重大な事故が発生するおそれがあると認めたときは，直ちに，運行を中止し，貨物自動車運送事業者に報告すること。 (10) 乗務を終了して他の運転者と交替するときは，交替する運転者に対し，当該乗務に係る事業用自動車，道路及び運行の状況について通告すること。 (11) 他の運転者と交替して乗務を開始しようとするときは，当該他の運転者から前号(10)の規定による通告を受け，当該事業用自動車の制動装置，走行装置その他の重要な装置の機能について点検をすること。 (12) 乗務の記録をすること。 (13) 乗務開始及び乗務終了の点呼のいずれも対面で行うことができない乗務を行う場合は，運行指示書を携行するとともに，運行指示書の記載事項に変更が生じた場合には当該運行指示書に変更の内容を記載すること。 (14) 踏切を通過するときは，変速装置を操作しないこと。
運行管理者 （法第16条）	●事業者は，法第３条の許可を受けた後，速やかに，事業用自動車の運行の安全の確保に関する業務を行わせるため，運行管理者資格者証の交付を受けている者のうちから運行管理者を選任すること。 ●運行管理者の業務は，安全規則第20条（53〜65ページ）で定めている。 ●事業者は，運行管理者を選任したときは遅滞なく，その氏名を国土交通大臣に届け出ること。これを解任したときも同様とする。なお，**遅滞なくとは１週間以内をいう。**
運行管理者資格者証 （法第17条）	●国土交通大臣は，次のいずれかに該当する者に対し，運行管理者資格者証を交付する。 　① 運行管理者試験に合格した者

根拠条項	規定内容等
	②　事業用自動車の運行の安全の確保に関する業務について一定の実務の経験等を備える者
運行管理者の資格要件 （安全規則第24条） （法第17条第2項）	●一定の実務の経験等を備える者は，一般貨物自動車運送事業者，特定貨物自動車運送事業者又は特定第2種貨物利用運送事業者の事業用自動車の運行の管理に関し5年以上の実務の経験を有し，その間に，国土交通大臣が告示で定めるところにより，国土交通大臣が告示で定める講習であって国土交通大臣の認定を受けたものを5回以上受講した者であることとする。 ただし，次のいずれかに該当する者に対しては，運行管理者資格者証の交付を行わないことができる。 　(イ)　法第18条の規定により運行管理者資格者証の返納命令を受け，その日から5年を経過しない者 　(ロ)　この法律若しくはこの法律に基づく命令又はこれらに基づく処分に違反し，この法律の規定により罰金以上の刑に処せられ，その執行を終わり，又はその執行を受けることがなくなった日から5年を経過しない者
資格者証の様式及び交付 （安全規則第25条）	●交付申請者は，交付申請書に住民票の写し又はこれに類するもので氏名及び生年月日を証明する書類を添付して提出すること。 ●試験合格者の交付の申請は，試験に合格の日から3月以内に行うこと。
資格者証の訂正 （安全規則第26条）	●資格者証の氏名に変更を生じたときは，訂正申請書に当該資格者証及び住民票の写し又はこれに類するもので変更の事実を証明する書面を添付して，その住所地を管轄する地方運輸局長に提出し，訂正を受けること。 ●資格者証の訂正に代えて，資格者証の再交付を受けることができる。
資格者証の再交付 （安全規則第27条）	●資格者証を汚し，損じ，若しくは失ったために資格者証の再交付の申請をしようとするときは，再交付申請書に資格者証（失った場合を除く。）及び住民票の写し又はこれに類するもので変更の事実を証明する書類（訂正に代えて再交付する場合に限る。）を

根 拠 条 項	規 定 内 容 等
	添付して，その住所地を管轄する地方運輸局長に提出すること。
運行管理者資格者証の返納 （法第18条）	●国土交通大臣は，運行管理者資格者証の交付を受けている者がこの法律若しくはこの法律に基づく命令又はこれらに基づく処分に違反したときは，その運行管理者資格者証の返納を命ずることができる。 なお，具体的には権限の委任により地方運輸局長が行う。
資格者証の返納 （安全規則第28条）	●資格者証を失ったため資格者証の再交付を受けた者は，失った資格者証を発見したときは，発見した資格者証をその住所地を管轄する地方運輸局長に返納すること。 ●資格者証の交付を受けている者が死亡し又は失踪宣告を受けた時は，死亡又は失踪宣告の届出義務者は，資格者証をその住所地を管轄する地方運輸局長に返納すること。
運行管理者等の選任 （安全規則第18条） （選任数）	●一般貨物自動車運送事業者等は，法第3条の許可を受けた後，速やかに，事業用自動車（被けん引自動車を除く。以下この項において同じ。）の運行を管理する営業所ごとに，当該営業所が運行を管理する事業用自動車の数を30で除して得た数（その数に1未満の端数があるときは，これを切り捨てるものとする。）に1を加算して得た数以上の運行管理者を選任しなければならない。ただし，5両未満の事業用自動車の運行を管理する営業所であって，地方運輸局長が当該事業用自動車の種別，地理的条件その他の事情を勘案して当該事業用自動車の運行の安全の確保に支障を生ずるおそれがないと認めるものについては，この限りではない。 ●一の営業所において複数の運行管理者を選任する一般貨物自動車運送事業者等は，それらの業務を統括する運行管理者（以下「統括運行管理者」という。）を選任しなければならない。 ●一般貨物自動車運送事業者等は，運行管理者資格者証（以下「資格者証」という。）若しくは道路運送法第23条の2第1項に規定する運行管理者資格者証を有する者又は国土交通大臣が告示で定める運行の管理に関する講習であって国土交通大臣の認定を受けたものを修了した者のうちから，運行管理者の業務を補助させるための者（以下「補助者」という。）を選任することができる。

根拠条項	規　定　内　容　等
	解　説 　　事業用自動車(被けん引自動車を除く。)の運行を管理する営業所ごとに必要な運行管理者数の計算式は， $$1 + \frac{営業所配置車両数(被けん引自動車を除く。)}{30}$$ 　　＝必要な運行管理者数(ただし，小数点以下は切り捨てる。) **【安全規則の解釈及び運用について】** 最終改正（国自貨第391号，国自安第94号，国自整第158号，令和6年10月11日） ●運行管理者の選任数を表にまとめると，次のとおりである。 | 事業用自動車の両数（被けん引車は除く）	運行管理者数
29両まで	1人
30両～59両	2人
60両～89両	3人
90両～119両	4人
120両～149両	5人
150両～179両	6人
180両～209両	7人
210両～239両	8人 | ●補助者の選任については，運行管理者の履行補助として業務に支障が生じない場合に限り，同一事業者の他の営業所の補助者を兼務しても差し支えない。ただし，その場合には，各営業所において，運行管理業務が適切に遂行できるよう運行管理規程に運行管理体制等について明記し，その体制を整えておくこと。 ●補助者は，運行管理者の履行補助を行う者であって，代理業務を行える者ではない。ただし，点呼に関する業務については，その一部を補助者が行うことができるものとする。 ●補助者が行う補助業務は，運行管理者の指導及び監督のもと行われるものであり，補助者が行うその業務において，以下に該当するおそれがあることが確認された場合には，直ちに運行管理者に報告を行い，運行の可否の決定等について指示を仰ぎ，その結果に基づき各運転者に対し指示を行わなければならない。 　イ．運転者が酒気を帯びている

根拠条項	規　定　内　容　等
	ロ．疾病，疲労，睡眠不足その他の理由により安全な運転をすることができない ハ．無免許運転，大型自動車等無資格運転 ニ．過積載運行 ホ．最高速度違反行為 ※運行管理者は他の営業所の運行管理者又は補助者を兼務することはできない。
運行管理者等の義務 （法第20条）	●運行管理者は，誠実にその業務を行わなければならない。 ●事業者は，運行管理者に対し，運行管理者の業務を行うために必要な権限を与えなければならない。 ●事業者は，運行管理者がその業務として行う助言を尊重しなければならず，運転者その他の従業員は，運行管理者がその業務として行う指導に従わなければならない。
輸送の安全の確保を阻害する行為の禁止 （法第21条）	●事業者は，貨物自動車利用運送を行う場合にあっては，その利用する運送を行う事業者が法第13条，第14条第1項，第4項若しくは第6項，第15条第1項から第4項まで，第16条第1項若しくは第20条第2項若しくは第3項の規定又は安全管理規程を遵守することにより輸送の安全を確保することを阻害する行為をしてはならない。
運行管理者の業務 （安全規則第20条）	運行管理者の業務の全規定を以下に掲載します。 　　　　　内は，その個々の業務に関係のある事業者に課された業務の規定です。

●運行管理者は，次に掲げる業務を行わなければならない。

① 一般貨物自動車運送事業者等により運転者（特定自動運行貨物運送を行う場合にあっては，特定自動運行保安員）として選任された者以外の者に事業用自動車の運行の業務に従事させないこと。

安全規則第3条第1項（過労運転等の防止…運転者の選任）
○事業者は，事業計画に従い業務を行うに必要な員数の運転者又は特定自動運行保安員を常時選任しておかなければならない。
○常時選任する運転者及び特定自動運行保安員は，日々雇い入れら

根拠条項	規　定　内　容　等
	れる者，２月以内の期間を定めて使用される者又は試みの使用期間中の者（14日を超えて引き続き使用されるに至った者を除く。）であってはならない。

② 第３条第３項の規定により，乗務員等が有効に利用することができるように，休憩または睡眠のために利用することができる施設を適切に管理すること。

安全規則第３条第３項（過労運転等の防止…休憩，睡眠施設）
○事業者は，乗務員等が有効に利用することができるように，休憩に必要な施設を<u>整備し</u>，及び乗務員に睡眠を与える必要がある場合には，睡眠に必要な施設を<u>整備し</u>，並びにこれらの施設を適切に管理し，及び保守しなければならない。

③ 第３条第４項の規定により定められた勤務時間及び乗務時間の範囲内において乗務割を作成し，これに従い運転者を事業用自動車に乗務させること。

安全規則第３条第４項（過労運転等の防止…勤務時間，乗務時間）
○事業者は，休憩又は睡眠のための時間及び勤務が終了した後の休息のための時間が十分に確保されるように，国土交通大臣が告示で定める基準（自動車運転者の労働時間等の改善のための基準）に従って，運転者の勤務時間及び乗務時間を定め，当該運転者にこれらを遵守させなければならない。

④ 第３条第５項の規定により，同項の乗務員等を事業用自動車の運行の業務に従事させないこと。

安全規則第３条第５項（過労防止…酒気を帯びた者の乗務の禁止）
○事業者は，酒気を帯びた状態にある乗務員等を事業用自動車の運行の業務に従事させてはならない。

④－２　第３条第６項の規定により乗務員等の健康状態の把握に努め，疾病，疲労，睡眠不足その他の理由で安全に運行の業務を遂行し又はその補助ができないおそれのある乗務員等を乗務させないこと。

安全規則第３条第６項（過労防止…疾病，疲労者等の乗務の禁止）
○事業者は，乗務員等の健康状態の把握に努め，疾病，疲労，睡眠不足その他の理由により安全に運行の業務を遂行し，又はそ

根拠条項	規　定　内　容　等

の補助をすることができないおそれがある乗務員等を事業用自動車の運行の業務に従事させてはならない。

⑤　第3条第7項の規定により，交替するための運転者を配置すること。

安全規則第3条第7項（過労運転等の防止…長距離，夜間の運転）
○事業者は，運転者が長距離又は夜間の運転に従事する場合で，疲労等により安全な運転を継続することができないおそれがあるときは，あらかじめ，交替するための運転者を配置しておかなければならない。

⑤-2　特定自動運行事業用自動車による運送を行おうとする場合にあっては，第3条の2第1項の規定により特定自動運行事業用自動車に特定自動運行保安員を乗務させ，若しくはこれと同等の措置を行い，又は遠隔からその業務を行わせること。

安全規則第3条の2第1項（特定自動運行保安員の業務等）
○貨物自動車運送事業者は，次の各号のいずれかに掲げる措置を講じなければ，特定自動運行事業用自動車を貨物の運送の用に供してはならない。
(1)当該特定自動運行事業用自動車に特定自動運行保安員を乗務させ，又はこれと同等の措置を行うこと。
(2)次に掲げる措置を講ずること。
　イ　特定自動運行事業用自動車に積載された貨物の状況を確認することができる装置を当該特定自動運行事業用自動車に備えること。
　ロ　営業所その他の適切な業務場所に特定自動運行保安員を配置し，当該特定自動運行保安員に道路交通法施行規則第9条の29に規定する遠隔監視装置その他の装置を用いて遠隔から運行の安全の確保に関する業務を行わせること。

⑥　第4条の規定により，従業員に対する指導及び監督を行うこと。

安全規則第4条（過積載の防止）
○事業者は，過積載による運送の防止について，運転者，特定自動運行保安員その他の従業員に対する適切な指導及び監督を怠ってはならない。

根拠条項	規　定　内　容　等

⑦　第5条の規定による貨物の積載方法について，従業員に対する指導及び監督を行うこと。

> 安全規則第5条（貨物の積載方法）
> ○事業者は，事業用自動車に貨物を積載するときは，次に定めるところによらなければならない。
> ①偏荷重が生じないように積載すること。
> ②貨物が運搬中に荷崩れ等により事業用自動車から落下することを防止するため，貨物にロープ又はシートを掛けること等必要な措置を講ずること。

⑦-2　第5条の2の規定により，運転者等に対する指導及び監督を行うこと。

> 安全規則第5条の2（通行の禁止又は制限等違反の防止）
> ○貨物自動車運送事業者は，次に掲げる行為の防止について，運転者等に対する適切な指導及び監督を怠ってはならない。
> （次に掲げる行為はP23を参照のこと）

⑧　第7条の規定により，運転者等に対して点呼を行い，報告を求め，確認を行い，及び指示を与え，並びに記録し，及びその記録を保存し，並びにアルコール検知器を常時有効に保持すること。（1年間保存）

> 安全規則第7条（点呼等）
> ○事業者は，業務に従事しようとする運転者等に対して対面により，又は対面による点呼と同等の効果を有するものとして国土交通大臣が定める方法（運行上やむを得ない場合は電話その他の方法。次項において同じ。）により点呼を行い，次の各号に掲げる事項について報告を求め，及び確認を行い，並びに事業用自動車の運行の安全を確保するために必要な指示を与えなければならない。
> ①運転者に対しては，酒気帯びの有無
> ②運転者に対しては，疾病，疲労，睡眠不足その他の理由により安全な運転をすることができないおそれの有無
> ③道路運送車両法第47条の2第1項及び第2項の規定による点検の実施又はその確認

根拠条項	規　定　内　容　等
	④特定自動運行保安員に対しては，特定自動運行事業用自動車による運送を行うために必要な自動運行装置の設定の状況に関する確認 ○事業者は，事業用自動車の運行の業務を終了した運転者等に対して対面により，又は対面による点呼と同等の効果を有するものとして国土交通大臣が定める方法により点呼を行い，当該業務に係る事業用自動車，道路及び運行の状況について報告を求め，かつ，運転者に対しては酒気帯びの有無について確認を行わなければならない。この場合において，当該運転者等が他の運転者等と交替した場合にあっては，当該運転者等が交替した運転者等に対して行った第３条の２第４項第４号又は第17条第４号の規定による通告についても報告を求めなければならない。 ○事業者は，業務前及び業務後の点呼のいずれも対面により，又は対面による点呼と同等の効果を有するものとして国土交通大臣が定める方法で行うことができない業務を行う運転者等に対し，当該点呼のほかに，当該業務の途中において少なくとも一回対面による点呼と同等の効果を有するものとして国土交通大臣が定める方法（当該方法により点呼を行うことが困難である場合にあっては，電話その他の方法）により点呼を行い，次の事項について報告を求め，及び確認を行い，並びに事業用自動車の運行の安全を確保するために必要な指示をしなければならない。 ①運転者に対しては，酒気帯びの有無 ②運転者に対しては，疾病，疲労，睡眠不足その他の理由により安全な運転をすることができないおそれの有無 ○事業者は，アルコール検知器（呼気に含まれるアルコールを検知する機器であって，国土交通大臣が公示で定めるものをいう。）を営業所ごとに備え，常時有効に保持するとともに，前３項の規定により酒気帯びの有無について確認を行う場合には，運転者の状態を目視等で確認するほか，当該運転者の属する営業所に備えられたアルコール検知器を用いて行わなければならない。 ○事業者は，第１項から第３項までの規定により点呼を行い，報告を求め，確認を行い，及び指示をしたときは，運転者等ごと

根拠条項	規　定　内　容　等
	に点呼を行った旨，報告，確認及び指示の内容並びに所定の事項を記録し，かつ，その記録を**1年間保存**しなければならない。

⑨　第8条の規定により，運転者等に対して記録させ，及びその記録を保存すること。（1年間保存）

> 安全規則第8条（業務の記録）
> ○事業者は，事業用自動車に係る運転者等の業務について，業務を行った運転者等ごとに次に掲げる事項を記録させ，かつ，その記録を1年間保存しなければならない。
> ①運転者等の氏名
> ②運転者等が従事した運行の業務に係る事業用自動車の自動車登録番号又は車両番号その他の当該事業用自動車を識別できる表示（車番等）
> ③業務の開始，終了の地点及び日時並びに主な経過地点及び業務に従事した距離
> ④業務を交替した場合にあっては，その地点及び日時
> ⑤休憩又は睡眠をした場合にあっては，その地点及び日時
> ⑥車両総重量が8トン以上又は最大積載量5トン以上の普通自動車である事業用自動車の運行の業務に従事した場合にあっては，貨物の積載状況
> ⑦　荷主の都合により集貨又は配達を行った地点（以下「集貨地点等」という。）で待機した場合にあっては，次に掲げる事項
> 　イ　集貨地点等
> 　ロ　集貨地点等への到着の日時を荷主から指定された場合にあっては，当該日時
> 　ハ　集貨地点等に到着した日時
> 　ニ　集貨地点等における荷積み又は荷卸しの開始及び終了の日時
> 　ホ　集貨地点等で，貨物の荷造り，仕分けその他の貨物自動車運送事業に附帯する業務（以下「附帯業務」という。）を実施した場合にあっては，附帯業務の開始及び終了の日時
> 　ヘ　集貨地点等から出発した日時
> ⑧　集貨地点等で，当該一般貨物自動車運送事業者等が，荷役作業又は附帯業務（以下「荷役作業等」という。）を実施した

根拠条項	規　定　内　容　等
	場合（荷主との契約書に実施した荷役作業等の全てが明記されている場合にあっては，当該荷役作業等に要した時間が1時間以上である場合に限る。）にあっては，次に掲げる事項（⑦に該当する場合にあっては，イ及びロに掲げる事項を除く。） 　　イ　集貨地点等 　　ロ　荷役作業等の開始及び終了の日時 　　ハ　荷役作業等の内容 　　ニ　イからハまでに掲げる事項について荷主の確認が得られた場合にあっては，荷主が確認したことを示す事項，当該確認が得られなかった場合にあっては，その旨 ⑨道路交通法第67条第2項に規定する交通事故若しくは事故報告規則第2条に規定する事故又は著しい運行の遅延その他異常な状態が発生した場合は，その概要及び原因 ⑩運行途中において，運行指示書の携行が必要な業務を行うことになった場合には，その指示内容 ○事業者は，前項の規定により記録すべき事項について，運転者等ごとに記録させることに代え，道路運送車両の保安基準第48条の2第2項の基準に適合する運行記録計により記録することができる。この場合，記録計により記録される以外の事項を運転者等ごとに記録紙に付記させなければならない。 ⑩　第9条に規定する運行記録計を管理し，及びその記録を保存すること。（1年間保存） ⑪　第9条に掲げる事業用自動車で同条に規定する運行記録計により記録することができないものを運行の用に供さないこと。 安全規則第9条（運行記録計による記録） ○事業者は，次に掲げる事業用自動車に係る運転者等の業務について，その自動車の瞬間速度，運行距離及び運行時間を運行記録計により記録し，かつ，その記録を**1年間保存**しなければならない。 　①**車両総重量7トン以上**又は**最大積載量4トン以上**の普通自動車である事業用自動車 　②上記の事業用自動車に該当する被けん引自動車をけん引するけん引自動車である事業用自動車

根拠条項	規　定　内　容　等

③特別積合せ貨物運送に係る運行系統に配置する事業用自動車

⑫　第９条の２の規定により，同条各号に掲げる事項を記録し，その記録を保存すること。（３年間保存）

安全規則第９条の２（事故の記録）
○事業者は，事業用自動車に係る事故が発生した場合には，次に掲げる事項を記録し，その記録を当該事業用自動車の運行を管理する営業所において**３年間保存**しなければならない。〔事故とは，道路交通法第67条第２項（人の死傷又は物の損壊）に規定する交通事故，若しくは事故報告規則第２条に規定するものをいう。〕
①乗務員等の氏名
②事業用自動車の登録番号又は車両番号その他の当該自動車を識別できる表示
③事故の発生日時
④事故の発生場所
⑤事故の当事者（乗務員等を除く。）の氏名
⑥事故の概要（損害の程度を含む。）
⑦事故の原因
⑧再発防止対策

⑫－２　第９条の３の規定により，運行指示書を作成し，及びその写しに変更の内容を記載し，運転者等に対し適切な指示を行い，運行指示書を事業用自動車の運転者等に携行させ，及び変更の内容を記載させ，並びに運行指示書及びその写しの保存をすること。（１年間保存）

安全規則第９条の３（運行指示書による指示等）
○事業者は，業務開始及び業務終了の点呼のいずれも対面により，又は対面による点呼と同等の効果を有するものとして国土交通大臣が定める方法で行うことができない業務を行う場合は，次の事項を記載した運行指示書を作成し，これにより運転者等に対し適切な指示を行うとともに，これを当該運転者に携行させること。
①運行の開始，終了の地点及び日時
②乗務員等の氏名

根拠条項	規　定　内　容　等

　　③運行の経路，主な経過地における発車及び到着の日時
　　④運行に際して注意を要する箇所の位置
　　⑤乗務員等の休憩地点及び休憩時間（休憩がある場合に限る。）
　　⑥乗務員等の運転又は業務の交替の地点（運転又は業務の交替がある場合に限る。）
　　⑦その他運行の安全を確保するために必要な事項
○事業者は，運転者が運行指示書を携行した業務の途中において，運行の開始，終了の地点及び日時又は運行の経路，主な経過地における発車及び到着の日時に変更が生じた場合には，運行指示書の写しに当該変更の内容（当該変更に伴い，運行に際して注意を要する箇所の位置，乗務員等の休憩地点，及び休憩時間，乗務員等の運転又は業務の交替の地点，その他運行の安全を確保するために必要な事項に生じた変更の内容を含む。）を記載し，かつ，これにより運転者等に対し電話その他の方法により当該変更の内容について適切な指示を行うとともに，当該運転者等が携行している運行指示書に当該変更の内容を記載させること。
○事業者は，業務途中の運転者等に対し，運行指示書の携行が必要となる業務を行わせることとなった場合には，当該業務以後の運行について運行指示書を作成し，これにより当該運転者等に対し，電話その他の方法により適切な指示を行うこと。
○事業者は，運行指示書及び写しを運行の終了の日から1年間保存すること。

⑬　第9条の5の規定により，運転者等台帳を作成し，営業所に備え置くこと。（退職後3年間保存。）

安全規則第9条の5（運転者等台帳）
○事業者は，運転者等ごとに，第1号から第8号までに掲げる事項を記載し，かつ，第9号に掲げる写真をはり付けた一定の様式の運転者等台帳を作成し，これを当該運転者等の属する営業所に備えて置かなければならない。
　①作成番号及び作成年月日
　②事業者の氏名又は名称
　③運転者等の氏名，生年月日及び住所
　④雇い入れの年月日及び運転者等に選任された年月日
　⑤運転者にあっては，道路交通法に規定する運転免許に関する

根拠条項	規　定　内　容　等
	次の事項 　　　イ　運転免許証の番号及び有効期限 　　　ロ　運転免許の年月日及び種類 　　　ハ　運転免許に条件が付されている場合は，当該条件 　⑥事故を引き起こした場合は，その概要 　⑦道路交通法第108条の34の規定による通知を受けた場合は，その概要 　⑧運転者等の健康状態 　⑨運転者にあっては，第10条第2項の規定に基づく指導の実施及び適性診断の受診の状況 　⑩台帳作成前6月以内に撮影した単独，上三分身，無帽，正面，無背景の写真 ○事業者は，運転者が転任，退職その他の理由により運転者でなくなった場合には，直ちに，当該運転者に係る台帳に運転者でなくなった年月日及び理由を記載し，これを3年間保存しなければならない。

⑭　第10条（第5項を除く。）の規定により，乗務員等に対する指導，監督及び特別な指導を行うとともに，同条第1項及び第3項による記録及び保存を行うこと。

⑭―2　第10条第2項の規定により，運転者に適性診断を受けさせること。

安全規則第10条（従業員に対する指導及び監督）
1　事業者は，国土交通大臣が告示で定めるところにより，当該貨物自動車運送事業に係る主な道路の状況その他の事業用自動車の運行に関する状況，その状況の下において事業用自動車の運行の安全を確保するために必要な技術及び法令に基づき自動車の運転に関して遵守すべき事項について，運転者に対する適切な指導及び監督をしなければならない。
　この場合においては，その日時，場所及び内容並びに指導及び監督を行った者及び受けた者を記録し，かつ，その記録を営業所において**3年間保存**しなければならない。
2　事業者は，国土交通大臣が告示で定めるところにより，次に掲げる運転者に対して，事業用自動車の運行の安全を確保するために遵守すべき事項について特別な指導を行い，かつ，国土

根拠条項	規　定　内　容　等
	交通大臣が認定する適性診断を受けさせなければならない。 ①死者又は負傷者（自動車損害賠償保障法施行令第5条第2号〔入院14日以上で，治療期間が30日以上など〕，第3号〔入院14日以上など〕又は第4号〔治療期間11日以上〕に掲げる傷害を受けた者をいう。）が生じた事故を引き起こした者 ②運転者として新たに雇い入れた者 ③高齢者（65歳以上の者をいう。） 3　事業者は，特定自動運行事業用自動車の特定自動運行保安員に対し，特定自動運行事業用自動車の運行の安全を確保するために遵守すべき事項について適切な指導監督をしなければならない。この場合においては，その日時，場所及び内容並びに指導及び監督を行った者及び受けた者を記録し，かつ，その記録を営業所において3年間保存しなければならない。 4　事業者は，事業用自動車に備えられた非常信号用具及び消火器の取扱いについて，当該事業用自動車の乗務員等に対する適切な指導をしなければならない。 5　事業者は，従業員に対し，効果的かつ適切に指導及び監督を行うため，輸送の安全に関する基本的な方針の策定その他の国土交通大臣が告示で定める措置を講じなければならない。

⑮　第11条に規定する場合にあっては，同条の規定による措置を講ずること。

安全規則第11条（異常気象時等における措置）
○事業者は，異常気象その他の理由により輸送の安全の確保に支障を生ずるおそれがあるときは，乗務員等に対する適切な指示その他輸送の安全を確保するために必要な措置を講じなければならない。

⑯　運行管理者は，事業者により選任された補助者に対する指導及び監督を行うこと。

安全規則第18条（運行管理者の選任）第3項
　　事業者は，資格者証若しくは道路運送法第23条の2第1項に規定する運行管理者資格者証を有する者又は国土交通大臣が認定する講習を修了した者のうちから，運行管理者の業務を補助させるための者（以下「補助者」という。）を選任することがで

根拠条項	規　定　内　容　等

きる。

⑰　自動車事故報告規則第5条の規定により定められた事故防止対策に基づき、事業用自動車の運行の安全の確保について、従業員に対する指導及び監督を行うこと。

> 事故報告規則第5条（事故警報）
> ○国土交通大臣又は地方運輸局長は、事故報告書又は速報に基づき必要があると認めるときは、事故防止対策を定め、自動車使用者、自動車特定整備事業者その他の関係者にこれを周知させなければならない。

● 特別積合せ貨物運送を行う一般貨物自動車運送事業の運行管理者は、前項に定めるもののほか、第3条第8項の規定により、運行の業務に関する基準を作成し、かつ、当該基準の遵守について乗務員等に対する指導及び監督を行わなければならない。

> 安全規則第3条第8項（過労運転等の防止…運行業務基準）
> ○事業者は、当該特別積合せ貨物運送に係る運行系統であって起点から終点までの距離が**100キロメートル**を超えるものごとに、次に掲げる事項について事業用自動車の運行の業務に関する基準を定め、かつ、当該基準の遵守について乗務員等に対する適切な指導及び監督を行うこと。
> ①　主な地点間の運行時分及び平均速度
> ②　乗務員等が休憩又は睡眠をする地点及び時間
> ③　交替運転者を配置する場合にあっては、運転を交替する地点

● 運行管理者は、一般貨物自動車運送事業者等に対し、事業用自動車の運行の安全の確保に関し必要な事項について助言を行うことができる。

> 法第22条（運行管理者等の義務）
> 1　運行管理者は、誠実にその業務を行うこと。
> 2　事業者は、運行管理者に対し、運行管理者の業務を行うために必要な権限を与えること。
> 3　事業者は、運行管理者が業務として行う助言を尊重すること。また、運転者その他の従業員は、運行管理者が業務として行

根拠条項	規定内容等
	う指導に従うこと。 ●統括運行管理者は，前３項の規定による運行管理者の業務を統括しなければならない。
運行管理規程 （安全規則第21条）	●事業者は，運行管理者の職務及び権限，統括運行管理者を選任しなければならない営業所にあってはその職務及び権限並びに事業用自動車の運行の安全の確保に関する業務の処理基準に関する規定（運行管理規程）を定めなければならない。 ●運行管理規程に定める運行管理者の権限は，少なくとも安全規則第20条各号に規定する業務を処理するに足りるものでなければならない。
運行管理者の指導及び監督 （安全規則第22条）	●事業者は，安全規則第20条で定める運行管理者の業務の適確な処理及び運行管理規程の遵守について運行管理者に対する適切な指導及び監督を行うこと。
運行管理者の講習 （安全規則第23条）	●事業者は，国土交通大臣が告示で定めるところにより，次に掲げる運行管理者に国土交通大臣が告示で定める講習であって国土交通大臣の認定を受けたものを受けさせなければならない。 ① 死者若しくは重傷者（自動車損害賠償保障法施行令第５条第２号又は第３号に掲げる傷害を受けた者をいう。）が生じた事故を引き起こした事業用自動車の運行を管理する営業所又は法第33条の規定による処分（輸送の安全に係るものに限る。）の原因となった違反行為が行われた営業所において選任している者 ② 運行管理者として新たに選任した者 ③ 最後に国土交通大臣が認定する講習を受講した日の属する年度の翌年度の末日を経過した者
運行の管理に関する講習の種類等を定める告示	【運行の管理に関する講習の種類等を定める告示】（告示第455号，平成24年４月13日） ●運行の管理に関する講習の種類 安全規則第18条第３項（補助者の選任），第23条（運行管理者の講習）第１項，第24条（運行管理者の資格要件）第１項及び第31

根拠条項	規　定　内　容　等
	条（受験資格）第２項の運行の管理に関する講習の種類は，次のとおりとする。 ①　**基礎講習**（運行管理を行うために必要な法令，業務等に関する基礎的な知識の習得を目的とする講習をいう。以下同じ。） ②　**一般講習**（運行管理を行うために必要な法令，業務等に関する最新の知識の習得を目的とする講習をいい，同令第23条第１項又は第24条第１項の規定により国土交通大臣が認定する場合に限る。以下同じ。） ③　**特別講習**（自動車事故又は輸送の安全に係る法令違反の再発防止を目的とした講習をいい，同令第23条第１項の規定により国土交通大臣が認定する場合に限る。以下同じ。） ●運行管理者に受けさせなければならない運行の管理に関する講習 　安全規則第23条第１項の規定により受けさせなければならない運行の管理に関する講習については，次条及び第５条に定めるところによる。 ●基礎講習及び一般講習 　一般貨物自動車運送事業者等は，新たに選任した運行管理者に，選任届出をした日の属する年度（やむを得ない理由がある場合にあっては，当該年度の翌年度）に基礎講習又は一般講習（基礎講習を受講していない当該運行管理者にあっては，基礎講習）を受講させなければならない。 ２　一般貨物自動車運送事業者等は，次に掲げる場合には，当該事故又は当該処分（当該事故に起因する処分を除く。以下「事故等」という。）に係る営業所に属する運行管理者に，事故等があった日の属する年度及び翌年度（やむを得ない理由がある場合にあっては，当該年度の翌年度及び翌々年度，前項，この項又は次項の規定により既に当該年度に基礎講習又は一般講習を受講させた場合にあっては，翌年度）に基礎講習又は一般講習を受講させなければならない。 　①　死者又は重傷者（自動車損害賠償保障法施行令第５条第２号又は第３号に掲げる傷害を受けた者をいう。）を生じた事故を引き起こした場合 　②　貨物自動車運送事業法第33条（法第35条第６項において準用する場合を含む。）の規定による処分（輸送の安全に係るものに限る。）の原因となった違反行為をした場合

根拠条項	規定内容等
	3　一般貨物自動車運送事業者等は，運行管理者に，第1項又は前項の規定により最後に基礎講習又は一般講習を受講させた日の属する年度の翌々年度以後2年ごとに基礎講習又は一般講習を受講させなければならない。 ●特別講習 　一般貨物自動車運送事業者等は，前条第2項各号に掲げる場合には，事故等に係る営業所に属する運行管理者（当該営業所に複数の運行管理者が選任されている場合にあっては，統括運行管理者及び事故等について相当の責任を有する者として運輸監理部長又は運輸支局長が指定した運行管理者）に，事故等があった日（運輸監理部長又は運輸支局長の指定を受けた運行管理者にあっては，当該指定の日）から1年（やむを得ない理由がある場合にあっては，1年6月）以内においてできる限り速やかに特別講習を受講させなければならない。 ●5回以上受講する運行の管理に関する講習 　安全規則第24条第1項の規定により運行の管理に関する講習を5回以上受講する者は，少なくとも1回，基礎講習を受講しなければならない。
事故の報告 （法第23条）	●事業者は，その事業用自動車が，転覆し，火災を起こし，その他国土交通省令で定める重大な事故を引き起こしたときは，遅滞なく，事故の種類，原因その他国土交通省令で定める事項を国土交通大臣に届け出なければならない。
事故の定義 （事故報告規則第2条）	●この規則で事故とは，次のいずれかに該当する事故をいう。 ①　自動車が転覆し，転落し，火災（積載物品の火災を含む。）を起こし，又は鉄道車両と衝突し，若しくは接触したもの ②　**10台以上**の自動車の衝突又は接触を生じたもの ③　死者又は重傷者を生じたもの 　重傷者とは，自動車損害賠償保障法施行令第5条第2号又は第3号の傷害を受けた者をいう。 ・同令第5条第2号 　　イ　脊椎の骨折で脊髄を損傷したと認められる症状を有するもの 　　ロ　上腕又は前腕の骨折で合併症を有するもの

根拠条項	規　定　内　容　等
	ハ　大腿又は下腿の骨折
	ニ　内臓の破裂で腹膜炎を併発したもの
	ホ　14日以上入院を要する傷害で，医師の治療を要する期間が30日以上のもの
	・同令第5条第3号
	イ　脊柱の骨折
	ロ　上腕又は前腕の骨折
	ハ　内臓の破裂
	ニ　入院を要する傷害で，医師の治療を要する期間が30日以上のもの
	ホ　14日以上入院を要する傷害を受けたもの
	④　10人以上の負傷者を生じたもの
	⑤　自動車に積載された次のものの一部若しくは全部が飛散し，又は漏洩したもの
	危険物，火薬類，高圧ガス，核燃料物質及びその汚染物質，放射性同位元素及びその汚染物質，毒物又は劇物，可燃物
	⑥　自動車に積載されたコンテナが落下したもの
	⑦　操縦装置又は乗降口の扉を開閉する操作装置の不適切な操作により，旅客に自動車損害賠償保障法施行令第5条第4号（11日以上の医師の治療を要する傷害）に掲げる傷害が生じたもの
	⑧　酒気帯び運転，無免許運転（免許の停止を含む。），大型自動車等無資格運転又は麻薬等運転を伴うもの
	⑨　運転者又は特定自動運行保安員の疾病により，事業用自動車の運行を継続することができなくなったもの
	⑩　救護義務違反（道路交通法第117条の罰に当たる行為をいう。）があったもの
	⑪　自動車の装置（道路運送車両法第41条に掲げる装置をいう。）（80ページ参照）の故障により，自動車が運行できなくなったもの
	⑫　車輪の脱落，被けん引自動車の分離を生じたもの（故障によるものに限る。）
	⑬　橋脚，架線その他の鉄道施設を損傷し，**3時間以上本線において鉄道車両の運転を休止させたもの**
	⑭　高速自動車国道又は自動車専用道路において，**3時間以上自動車の通行を禁止させたもの**

根拠条項	規　定　内　容　等
	⑮　前各号に掲げるもののほか，自動車事故の発生の防止を図るために国土交通大臣が特に必要と認めて報告を指示したもの
【事故報告書の（注）による各事故の説明】
転覆：道路上において路面に対し**35度以上**，傾斜したとき
転落：道路外へ転落した場合で，その落差が**0.5メートル以上**のとき
路外逸脱：当該自動車の車輪が道路（車道と歩道の区分がある場合は車道）外に逸脱した場合で「転落」以外のとき
火災：当該自動車又は積載物品に火災が生じたとき
踏切：当該自動車が踏切において，鉄道車両と衝突し，又は接触したとき
衝突：当該自動車が鉄道車両，トロリーバス，自動車，原動機付自転車，荷牛馬車，家屋その他の物件に衝突し，又は接触したとき
死傷：死傷者を生じたとき（⑦の車内事故を除く。）
事故報告書の提出
（事故報告規則第3条）	●事業者は，上記各号の事故があった場合には，当該事故があった日（救護義務違反にあっては事業者がそのことを知った日）から**30日以内**に所定の自動車事故報告書（**3通**）を当該自動車の使用の本拠の位置を管轄する運輸監理部長又は運輸支局長を経由して国土交通大臣に提出すること。
●事業者は，自動車の装置の故障により，自動車が運行できなくなった場合又は車輪の脱落若しくは被けん引自動車の分離を生じたもの（故障によるものに限る。）については，報告書に当該自動車の自動車検査証の有効期間，使用開始後の総走行距離等所定事項を記載した書面及び故障の状況を示す略図又は写真を添付しなければならない。
速報
（事故報告規則第4条）	●事業者は，次のいずれかに該当する事故があったとき又は国土交通大臣の指示があったときは電話等適当な方法により，**24時間以内においてできる限り速やかにその事故の概要を運輸監理部長又は運輸支局長に速報**すること。
①　自動車が転覆し，転落し，火災（積載物品の火災を含む。）を起こし，又は鉄道車両と衝突し，若しくは接触した事故（旅客自動車運送事業者等が使用する自動車が引き起こしたものに限る。）

根拠条項	規定内容等
	② 死者又は重傷者を生じた事故であって次に掲げるもの 　イ　2人（旅客自動車運送事業者等が使用する自動車が引き起こした事故にあっては1人）以上の死者を生じたもの 　ロ　5人以上の重傷者を生じたもの 　ハ　旅客に1人以上の重傷者を生じたもの ③ 10人以上の負傷者を生じた事故 ④ 自動車に積載された危険物等の一部若しくは全部が飛散し、又は漏洩した事故（自動車が転覆し、転落し、火災を起こし、又は鉄道車両、自動車その他の物件と衝突し、若しくは接触したことにより生じたものに限る。） ⑤ 酒気帯び運転による事故
事故警報 （事故報告規則第5条）	●国土交通大臣又は地方運輸局長は、事故報告書又は速報に基づき必要があると認めるときは事故防止対策を定め、事業者等にこれを周知させること。
事故の記録 （安全規則第9条の2）	●事業者は、事業用自動車に係る事故（道交法第67条第2項、事故報告規則第2条に規定する事故）が発生した場合は、次の事項を記録し、当該事業用自動車の運行を管理する営業所において**3年間保存**すること。 ① 乗務員等の氏名 ② 自動車登録番号又は車両番号その他当該自動車を識別できる表示 ③ 事故の発生日時 ④ 事故の発生場所 ⑤ 事故の当事者（乗務員等を除く。）の氏名 ⑥ 事故の概要（損害の程度を含む。） ⑦ 事故の原因 ⑧ 再発防止対策 　なお、事故記録の作成時期は、当該事故発生**後30日**以内とし、当該記録の保存期間は、当該事故発生**後3年間**とする。

3) 事業者の遵守事項及び運行管理者の業務一覧表

項　　目	事業者	運行管理者	備　　考
運転者及びその他の従業員の確保	○		法第15条，安全規則第3条
休憩，睡眠のための施設の整備・管理・保守	○	○ 管理	法第15条 安全規則第3条・第20条
過労防止措置・運転者の適切な勤務時間，乗務時間の設定	○	○ 乗務割の作成, 乗務指示	法第15条 安全規則第3条・第20条
過積載運送の引き受け・運送指示の禁止	○		法第15条
運行管理者の選任・解任・届出	○		法第16条 安全規則第19条
運行管理者への権限の附与・助言	○	○ 事業者への助言	法第20条 安全規則第20条
必要な員数の運転者又は特定自動運行保安員の常時選任	○	○ 選任者以外の乗務禁止	安全規則第3条・第20条
交替運転者の配置(長距離・夜間・過労防止)	○	○	〃　第3条・第20条
疾病・疲労，睡眠不足等で安全運転ができないおそれのある者の乗務禁止（健康診断）	○	○	〃　第3条・第20条
特別積合せ運行車の乗務基準の制定	○	○ 作成指導監督	〃　第3条・第20条
過積載運送の防止の指導監督	○	○	〃　第4条・第20条
貨物の偏荷重・落下防止措置	○	○ 指導監督	〃　第5条・第20条
自動車車庫の確保	○		〃　第6条 車庫の管理は整備管理者
業務の前後・途中の点呼の実施・記録・保存	○	○	安全規則第7条・第20条
業務の記録の記録・保存	○	○ 記録保存	安全規則第8条・第20条
運行記録計による記録，保存	○	○ 管理・記録・保存	〃　第9条・第20条
運行記録計の記録不能車(基準不適合)運行禁止	○	○	安全規則第9条・第20条
事故の記録の保存	○	○	安全規則第9条の2・第20条
運行指示書の作成・携行・変更事項の記載・保存	○	○	安全規則第9条の3・第20条
運転者等台帳の作成・備付け・保存	○	○ 作成・備付	〃　第9条の5・第20条
運転者への指導監督(道路，運行，法令)	○	○	〃　第10条・第20条
乗務員等への非常信号用具・消火器の取扱指導	○	○	〃　第10条・第20条
事故惹起者，新雇入者，高齢者への特別指導，適性診断の実施	○	○	〃　第10条・第20条
異常気象時の措置	○	○	〃　第11条・第20条
補助者への指導監督		○	〃　第20条
事故報告規則に基づく事故防止対策の従業員への指導監督	○	○	安全規則第20条
服務規律の制定(特別積合せ)	○		〃　第12条
運行管理者講習を受けさせる 整備管理者研修を　　〃	○ ○	○ 整備管理者	安全規則第23条 〃　第3条の5
運行管理規程の制定	○		安全規則第21条
運行管理者への指導監督	○		安全規則第22条
点検整備の基準作成・実施記録	○		安全規則第3条の3
点検整備の施設の設置	○		安全規則第3条の4
酒気帯びた者の乗務の禁止	○	○	安全規則第3条・第20条
通行の禁止又は制限等違反の防止	○	○	安全規則第5条の2・第20条

2　道路運送車両法関係のポイント

凡例　法…道路運送車両法
　　　施行規則…道路運送車両法施行規則
　　　保安基準…道路運送車両の保安基準
　　　点検基準…自動車点検基準
　　　保基細目告示…道路運送車両の保安基準の細目を定める告示(国土交通省告示第619号)
　　　(第○○条)…「道路運送車両の保安基準」の条文を示す
　　　告示第○○条…「道路運送車両の保安基準の細目を定める告示」の条文を示す

1)　法の目的・定義，自動車の種別

根 拠 条 項	規　定　内　容　等
目　的 (法第1条)	●この法律は，道路運送車両に関し，所有権についての公証等を行い，並びに安全性の確保及び公害の防止その他の環境の保全並びに整備についての技術の向上を図り，併せて自動車の整備事業の健全な発達に資することにより，公共の福祉を増進することを目的とする。
定　義 (法第2条)	●この法律で「道路運送車両」とは，自動車，原動機付自転車及び軽車両をいう。 ●自動車とは，原動機により陸上を移動させることを目的として製作した用具で軌条・架線を用いないもの，又はこれにより牽（けん）引して陸上を移動させることを目的として製作した用具をいう。(原動機付自転車は除く。) ●運行とは，人又は物品を運送するとしないとにかかわらず，道路運送車両を当該装置の用い方に従い用いることをいう。 ●この法律で「自動車運送事業」とは，道路運送法による自動車運送事業（貨物軽自動車運送事業を除く。）をいい，「自動車運送事業者」とは，自動車運送事業を経営する者をいう。 ●この法律で「使用済自動車」とは，使用済自動車の再資源化等に関する法律による使用済自動車をいう。 ●この法律で「登録識別情報」とは，第4条の自動車登録ファイルに自動車の所有者として記録されている者が当該自動車に係る登録を申請する場合において，当該記録されている者自らが当該登録を申請していることを確認するために用いられる符号その他の情報であって，当該記録されている者を識別することができるも

根拠条項	規　定　内　容　等
	のをいう。
自動車の種別 （法第3条）	●この法律に規定する普通自動車，小型自動車，軽自動車，大型特殊自動車及び小型特殊自動車の別は，自動車の大きさ及び構造並びに原動機の種類及び総排気量又は定格出力を基準として国土交通省令（施行規則）で定める。
（施行規則第2条別表第1）	自動車の種別は，次のように定められています。

普通自動車		小型自動車，軽自動車，大型特殊自動車，小型特殊自動車以外の自動車（長さ12m，幅2.5m，高さ3.8mを超えないもの。）
小型自動車	四輪以上，被けん引車	長さ4.70m以下，幅1.70m以下，高さ2.00m以下
		軽自動車，大型特殊自動車，小型特殊自動車以外
		総排気量2.00ℓ以下（軽油を燃料とする自動車及び天然ガスのみを燃料とする自動車を除く。）
	二・三輪車	二輪（側車付を含む）及び三輪の自動車で軽自動車，大型特殊自動車，小型特殊自動車以外
軽自動車	三・四輪車 被けん引車	長さ3.40m以下，幅1.48m以下，高さ2.00m以下
		二輪（側車付を含む）以外の自動車で総排気量が0.660ℓ以下，小型特殊自動車，ポールトレーラ以外
	二輪	二輪（側車付を含む）自動車で総排気量0.250ℓ以下，小型特殊自動車以外（長さ2.50m以下，幅1.3m以下，高さ2.0m以下）
大型特殊自動車		(1) 小型特殊自動車以外のもので，ショベル・ローダなど及び農耕トラクタなど (2) ポール・トレーラなど
小型特殊自動車		(1) ショベル・ローダなど（最高速度15/km以下）（長さ4.70m以下,幅1.70m以下,高さ2.80m以下） (2) 農耕トラクタ，農業用薬剤散布車等 　　（最高速度35km/h未満）

2) 車両法に規定されている検査・登録等の概要

根拠条項	規定内容等
登録の一般的効力 （法第5条）	●登録を受けた自動車の所有権の得喪は，登録を受けなければ，第三者に対抗することができない。 ●前項の規定は，自動車抵当法（昭和26年法律第187号）第2条但書に規定する大型特殊自動車については，適用しない。
新規登録 （法第7条，第9条）	●登録を受けていない自動車の登録を受けようとする場合には，その所有者は，必要な書面を添えて新規登録申請書を提出し，かつ，当該自動車を提示する。 ●新規登録は自動車登録ファイルに登録することによって行う。 ●新規登録の申請は，新規検査の申請又は自動車予備検査証による自動車検査証の交付申請と同時にすること。
変更登録 （法第12条）	●型式，車台番号，原動機の型式，所有者の氏名若しくは名称，住所又は使用の本拠の位置の変更。 その事由のあった日から15日以内に所有者が申請。
移転登録 （法第13条）	●所有者の変更 その事由のあった日から15日以内に新所有者が申請。
永久抹消登録 （法第15条）	●登録自動車が滅失し，解体し又は用途を廃止したとき（当該事由が使用済自動車の解体であるときは，情報管理センターに当該自動車が適正に解体されたことを証する解体報告記録がなされたことを知ったとき）は，所有者が15日以内に申請。 ●取引業者は，登録自動車の解体報告記録がなされたことを確認したときは，その旨を当該自動車の所有者に通知する。 ●登録自動車の所有者は，使用済自動車の解体に係る永久抹消登録の申請をするときは，解体報告記録が当該自動車に係るものであることを特定するために必要な事項を明らかにすること。
輸出抹消登録 （法第15条の2）	●登録自動車を輸出しようとするときは，所有者は輸出抹消仮登録を申請し，かつ，輸出抹消仮登録証明書の交付を受けること。

根拠条項	規定内容等
一時抹消登録 （法第16条）	●登録自動車が運行の用に供することをやめたときは，所有者が申請。 ●一時抹消登録を受けた自動車が滅失し，解体又は用途を廃止したとき（当該事由が使用済自動車の解体であるときは，解体報告記録がなされたことを知ったとき）所有者が**15日以内**に届出。 なお，取引業者及び所有者は法第15条第2項及び第3項の規定が準用される。
自動車登録番号標の廃棄等 （法第20条）	●登録自動車の所有者は，次に該当するときは，遅滞なく，当該自動車登録番号標及び封印を取り外し，国土交通省令で定める方法により，これを破壊し，又は国土交通大臣若しくは自動車登録番号標交付代行者に返納しなければならない。 ① 自動車登録番号標の変更の通知を受けたとき。 ② 永久抹消登録（国土交通大臣からの通知を含む。），輸出抹消登録又は一時抹消登録を受けたとき。 ●登録自動車の所有者は，当該自動車の使用者が整備命令等（第54条第2項又は第54条の2第6項）の規定により自動車の使用の停止を命じられ，第69条第2項の規定により自動車検査証を返納したときは，遅滞なく，当該自動車登録番号標及び封印を取り外し，自動車登録番号標について国土交通大臣の領置を受けなければならない。
保安基準の原則 （法第46条）	●第40条から第42条まで，第44条及び前条の規定による保安上又は公害防止その他の環境保全上の技術基準（以下「保安基準」という。）は，道路運送車両の構造及び装置が運行に十分堪え，操縦その他の使用のための作業に安全であるとともに，通行人その他に危害を与えないことを確保するものでなければならず，かつ，これにより製作者又は使用者に対し，自動車の製作又は使用について不当な制限を課することとなるものであってはならない。
自動車検査証の返納等 （法第69条）	●自動車の使用者は，当該自動車について次に掲げる事由があったときは，その事由があった日（当該事由が使用済自動車の解体である場合にあっては，解体報告記録がなされたことを知った日）から15日以内に，当該自動車検査証を国土交通大臣に返納しなければならない。

根拠条項	規　定　内　容　等
	①　当該自動車が滅失し，解体し（整備又は改造のために解体する場合を除く。），又は自動車の用途を廃止したとき。 ②　当該自動車の車台が当該自動車の新規登録の際（検査対象軽自動車及び二輪の小型自動車にあっては，車両番号の指定の際）存したものでなくなったとき。 ③　当該自動車について輸出抹消仮登録又は一時抹消登録があったとき。 ④　当該自動車について輸出予定届出証明書の交付がされたとき。 ●整備命令等（第54条第2項又は第54条の2第6項規定）により使用の停止を命じられた者は，遅滞なく，当該自動車検査証を国土交通大臣に返納しなければならない。
新規検査 （法第59条）	●登録を受けていない自動車又は車両番号の指定を受けていない検査対象外軽自動車以外の軽自動車（以下「検査対象軽自動車」という。）若しくは二輪の小型自動車を運行の用に供しようとするときは，当該自動車の使用者は，当該自動車を提示して，国土交通大臣の行う新規検査を受けなければならない。
継続検査 （法第62条）	●自動車の使用者は，自動車検査証の有効期間の満了後も当該自動車を使用しようとするときは，当該自動車を提示して，国土交通大臣の行う継続検査を受けなければならない。この場合において，当該自動車の使用者は，当該自動車検査証を国土交通大臣に提出しなければならない。 ●国土交通大臣は，継続検査の結果，当該自動車が保安基準に適合すると認めるときは，当該自動車検査証に有効期間を記入して，これを当該自動車の使用者に返付し，当該自動車が保安基準に適合しないと認めるときは，当該自動車検査証を当該自動車の使用者に返付しないものとする。 ●継続検査を申請しようとする場合において，第67条第1項の規定による自動車検査証の変更記録の申請をすべき事由があるときは，あらかじめ，その申請をしなければならない。
臨時検査 （法第63条）	●国土交通大臣の公示により期間を定めて行う。一定の範囲の自動車について事故が著しく生じている等により，保安基準に適合し

根 拠 条 項	規 定 内 容 等
	ていないおそれがあると認めるときに行う。
予備検査 (法第71条)	●新規検査を受けていない自動車の所有者は，予備検査を受け，使用の本拠の位置が定められたときは，その使用者は予備検査証 (**有効期間３月**) により自動車検査証の交付を受けることができる。
自動車検査証記録事項の変更及び構造等変更検査 (法第67条) (施行規則第35条の３，第35条の４)	●自動車の使用者は，自動車検査証記録事項について変更があったときは，その事由があった日から**15日以内**に，当該変更について，国土交通大臣が行う自動車検査証の変更記録を受けなければならない。 ●自動車検査証記録事項は，次の通りとする。 ※施行規則第35条の３に規定される事項 ①自動車登録番号（検査対象軽自動車及び二輪の小型自動車は，車両番号） ②車両識別符号 ③自動車検査証の交付年月日 ④車名及び型式 ⑤普通自動車，小型自動車，検査対象軽自動車又は大型特殊自動車の別 ⑥長さ，幅及び高さ ⑦車体の形状 ※施行規則第35条の４に規定される事項 ①自動車検査証の有効期間の満了する日 ②使用者の住所 ③所有者の氏名又は名称及び住所（当該自動車の所有者が当該自動車に係る登録識別情報を保有していない場合に限る。） ④使用の本拠の位置

根拠条項	規　定　内　容　等
	解　説 1　登録及び検査関係の申請者について 　　登録関係の申請は所有者が申請，検査関係（予備検査を除く。）の申請は使用者が行うこととされています。 （登録関係申請の例）新規登録，変更登録，移転登録，永久抹消登録，輸出抹消登録，一時抹消登録 （検査関係申請の例）新規検査，継続検査，構造等変更検査 2　申請は，事由のあった日から15日以内 　　移転登録（車の譲渡・譲受），変更登録，永久抹消登録（滅失・解体・用途廃止），一時抹消登録（運行停止のとき），輸出抹消登録，自動車検査証変更記録（構造等変更検査）などの申請は"その事由のあった日から15日以内"に申請することとされています。

3) 車両法において「自動車の運行の要件」とされている事項

根拠条項	規定内容等
登録の一般的効力 （法第4条）	●自動車は，自動車登録ファイルに登録を受けたものでなければ，これを運行の用に供してはならない。
自動車登録番号標の封印 （法第11条）	●自動車の所有者は，当該自動車に係る自動車登録番号標に取り付けられた封印が滅失し，又はき損したとき（国土交通省令で定めるやむを得ない事由に該当して取り外したときを除く。）は国土交通大臣又は封印取付受託者の行う封印の取付けを受けなければならない。 ●何人も，国土交通大臣若しくは封印取付受託者が取付けをした封印又はこれらの者が封印の取付けをした自動車登録番号標は，これを取り外してはならない。ただし，整備のため特に必要があるときその他の国土交通省令で定めるやむを得ない事由に該当するときは，この限りでない。
自動車登録番号標等の表示の義務 （法第19条） （施行規則第8条の2）	●自動車は，自動車登録番号標を国土交通省令で定める位置に，かつ，被覆しないことその他当該自動車登録番号標に記載された自動車登録番号の識別に支障が生じないものとして国土交通省令で定める方法により表示しなければ，運行の用に供してはならない。 ●法19条の国土交通省令で定める位置は，自動車の前面及び後面であって，自動車登録番号標に記載された自動車登録番号の識別に支障が生じないものとして告示で定める位置とする。ただし，三輪自動車，被けん引自動車又は国土交通大臣の指定する大型特殊自動車にあっては，前面の自動車登録番号標を省略することができる。
自動車登録番号標等の表示の位置及び表示の方法の基準を定める告示 （第2条）	●施行規則第8条の2の告示で定める位置は，自動車登録番号標に記載された自動車登録番号，臨時運行許可番号標に記載された番号の識別に支障が生じないように，見やすい位置とする。

根拠条項	規定内容等
臨時運行許可番号標の表示等の義務 （法第36条）	●臨時運行の許可に係る自動車は，臨時運行許可番号標を国土交通省令で定める位置に，かつ，被覆しないことその他当該臨時運行許可番号標に記載された番号の識別に支障が生じないものとして国土交通省令で定める方法により表示し，臨時運行許可証を備え付けなければ運行の用に供してはならない。 （国土交通省令で定める位置及び方法は，施行規則第8条の2及び告示第2条の規定とする。）
（施行規則第23条）	●臨時運行許可証は，自動車の前面の見やすい位置に表示する。
臨時運行許可の有効期間と返却期日 （法第35条）	●臨時運行の許可の有効期間は，原則として5日を超えないこととし，また，有効期間が満了した日から5日以内に臨時運行許可証と臨時運行許可番号標を当該行政庁に返納しなければならない。
自動車の構造 （法第40条）	●自動車は，その構造が次に掲げる事項について，国土交通省令で定める保安上又は公害防止その他の環境保全上の技術基準（保安基準）に適合するものでなければ運行の用に供してはならない。 ①長さ，幅及び高さ ②最低地上高 ③車両総重量（車両重量，最大積載量及び55キログラムに乗車定員を乗じて得た重量の総和をいう。）
自動車の装置 （法第41条）	●自動車は，次に掲げる装置について，国土交通省令で定める保安上又は公害防止その他の環境保全上の技術基準（保安基準）に適合するものでなければ，運行の用に供してはならない。 ①原動機及び動力伝達装置 ②車輪及び車軸，そりその他の走行装置 ③操縦装置 ④制動装置 ⑤ばねその他の緩衝装置 ⑥燃料装置及び電気装置 ⑦車枠及び車体 ⑧連結装置

根拠条項	規　定　内　容　等
乗車定員又は最大積載量 （法第42条）	●自動車は，乗車定員又は最大積載量について国土交通省令で定める保安上又は公害防止その他の環境保全上の技術基準（保安基準）に適合するものでなければ，運行の用に供してはならない。
自動車の検査及び自動車検査証 （法第58条）	●自動車（検査対象外軽自動車及び小型特殊自動車を除く。）は，国土交通大臣の行う検査を受け，有効な自動車検査証の交付を受けているものでなければ，運行の用に供してはならない。
自動車検査証の備付け等 （法第66条）	●自動車は，自動車検査証を備え付け，かつ，国土交通省令で定めるところにより検査標章を表示しなければ，運行の用に供してはならない。 ●検査標章には，国土交通省令で定めるところにより，その交付の際の当該自動車検査証の有効期間の満了する時期を表示するものとする。 ●検査標章の有効期間は，自動車検査証の有効期間と同一とする。 ●検査標章は，当該自動車検査証がその効力を失ったとき，又は継続検査，臨時検査若しくは構造等変更検査の結果，当該自動車検査証の返付を受けることができなかったときは，当該自動車に表示してはならない。
検査標章 （施行規則第37条の3）	●検査標章は，前面ガラスの内側に前方から見やすいようにはりつけて表示する。
保安基準適合証等 （法第94条の5） （保安基準適合標章の表示） （施行規則第37条の4）	●指定自動車整備事業者（民間車検工場）が発行した有効な保安基準適合標章を表示しているときは，車両法第58条（自動車の検査・検査証），第66条（検査証の備付け，検査標章の表示）の規定は適用されない。 保安基準適合標章の有効期間は検査の日から15日間。 ●保安基準適合標章は，自動車の運行中その前面に指定自動車整備事業規則第2号様式による有効期間及び自動車登録番号又は車両番号が見やすいように表示しなければならない。

根拠条項	規定内容等
自動車検査証の有効期間 （法第61条）	① 自動車検査証の有効期間は，旅客を運送する自動車運送事業の用に供する自動車，貨物の運送の用に供する自動車及び国土交通省令で定める自家用自動車で，検査対象軽自動車以外のものは1年，その他の自動車は2年とする。 ② 上記①の規定により有効期間1年とされる自動車のうち，車両総重量8トン未満の貨物の運送の用に供する自動車及びレンタカー（貨物自動車，乗車定員11人以上の自動車及び幼児専用車を除く。）で，初めて自動車検査証を交付する場合は，有効期間を2年とする。 ③ 上記①の規定により有効期間2年とされる自動車のうち，自家用乗用自動車及び二輪の小型自動車で初めて自動車検査証を交付する場合は有効期間を3年とする。
（施行規則第44条）	●自動車検査証の有効期間の起算日は，当該自動車検査証を交付する日又は当該自動車検査証に係る有効期間を法第72条第1項の規定により記録する日とする。ただし，自動車検査証の有効期間が満了する日の2ヵ月前から当該期間が満了する日までの間に継続検査を行い，当該自動車検査証に係る有効期間を法第72条第1項の規定により記録する場合は，当該自動車検査証の有効期間が満了する日の翌日とする。
（法第61条の2）	●国土交通大臣は，一定の地域に使用の本拠の位置を有する自動車の使用者が，天災その他やむを得ない事由により，継続検査を受けることができないと認めるときは，当該地域に使用の本拠の位置を有する自動車の自動車検査証の有効期間を，期間を定めて伸長する旨を公示することができる。
自動車検査証等の再交付 （法第70条）	●自動車又は検査対象外軽自動車の使用者は，自動車検査証若しくは検査標章又は臨時検査合格標章が滅失し，き損し，又はその識別が困難となった場合その他国土交通省令で定める場合には，その再交付を受けることができる。

4) 自動車の点検・整備

根拠条項	規定内容等
使用者の点検及び整備の義務 （法第47条）	●自動車の使用者は，自動車の点検をし，及び必要に応じ整備をすることにより，当該自動車を保安基準に適合するように維持しなければならない。
事業用自動車の日常点検整備 （法第47条の2）	1．自動車の使用者は，自動車の走行距離，運行時の状態等から判断した適切な時期に，国土交通省令で定める技術上の基準により，灯火装置の点灯，制動装置の作動その他の日常的に点検すべき事項について，目視等により自動車を点検しなければならない。 2．事業用自動車の使用者又はこれらの自動車を運行する者は，前項の規定にかかわらず，1日1回，その運行の開始前において同項の規定による点検をしなければならない。 3．自動車の使用者は，前項の規定による点検の結果，当該自動車が保安基準に適合しなくなるおそれがある状態又は適合しない状態にあるときは，保安基準に適合しなくなるおそれをなくするため又は保安基準に適合させるため必要な整備をしなければならない。
事業用自動車の日常点検基準 （点検基準第1条）	別表第1　（事業用自動車，自家用貨物自動車等の日常点検基準）（第一条関係） | 点検箇所	点検内容
1　ブレーキ	1　ブレーキ・ペダルの踏みしろが適当で，ブレーキの効きが十分であること。 2　ブレーキの液量が適当であること。 3　空気圧力の上がり具合が不良でないこと。 4　ブレーキ・ペダルを踏み込んで放した場合にブレーキ・バルブからの排気音が正常であること。 5　駐車ブレーキ・レバーの引きしろが適当であること。
2　タイヤ	1　タイヤの空気圧が適当であること。 2　亀裂及び損傷がないこと。 3　異状な磨耗がないこと。 （※1）4　溝の深さが十分であること。 （※2）5　ディスク・ホイールの取付状態が不良でないこと。
3　バッテリ	（※1）液量が適当であること。
4　原動機	（※1）1　冷却水の量が適当であること。 （※1）2　ファン・ベルトの張り具合が適当であり，かつ，ファン・ベルトに損傷がないこと。 （※1）3　エンジン・オイルの量が適当であること。 （※1）4　原動機のかかり具合が不良でなく，かつ，異音がないこと。 （※1）5　低速及び加速の状態が適当であること。
5　灯火装置及び方向指示器	点灯又は点滅具合が不良でなく，かつ，汚れ及び損傷がないこと。	

根拠条項	規　定　内　容　等		
	6　ウインド・ウォッシャ及びワイパー	（※1）1　ウインド・ウォッシャの液量が適当であり，かつ，噴射状態が不良でないこと。 （※1）2　ワイパー払拭状態が不良でないこと。	
	7　エア・タンク	エア・タンクに凝水がないこと。	
	8　運行において異状が認められた箇所	当該箇所に異状がないこと。	
	（注）①（※1）印の点検は，当該自動車の走行距離，運行時の状態等から判断した適切な時期に行うことで足りる。 　　　②（※2）印の点検は，車両総重量8トン以上又は乗車定員30人以上の自動車に限る。		

定期点検整備
（法第48条）

● 自動車運送事業の用に供する自動車及び車両総重量8トン以上の自家用自動車その他の国土交通省令で定める自家用自動車の使用者は，自動車点検基準により**3月ごとに点検**し，必要な整備をしなければならない。

定期点検基準
（点検基準第2条）

● 事業用自動車の定期点検は，別表第3で点検しなければならない。

別表第3（事業用自動車等の定期点検基準）（第二条関係）

点検箇所	点検時期	3月ごと	12月ごと［3月ごとの点検に次の点検を加えたもの］
かじ取り装置	ハンドル		操作具合
	ギヤ・ボックス		1　油漏れ 2　取付けの緩み
	ロッド及びアーム類	（※2）緩み，がた及び損傷	ボール・ジョイントのダスト・ブーツの亀裂及び損傷
	ナックル	（※2）連結部のがた	
	かじ取り車輪		ホイール・アライメント
	パワー・ステアリング装置	1　ベルトの緩み及び損傷 （※2）2　油漏れ及び油量	取付けの緩み
制動装置	ブレーキ・ペダル	1　遊び及び踏み込んだときの床板のすき間 2　ブレーキの効き具合	
	駐車ブレーキ機構	1　引きしろ 2　ブレーキの効き具合	
	ホース及びパイプ	漏れ，損傷及び取付状態	
	リザーバ・タンク	液量	
	マスタ・シリンダ，ホイール・シリンダ及びディスク・キャリパ		機能，磨耗及び損傷
	ブレーキ・チャンバ	ロッドのストローク	機能
	ブレーキ・バルブ，クイック・リリーズ・バルブ及びリレー・バルブ		機能
	倍力装置		1　エア・クリーナの詰まり 2　機能
	ブレーキ・カム		磨耗
	ブレーキ・ドラム及びブレーキ・シュー	1　ドラムとライニングとのすき間 （※2）2　シューの摺動部分及びライニングの磨耗	ドラムの磨耗及び損傷

根拠条項	規　定　内　容　等		
制動装置	バック・プレート		バック・プレートの状態
^	ブレーキ・ディスク及びパッド	（※２）１　ディスクとパッドとのすき間 （※２）２　パッドの磨耗	ディスクの磨耗及び損傷
^	センタ・ブレーキ・ドラム及びライニング	１　ドラムの取付けの緩み ２　ドラムとライニングとのすき間	１　ライニングの磨耗 ２　ドラムの磨耗及び損傷
^	二重安全ブレーキ機構		機能
走行装置	ホイール	（※２）１　タイヤの状態 ２　ホイール・ナット及びホイール・ボルトの緩み （※２）３　フロント・ホイール・ベアリングのがた	（※３）１　ホイール・ナット及びホイール・ボルトの損傷 ２　リム，サイド・リング及びディスク・ホイールの損傷 ３　リヤ・ホイール・ベアリングのがた
緩衝装置	リーフ・サスペンション	スプリングの損傷	取付部及び連結部の緩み，がた，及び損傷
^	コイル・サスペンション		１　スプリングの損傷 ２　取付部及び連結部の緩み，がた及び損傷
^	エア・サスペンション	１　エア漏れ （※２）２　ベローズの損傷 （※２）３　取付部及び連結部の緩み，及び損傷	レベリング・バルブの機能
^	ショック・アブソーバ	油漏れ及び損傷	
動力伝達装置	クラッチ	１　ペタルの遊び及び切れたときの床板とのすき間 ２　作用 ３　液量	
^	トランスミッション及びトランスファ	（※２）油漏れ及び油量	
^	プロペラ・シャフト及びドライブ・シャフト	（※２）連結部の緩み	１　自在継手部のダスト・ブーツの亀裂及び損傷 ２　継手部のがた ３　センタ・ベアリングのがた
^	デファレンシャル	（※２）油漏れ及び油量	
電気装置	点火装置	（※２）（※４）１　点火プラグの状態 （※７）２　点火時期	（※７）ディストリビュータのキャップの状態
^	バッテリ	ターミナル部の接続状態	
^	電気配線	接続部の緩み及び損傷	
原動機	本体	（※２）１　エア・クリーナ・エレメントの状態 ２　低速及び加速の状態 ３　排気の状態	シリンダ・ヘッド及びマニホールド各部の締付状態
^	潤滑装置	油漏れ	
^	燃料装置	燃料漏れ	
^	冷却装置	ファン・ベルトの緩み及び損傷	水漏れ
ばい煙等の発散防止装置	ブローバイ・ガス還元装置		１　メータリング・バルブの状態 ２　配管の損傷
^	燃料蒸発ガス排出抑止装置		１　配管等の損傷 ２　チャコール・キャニスタの詰まり及び損傷 ３　チェック・バルブの機能
^	一酸化炭素等発散防止装置		１　触媒反応方式等排出ガス減少装置の取付けの緩み及び損傷 ２　二次空気供給装置の機能 ３　排気ガス再循環装置の機能

根拠条項	規　定　内　容　等		
			4　減速時排気ガス減少装置の機能 5　配管の損傷及び取付状態
	警音器，窓ふき器，洗浄液噴射装置，デフロスタ及び施錠装置		作用
	エグゾースト・パイプ及びマフラ	（※２）取付けの緩み及び損傷	マフラの機能
	エア・コンプレッサ	エア・タンクの凝水	コンプレッサ，プレッシャ・レギュレータ及びアンローダ・バルブの機能
	高圧ガスを燃料とする燃料装置等	1　導管及び継手部のガス漏れ及び損傷 （※８）2　ガス容器及びガス容器附属品の損傷	ガス容器取付部の緩み及び損傷
	車枠及び車体	1　非常口の扉の機能 2　緩み及び損傷 （※３）3　スペアタイヤ取付装置の緩み，がた及び損傷 （※３）4　スペアタイヤの取り付け状態 （※３）5　ツールボックスの取付部の緩み及び損傷	
	連結装置		1　カプラの機能及び損傷 2　ピントル・フック磨耗，亀裂及び損傷
	座席		（※１）座席ベルトの状態
	開扉発車防止装置		機能
	その他	シャシ各部の給油脂状態	（※５）（※６）車載式故障診断装置の診断の結果

（注）① （※１）印の点検は，人の運送の用に供する自動車に限る。
　　② （※２）印の点検は，自動車検査証の交付を受けた日又は当該点検を行った日以降の走行距離が３月当たり２千キロメートル以下の自動車については，前回の当該点検を行うべきこととされる時期に当該点検を行わなかった場合を除き，行なわないことができる。
　　③ （※３）印の点検は，車両総重量８トン以上又は乗車定員30人以上の自動車に限る。
　　④ （※４）印の点検は，点火プラグが白金プラグ又はイリジウム・プラグの場合は，行わないことができる。
　　⑤ （※５）印の点検は，大型特殊自動車を除く。
　　⑥ （※６）印の点検は，電子制御装置に係る識別表示の点検をもって代えることができる。
　　⑦ （※７）印の点検は，ディストリビュータを有する自動車に限る。
　　⑧ （※８）印の点検は，圧縮天然ガス，液化天然ガス及び圧縮水素を燃料とする自動車に限り，大型特殊自動車及び検査対象外軽自動車を除く。

点検整備記録簿 （法第49条） （点検基準第４条）	●自動車の使用者は，点検整備記録簿を当該自動車に備え置き，点検又は整備をしたときは，遅滞なく次の事項を記載し，１年間（自家用乗用自動車は２年間）保存すること。 ①　点検の年月日 ②　点検の結果 ③　整備の概要 ④　整備を完了した年月日 ⑤　その他自動車点検基準で定める事項（車台番号，登録番号，総走行粁，実施者の氏名又は名称及び住所）
整備管理者 （法第50条）	●自動車の使用者は，自動車の点検及び整備並びに自動車車庫の管理に関する事項を処理させるため，自動車の点検及び整備に関し特に専門的知識を必要とすると認められる車両総重量８トン以上

根拠条項	規 定 内 容 等
	の自動車その他の国土交通省令で定める自動車であって国土交通省令で定める台数以上のものの使用の本拠ごとに，自動車の点検及び整備に関する実務の経験その他について国土交通省令で定める一定の要件を備える者のうちから，整備管理者を選任しなければならない。 ●前項の規定により整備管理者を選任しなければならない者（以下「大型自動車使用者等」という。）は，整備管理者に対し，その職務の執行に必要な権限を与えなければならない。
選任届 （法第52条）	●大型自動車使用者等は，整備管理者を選任したときは，その日から**15日以内**に，地方運輸局長にその旨を届け出なければならない。これを変更したときも同様である。
整備管理者の選任 （施行規則第31条の3）	●整備管理者の選任が必要となる国土交通省令で定める自動車及び台数は，次表のとおりとする。 | 事業用	乗車定員11人以上の自動車	1両以上
---	---	---
	乗車定員10人以下の自動車	5両以上	
整備管理者の資格 （施行規則第31条の4）	●整備管理者の資格要件は，次表のいずれかに該当し，かつ，法第53条（解任命令）に規定する命令により解任され，解任の日から**2年（乗車定員11人以上の自動車の整備管理者を選任する場合にあっては，5年）**を経過しない者でないこと。 ①整備の管理を行おうとする自動車と同種類の自動車の点検若しくは整備又は整備の管理に関して2年以上実務の経験を有し，地方運輸局長が行う研修を修了した者 ②自動車整備士技能検定規則の規定による1級，2級又は3級の自動車整備士技能検定に合格した者 ③①及び②に掲げる技能と同等の技能として国土交通大臣が告示で定める基準以上の技能を有すること
整備管理者の権限 （施行規則第32条）	●整備管理者に与えなければならない権限は，次に掲げるものであること。 ①　日常点検の実施方法を定めること。 ②　日常点検の結果に基づき，**運行の可否を決定すること。** ③　定期点検を実施すること。

根拠条項	規　定　内　容　等
	④　①及び③の点検のほか，随時必要な点検を実施すること。 ⑤　点検の結果，必要な整備を実施すること。 ⑥　定期点検整備の実施計画を定めること。 ⑦　点検整備記録簿その他の点検及び整備に関する記録簿を管理すること。 ⑧　**自動車車庫を管理すること。** ⑨　運転者，整備員その他の者を指導し，又は監督すること。 ●整備管理者は，前項に掲げる事項の執行に係る基準に関する規程を定め，これに基づき，その業務を行わなければならない。
解任命令 （法第53条）	●地方運輸局長は，整備管理者がこの法律若しくはこの法律に基づく命令又はこれに基づく処分に違反したときは，大型自動車使用者等に対し，整備管理者の解任を命ずることができる。
整備命令等 （法第54条）	●地方運輸局長は，自動車が保安基準に適合しなくなるおそれがある状態又は適合しない状態にあるとき（法第54条の2に規定するときを除く。）は，当該自動車の使用者に対し，保安基準に適合しなくなるおそれをなくすため，又は保安基準に適合させるために必要な整備を行うべきことを命ずることができる。この場合において，地方運輸局長は，保安基準に適合しない状態にある当該自動車の使用者に対し，当該自動車が保安基準に適合するに至るまでの間の運行に関し，当該自動車の使用の方法又は経路の制限その他の保安上又は公害防止その他の環境保全上必要な指示をすることができる。 ●地方運輸局長は，自動車の使用者が前項の規定による命令又は指示に従わない場合において，当該自動車が保安基準に適合しない状態にあるときは，当該自動車の使用を停止することができる。
（法第54条の2）	●地方運輸局長は，自動車が保安基準に適合しない状態にあり，かつ，その原因が自動車又はその部分の改造，装置の取付け又は取り外しその他これらに類する行為に起因するものと認められるときは，当該自動車の使用者に対し，保安基準に適合させるために必要な整備を行うべきことを命ずることができる。この場合において，使用者に対し，当該自動車が保安基準に適合するに至るまでの間の運行に関し，当該自動車の使用の方法又は経路の制限その他の保安上又は公害防止その他の環境保全上必要な指示をする

根拠条項	規定内容等
	ことができる。 ●地方運輸局長は，前項の規定により整備を命じたときは，当該自動車の前面の見やすい箇所に，国土交通省令で定めるところにより，整備命令標章をはり付けなければならない。 ●何人も，はり付けられた整備命令標章を破損し，又は汚損してはならず，また，命令を取り消された後でなければこれを取り除いてはならない。 ●命令を受けた自動車の使用者は当該命令を受けた日から15日以内に，地方運輸局長に対し，保安基準に適合させるために必要な整備を行った当該自動車及び当該自動車に係る自動車検査証を提示しなければならない。 ●地方運輸局長は，命令を受けた自動車が保安基準に適合するに至ったときは，直ちに命令を取り消さなければならない。 ●地方運輸局長は，自動車の使用者が命令若しくは指示等に従わないときは，6月以内の期間を定めて，当該自動車の使用を停止することができる。 ●処分に係る自動車の使用者は，自動車の使用の停止の期間の満了する日までに当該自動車が保安基準に適合するに至らないときは，当該期間の満了後も当該自動車が保安基準に適合するに至るまでの間は，これを運行の用に供してはならない。
自動車車庫に関する勧告 （法第56条）	●国土交通大臣は，自動車の使用者に対し，その用に供する自動車車庫に関し，国土交通省令で定める技術上の基準によるべきことを勧告することができる。
不正改造等の禁止 （法第99条の2）	●何人も国土交通大臣が行う検査を受け，有効な自動車検査証の交付を受けている自動車について，自動車又はその部分の改造，装置の取付け又は取り外しその他これらに類する行為であって，当該自動車が保安基準に適合しないこととなるものを行ってはならない。

5） 道路運送車両の保安基準及び細目告示のポイント

根 拠 条 項	規　定　内　容　等
用語の定義 （第1条）	●保安基準における用語の定義は，道路運送車両法第2条（定義）に定めるもののほか，次の各号に定めるところによる。 1　けん引自動車とは，専ら被けん引自動車をけん引することを目的とすると否とにかかわらず，被けん引自動車をけん引する目的に適合した構造及び装置を有する自動車をいう。 2　被けん引自動車とは，自動車によりけん引されることを目的とし，その目的に適合した構造及び装置を有する自動車をいう。 2の2　ポール・トレーラとは，柱，パイプ，橋げたその他長大な物品を運搬することを目的とし，これらの物品により他の自動車にけん引される構造の被けん引自動車をいう。 3　削除 （4～5略） 6　空車状態とは，道路運送車両が原動機及び燃料装置に燃料，潤滑油，冷却水等の全量を搭載し及び当該車両の目的とする用途に必要な固定的な設備を設ける等運行に必要な装備をした状態をいう。 （7～12略） 13　緊急自動車とは，消防自動車，警察自動車，検察庁において犯罪捜査のため使用する自動車，保存血液を販売する医薬品販売業者が保存血液の緊急輸送のため使用する自動車，救急自動車，公共用応急作業自動車等の自動車及び国土交通大臣が定めるその他の緊急の用に供する自動車をいう。 （14略） 15　軸重とは，自動車の車両中心線に垂直な1メートルの間隔を有する2平行鉛直面間に中心のあるすべての車輪の輪荷重の総和をいう。 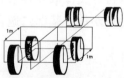 16　最遠軸距とは，自動車の最前部の車軸中心（セミトレーラにあっては連結装置中心）から最後部の車軸中心までの水平距離をいう。 17　輪荷重とは，自動車の1個の車輪を通じて路面に加わる鉛直

根拠条項	規　定　内　容　等
定義 告示第2条	荷重をいう。 ●(9)「積車状態」とは，空車状態の道路運送車両に乗車定員の人員が乗車し，最大積載量の物品が積載された状態をいう。この場合において**乗車定員1人の重量は55kg**とし，座席定員の人員は定位置に，立席定員の人員は立席に均等に乗車し，物品は物品積載装置に均等に積載したものとする。
長さ，幅及び高さ （第2条）	●自動車は，告示で定める方法により測定した場合において，**長さ**（セミトレーラにあっては，連結装置中心から当該セミトレーラの後端までの水平距離）**12メートル**（セミトレーラのうち告示で定めるものにあっては，13メートル），**幅2.5メートル，高さ3.8メートル**を超えてはならない。
車両総重量 （第4条）	●単車及びトラクタ・フルトレーラ 最遠軸距と車両全長に応じた車両総重量は，次表のとおり。 最大総重量は，25トン以下。

最遠軸距	5.5m未満	5.5m〜7m未満	7m以上
車両総重量の最大値	20 t	22 t ○ただし，車両全長9m未満は，最大20 t	25 t ○ただし，車両全長9m未満は，最大20 t ○ただし，車両全長9m以上11m未満は，最大22 t

○単　車

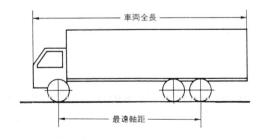

— 91 —

根拠条項	規 定 内 容 等
	○フルトラクタ・トレーラ 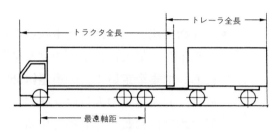 ●セミトレーラ 　連結装置(キングピン)中心から最後軸中心までの距離に応じた車両総重量は，次表のとおり。最大総重量は，28トン以下。 | 連結装置中心から最後軸中心までの距離 | 5m未満 | 5m～7m未満 | 7m～8m未満 | 8m～9.5m未満 | 9.5m以上 | |---|---|---|---|---|---| | 車両総重量の最大値 | 20 t | 22 t | 24 t | 26 t | 28 t | ○セミトラクタ・トレーラ 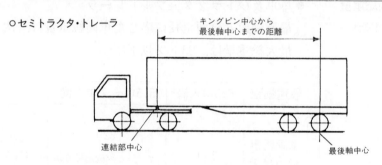 ■20トンを超える大型トラックの外部表示ステッカー。 ■車両の前面に表示する。 　（附則の規定による）
軸重等 （第4条の2）	●自動車の軸重は，10トン（牽引自動車のうち告示で定めるものにあっては，11.5トン）を超えてはならない。
安定性 （第5条） 告示第164条	●かじ取り車輪の荷重割合（空車・積車時）は，20%以上であること。 ●最大安定傾斜角度（空車時）は，35度まで傾けた場合に転覆しないこと。（車両総重量≦1.2×車両重量の場合は30度）
最小回転半径	●最小回転半径は，最外側のわだちについて12m以下

根拠条項	規　定　内　容　等
（第6条）	
原動機及び動力伝達装置 （第8条）	●自動車の原動機及び動力伝達装置は，運行に十分耐える構造及び性能を有しなければならない。 ●自動車の原動機は，運転席において始動できるものでなければならない。
速度抑制装置 （第8条第4項）	●次の自動車（最高速度が90キロメートル毎時以下の自動車，緊急自動車及び被けん引自動車を除く。）の原動機は，速度抑制装置を備えなければならない。 　①　貨物の運送の用に供する普通自動車であって，車両総重量8トン以上又は最大積載量が5トン以上のもの 　②　前号の自動車に該当する被けん引自動車をけん引するけん引自動車 ●前項の速度抑制装置は，自動車が90キロメートル毎時を超えて走行しないよう燃料の供給を調整し，かつ，自動車の速度の制御を円滑に行うことができるものとして，速度制御性能等に関し告示で定める基準に適合するものでなければならない。
走行装置等 （第9条） 告示第167条	●自動車の空気入ゴムタイヤは，堅ろうで，安全な運行を確保できるものとして，強度，滑り止めに係る性能等に関し告示で定める基準に適合するものでなければならない。 ●自動車の積車状態における軸重を当該軸重に係る輪数で除した値であるタイヤの荷重は，当該タイヤの負荷能力以下であること。 ●タイヤ・チェン等は走行装置に確実に取り付けることができ，かつ，安全な運行を確保することができるものでなければならない。 ●自動車（二輪自動車等を除く。）の空気入ゴムタイヤの接地部は，滑り止めを施したものであり，滑り止めの溝は，空気入ゴムタイヤの接地部の全幅（ラグ型タイヤにあっては，空気入ゴムタイヤの接地部の左右の最外側から中心方向にそれぞれ全幅の4分の1）にわたり滑り止めのために施されている凹部（サイピング，プラットフォーム及びウエア・インジケータの部分を除く。）のいずれの部分においても1.6mm（二輪自動車及び側車付二輪自動車に備えるものにあっては，0.8mm）以上の深さを有すること。

根拠条項	規 定 内 容 等
	● 亀裂，コード層の露出等著しい破損のないものであること。 ● タイヤの空気圧が適正であること。
かじ取装置 （第11条）	● 自動車のかじ取装置は，堅ろうで，安全な運行を確保できるものとして，強度，操作性能等に関し告示で定める基準に適合するものでなければならない。
告示第169条	① 自動車のかじ取装置は，堅ろうで，安全な運行を確保できるものであること。 ② かじ取装置は，運転者が定位置において容易に，かつ，確実に操作できるものであること。この場合において，パワ・ステアリングを装着していない自動車であって，かじ取り車輪の輪荷重の総和が4,700kg以上であるものはこの基準に適合しないものとする。 ③ かじ取装置は，かじ取り時に車枠，フエンダ等自動車の他の部分と接触しないこと。
制動装置 （第12条）	● 自動車には走行中の自動車の減速及び停止，停止中の自動車の停止状態の保持等に係る制動性能に関し，告示で定める基準に適合する独立に作用する2系統以上の制動装置を備えなければならない。
告示第171条	① 独立に作用する2系統以上の制動装置を備えていること。 ② 制動装置は，堅ろうで運行に十分耐え，かつ，振動，衝撃，接触等により損傷を生じないように取り付けられていなければならない。 ⑪ **車両総重量12トンを超える大型バス**（一般路線バスを除く）及び**車両総重量7トンを超えるトラクタ**には走行中の自動車の制動に著しい支障を及ぼす車輪の回転運動の停止を有効に防止することができる装置（ABS）を備えたものであること。 ⑫ ABSを備えた自動車にあっては，電源投入時に警告を発し，かつ，その装置が正常に作動しないおそれが生じたときに警報を発する装置を備えること。
車わく及び車体	● 堅ろうで運行に十分耐えること。 ● 車体は，車枠に確実に取り付けられていること。

根拠条項	規定内容等
（第18条） 告示第178条	●車体の外形その他自動車の形状は，鋭い突起がないこと，回転部分が突出していないこと。 ●車体後面には最大積載量（タンク車にあっては，最大積載量，最大積載容積及び積載物品名）を表示すること。 ●児童，生徒又は幼児の運送を目的とする自動車（乗車定員11人以上のものに限る。）の車体の前面，後面及び両側面には，これらの者の運送を目的とする自動車である旨の表示をすること。
巻込防止装置等（巻込） （第18条の２） 告示第179条	(1) 巻込防止装置 ●貨物の運送の用に供する普通自動車及び車両総重量が８トン以上の普通自動車（乗車定員11人以上の自動車及びその形状が乗車定員11人以上の自動車の形状に類する自動車を除く。）の両側面には，堅ろうであり，かつ，歩行者，自転車の乗車人員等が当該自動車の後車輪へ巻き込まれることを有効に防止することができるものとして，強度，形状等に関し告示で定める基準に適合する巻込防止装置を備えなければならない。ただし，歩行者，自転車の乗車人員等が当該自動車の後車輪へ巻き込まれるおそれの少ない構造を有するものとして告示で定める構造の自動車にあっては，この限りでない。
巻込防止装置等（突入） （第18条の２）	(2) 突入防止装置 ●自動車（二輪自動車，側車付二輪自動車，カタピラ及びそりを有する軽自動車，大型特殊自動車（ポール・トレーラを除く。），小型特殊自動車並びに牽引自動車を除く。）の後面には，他の自動車が追突した場合に追突した自動車の車体前部が突入することを有効に防止することができるものとして強度，形状等に関し告示で定める基準に適合する突入防止装置を備えなければならない。ただし，突入防止装置を備えた自動車と同程度以上に他の自動車が追突した場合に追突した自動車の車体前部が突入することを防止することができる構造を有するものとして告示で定める構造の自動車にあっては，この限りでない。
座席 （第21条） 座席（第22条）	●運転者席は，運転に必要な視野を有し，かつ，乗車人員，積載物品等により運転操作を妨げられない構造であること。 ●座席は，着席するに必要な空間及び当該座席の向きに関して告示で定

根拠条項	規　定　内　容　等
	める基準に適合するように設けられていなければならない。
物品積載装置 （第27条）	●堅ろうで安全，確実に物品を積載できる構造であること。
窓ガラス （第29条） 告示第195条	●自動車の窓ガラスは安全ガラスであること。 ●前面ガラス 　①　損傷した場合に運転者の視野が確保できること。 　②　容易に貫通されないもの。 ●前面ガラス及び側面ガラス（運転者席より後方部分を除く。） 　①透明で，運転者の視野を妨げるようなひずみのないもの。 　②運転者が交通状況を確認するために必要な視野の範囲における**可視光線の透過率が70％以上のもの。** ●**装着，貼り付け及び塗装の禁止** 　装着され，貼り付けられ，塗装され，又は刻印の禁止 　前面ガラス及び側面ガラス（運転者席より後方部分を除く。）には，次に掲げるもの以外のものが**装着され**，貼り付けられ，塗装され，又は刻印されていてはならない。 　①整備命令標章 　①の2　臨時検査合格標章 　②検査標章 　②の2　保安基準適合標章（中央点線のところから二つ折りとしたものに限る。） 　③保険標章，共済標章又は保険・共済除外標章 　④道路交通法に定める違法駐車ステッカー，故障ステッカー 　⑤**装着され**，貼り付けられ，塗装された状態において，透明であり，かつ，運転者が交通状況を確認するために必要な視野の範囲に係る部分における**可視光線の透過率が70％以上であること**が確保できるもの。 　⑥国土交通大臣又は地方運輸局長が指定したもの
騒音防止装置 （第30条） 告示第196条	●消音器の備付け 　内燃機関を原動機とする自動車には，消音器を備えなければならない。

根拠条項	規定内容等
ばい煙，悪臭のあるガス，有害なガスの発散防止装置 （第31条） 告示第197条	●自動車は，運行中ばい煙，悪臭のあるガス又は有害なガスを多量に発散しないものでなければならない。 ●自動車は，排気管から大気中に排出される排出物に含まれる一酸化炭素，炭化水素，窒素酸化物，粒子状物質及び黒煙を多量に発散しないものとして，燃料の種別等に応じ，性能に関し告示で定める基準に適合するものでなければならない。 （ディーゼル車の無負荷急加速黒煙規制） ●軽油を燃料とする自動車は，別添46「無負荷急加速黒煙の測定方法」に規定する運転条件で原動機を無負荷のままで急速に加速させた場合において，加速開始時から発生する排気管から大気中に排出される排出物に含まれる黒煙による汚染の度合が25％以下（大型特殊自動車及び小型特殊自動車にあっては40％以下）でなければならない。
排気管 （第31条第7項）	●自動車の排気管は，発散する排気ガス等により，乗車人員等に傷害を与えるおそれが少なく，かつ，制動装置等の機能を阻害しないものとして，取付位置，取付方法等に関し告示で定める基準に適合するものでなければならない。 ① 発散する排気ガス等により自動車登録番号標の数字等の表示を妨げる位置に開口していないこと。 ② 車室内に配管されていないこと。
灯火，反射器 （第32条～ 第41条の3）	●自動車の灯火類，反射器類については保安基準及び関連の細目告示で個別に規定されており，詳細は略しますが，次のページでその主なものの概要を一覧表にまとめてあります。

主要灯火類の規定概要一覧表

種　類	色	個数・位置	性能など	条　項
すれ違い用前照灯	白	前面左右対称2個	夜間40m先が確認可能なこと。	第32条 告示第198条
走行用前照灯	白	前面左右対称2個又は4個	夜間100m先が確認可能なこと。	第32条 告示第198条
前部霧灯	白又は淡黄色	前面同時に3個以上点灯しない	前照灯の点灯状況にかかわらず，点灯及び消灯のできるもの。 車幅灯，尾灯，前部・後部上側端灯，番号灯及び側方灯が消灯している場合に点灯しない構造であること。 点滅するものでないこと。	第33条 告示第199条
側方照射灯	白	両側面に1個づつ	40m先を照射しない。 方向指示器が作動している場合に限り，作動側のみが点灯する構造であること。 点滅しないもの。	第33条の2 告示第200条
車幅灯	白ただし，方向指示器，非常点滅表示灯又は側方灯と構造上一体のもの又は兼用のもの橙色	前面両側2個又は4個平成17.12.31以前に製作された車については，数の規定は適用しない。	夜間300mから確認可能なこと。	第34条 告示第201条
前部上側端灯	白	前面両側	夜間300mから確認可能なこと。 車幅灯点灯時消灯しない。 点滅しないもの。	第34条の2 告示第202条
側方灯及び側方反射器	橙，後部で他の灯火と一体赤でもよい。	両側面	長さ6m超の自動車 　〃　6m以下のトラクタ 　〃　6m以下のトレーラ ポール・トレーラー 夜間150mから確認可能（反射器は前照灯を照射した場合）なこと。	第35条の2 告示第204条
番号灯	白	———	夜間後方20mからナンバーを確認可能なこと。	第36条 告示第205条
尾灯	赤	後面の両側	夜間後方300mから確認可能なこと。	第37条 告示第206条
後部霧灯	赤	2個以下	前照灯又は前部霧灯が点灯している場合にのみ点灯できる構造であり，かつ，いずれかが点灯している場合においても消灯できる構造。	第37条の2 告示第207条
駐車灯	前面白後面赤側面橙	車両中心面に対称	前面に備えるもの夜間前方150m，後面に備えるもの夜間後方150m，両側面に備えるもの夜間前方150m及び夜間後方150mの距離から確認可能のこと。 後面はすべてが同時に点灯。 長さ6m以上又は幅2m以上の自動車以外の自動車は，左右どちらかの	第37条の3 告示第208条

種類	色	個数・位置	性能など	条項
			みの点灯する構造とすることができる。 前面は，後面が点灯している場合のみ点灯。 点滅するものではないこと。 原動機が停止している状態において点灯することができ，かつ，時間の経過により自動的に消灯しない構造であること。	
後部上側端灯	赤	車両中心面に対称	夜間300mから確認可能なこと。 尾灯が点灯している場合に消灯できない構造であること。 点滅するものではないこと。	第37条の4 告示第209条
後部反射器	赤	後面	トレーラ3角，それ以外の自動車3角以外。 夜間にその後方150mの距離から走行用前照灯で照射した場合に，その反射光を確認できるもの。	第38条 告示第210条
※貨物の運送の用に供する普通自動車であって車両総重量7トン以上のものは，後部反射器を備えるほか，大型後部反射器を備えなければならない。				
大型後部反射器	反射光 黄色又は赤色 蛍光赤色	後面 1個，2個又は4個 平成23年8月31日以前に製作された自動車は4個以下	夜間後方150mから走行用前照灯で照射した場合その反射光を確認できること。 昼間後方150mから赤色部を確認できること。取付位置は下縁の高さが地上0.25m以上，上縁の高さが地上1.5m以下。	第38条の2 告示第211条
制動灯	赤	後面の両側	昼間後方100mから確認可能なこと。 尾灯と兼用時は光度5倍以上に増加すること。	第39条告示第212条
方向指示器	橙	車両中心面に対称	昼間100mの指示方向から確認可能なこと。 点滅回数60〜120/分。 車両総重量8t，最大積載量5t以上の普通自動車には，両側面の前部及び中央部に備えること。	第41条 告示第215条
非常点滅表示灯 「非常灯」	橙	車両中心面に対称	昼間100mの指示方向から確認可能なこと。 点滅回数60〜120/分。 ※盗難，車内における事故その他の緊急事態が発生していることを表示するための灯火「非常灯」として作動する場合には，「点滅回数60〜120/分」に適合しない構造とすることができる。	第41条の3 告示第217条 （第3項第1号）

根拠条項	規　定　内　容　等
再帰反射材 （第38条の３）	●自動車（次の各号に掲げるものを除く。）の前面（被牽引自動車の前面に限る。），両側面及び後面には再帰反射材を備えることができる。 ①専ら乗用の用に供する自動車であって乗車定員十人未満のもの ②前号の自動車の形状に類する自動車 ③二輪自動車 ④側車付二輪自動車 ⑤カタピラ及びそりを有する軽自動車 ●再帰反射材は，光を光源方向に効果的に反射することにより夜間に自動車の前方（被牽引自動車の前方に限る。），側方又は後方にある他の交通に当該自動車の長さ又は幅を示すことができるものとして，反射光の色，明るさ，反射部の形状等に関し告示で定める基準に適合するものでなければならない。

根拠条項	規 定 内 容 等
後退灯 (第40条)	●自動車には，後退灯を備えなければならない。ただし，二輪自動車，側車付二輪自動車，カタピラ及びそりを有する軽自動車，小型特殊自動車並びに幅0.8メートル以下の自動車並びにこれらによりけん引される被けん引自動車にあっては，この限りでない。 ●後退灯は，自動車の後方にある他の交通に当該自動車が後退していることを示すことができ，かつ，その照射光線が他の交通を妨げないものとして，灯光の色，明かるさに関し告示で定める基準に適合するものでなければならない。 ●後退灯は，その性能を損なわないように，かつ，取付位置，取付方法等に関し告示で定める基準に適合するように取り付けられなければならない。
告示第214条	●個数・位置等 ・後退灯の色は，白色であること。 　（平成8年1月31日以前に製作された自動車は，白又は淡黄色） ・長さが6mを超える自動車（専ら乗用の用に供する自動車であって，乗車定員10人以上の自動車及び貨物の運送の用に供する自動車に限る。）にあっては，2個，3個又は4個 ・それ以外の自動車にあっては，1個又は2個
その他の灯火等の制限 (第42条)	●自動車には，保安基準第32条から第41条の3までの灯火装置若しくは反射器又は指示装置と類似する等により他の交通の妨げとなるおそれのあるものとして告示で定める灯火又は反射器を備えてはならない。
告示第218条	●自動車には，次に掲げる灯火を除き，後方を照射し若しくは後方に表示する灯光の色が橙色である灯火で照明部の上縁が地上2.5m以下のもの又は灯光の色が赤色である灯火を備えてはならない。 　① 側方灯 　①の2 尾灯 　①の3 後部霧灯 　①の4 駐車灯 　①の5 後部上側端灯 　② 制動灯 　②の2 補助制動灯

根拠条項	規　定　内　容　等
	③　方向指示器
	④　補助方向指示器
	④の2　非常点滅表示灯
	④の3　緊急制動表示灯
	④の4　後面衝突警告表示灯
	⑤　緊急自動車の警光灯
	⑥　火薬類又は放射性物質等を積載していることを表示するための灯火
	⑦　旅客自動車運送事業用自動車の地上2.5mを超える高さの位置に備える後方に表示するための灯火（第1号の5に掲げる灯火を除く。）
	⑧　一般乗合旅客自動車運送事業用自動車の終車灯
	⑨　一般乗用旅客自動車運送事業用自動車の空車灯及び料金灯
	⑩　旅客自動車運送事業用自動車の非常灯
	⑪　旅客自動車運送事業用乗合自動車の車椅子昇降用ステップリフトに備える赤色の灯火であって運転者席で点灯できないものその他の走行中に使用しない灯火
	⑫　労働安全衛生法施行令第1条第1項第8号に規定する移動式クレーンに備える巻過防止装置，過負荷防止装置又は過負荷防止装置以外の過負荷を防止するための装置と連動する灯火
	⑬　緊急自動車及び道路維持作業用自動車に備える他の交通に作業中であることを表示する電光表示器
	●自動車には，次に掲げる灯火を除き，後方を照射し又は後方に表示する灯光の色が白色である灯火を備えてはならない。
	この場合において指定自動車等に備えられた車体側面に備える白色灯火（いわゆるコーチランプ）と同一の構造を有し，かつ，同一の位置に備えられた白色の灯火は，この基準に適合するものとする。
	①　低速走行時側方照射灯
	②　番号灯
	③　後退灯
	④　室内照明灯
	⑤　一般乗合旅客自動車運送事業用自動車の方向幕灯
	⑥　一般乗用旅客自動車運送事業用自動車の社名表示灯
	⑦　その構造が次のいずれかに該当する作業灯その他の走行中に

根拠条項	規　定　内　容　等
	使用しない灯火 　イ　運転者席で点灯できない灯火 　ロ　運転者席において点灯状態を確認できる装置を備えたもの ●自動車（一般乗合旅客自動車運送事業用自動車を除く。）の前面ガラスの上方には，灯光の色が青紫色である灯火を備えてはならない。 ●自動車の前面ガラスの上方には，速度表示装置の速度表示灯と紛らわしい灯火を備えてはならない。 ●自動車には，次に掲げる灯火を除き，点滅する灯火又は光度が増減する灯火（色度が変化することにより視感度が変化する灯火を含む。）を備えてはならない。 　①　曲線道路用配光可変型前照灯 　②　配光可変型前照灯 　③　側方灯 　④　方向指示器 　⑤　補助方向指示器 　⑥　非常点滅表示灯 　⑦　緊急制動表示灯 　⑧　緊急自動車の警光灯 　⑨　道路維持作業用自動車の灯火 　⑩　自主防犯活動用自動車の青色防犯灯 　⑪　一般乗合旅客自動車運送事業用自動車の行先等を連続表示する電光表示器 　⑫　非常灯（旅客自動車運送事業用自動車に備えるもの又は室内照明と兼用するものに限る。） 　⑬　路線を定めて定期に運行する一般乗合旅客自動車運送事業用自動車及び一般乗用旅客自動車運送事業用自動車に備える旅客が乗降中であることを後方に表示する電光表示器 　⑭　緊急自動車及び道路維持作業用自動車に備える他の交通に作業中であることを表示する電光表示器 ●自動車には，再帰反射材を除き，反射光が赤色である反射器であって前方に表示するもの又は反射光の色が白色である反射器であって後方に表示するものを備えてはならない。
警音器	●自動車には，警音器を備えなければならない。

根拠条項	規　定　内　容　等
（第43条） 告示第219条	●自動車（緊急自動車を除く。）には車外に音を発する装置であって警音器と紛らわしいものを備えてはならない。 ●音の大きさは，自動車の**前方７メートルの位置において112デシベル以下87デシベル以上**であること。 ●音は，連続するものであり，かつ，音の大きさ及び音色が一定なものであること。 ●サイレン又は鐘でないこと。
非常信号用具 （第43条の２） 告示第220条	●次の基準に適合する非常信号用具を備えること。 ①　赤色の灯光を発し，**夜間200mから確認できる**こと。 ②　自発光式であること。 ③　使用に便利な場所に備えられたものであること。
停止表示器材 （第43条の４） 告示第222条	●自動車に備える停止表示器材は，けい光及び反射光により他の交通に当該自動車が停止していることを表示することができるものとして，形状，けい光及び反射光の明るさ，色等に関し次の基準に適合するものでなければならない。 ①　**夜間200mの距離から走行用前照灯で照射した場合にその反射光を照射位置から確認できる**ものであること。 ②　昼間200mの距離からその蛍光を確認できるものであること。 ③　反射光の色は赤色であり，かつ，当該停止表示器材による蛍光の色は，赤色又は橙色であること。
車両接近通報装置 （第43条の７）	●電力により作動する原動機を有する自動車（二輪自動車，側車付二輪自動車，三輪自動車，カタピラ及びそりを有する軽自動車，大型特殊自動車，小型特殊自動車並びに被牽引自動車を除く。）には，当該自動車の接近を歩行者等に通報するものとして，機能，性能等に関し告示で定める基準に適合する車両接近通報装置を備えなければならない。ただし，走行中に内燃機関が常に作動する自動車にあっては，この限りではない。
事故自動緊急通報装置 （第43条の８）	●乗用車等に備える事故自動緊急通報装置は，当該自動車が衝突等による衝撃を受ける事故が発生した場合において，その旨及び当該事故の概要を所定の場所に自動的かつ緊急に通報するものとし

根拠条項	規　定　内　容　等
	て，機能，性能等に関し告示で定める基準に適合するものでなければならない。
後写鏡等 （第44条） 告示第224条	●自動車に備える後写鏡は，運転者が運転者席において自動車の外側線付近及び後方の交通状況を確認でき，かつ，乗車人員，歩行者等に傷害を与えるおそれの少ないものとして，当該後写鏡による運転者の視野，乗車人員等の保護に係る性能等に関し次の基準に適合するものでなければならない。 ①　容易に方向の調節をすることができ，かつ，一定の方向を保持できる構造であること。 ②　取付部付近の自動車の最外側より突出している部分の最下部が地上1.8m以下のものは，当該部分が歩行者等に接触した場合に衝撃を緩衝できる構造であること。 ③　車室内に備えるものは，当該自動車が衝突等による衝撃を受けた場合において，乗車人員の頭部等に傷害を与えるおそれの少ない構造であること。
窓ふき器等 （第45条） 告示第225条	●前面ガラスには，前面ガラスの直前の視野を確保できる自動式の窓ふき器（左右に備える場合は，同時に作動すること。）を備えること。 ●洗浄液噴射装置及びデフロスタを備えること。
速度計等 （第46条） 告示第226条	●速度計を運転者の見やすい箇所に，走行距離計を適当な箇所に備えること。 ●速度計は，運転者が容易に走行時における速度を確認できるものであること。
消火器 （第47条）	●次の自動車には消火器を備えること。（トレーラは①から④までを除く。） ①　火薬類を運送する自動車（一定量を超えるもの） ②　危険物を運送する自動車（指定数量を超えるもの） ③　可燃物を運送する自動車（一定量を超えるもの） ④　可燃性ガス及び酸素を運送する自動車(150kg以上のもの) ⑤　上記①から④までの自動車をけん引するトラクタ ⑥　放射性輸送物等を運送する場合に使用する自動車

根拠条項	規　定　内　容　等
	⑦　定員11人以上の自動車 ⑧　幼児専用車
速度表示装置 （第48条の3） 告示第230条	●自動車には次の基準に適合した速度表示装置を備えることができる。 ●灯光の色は黄緑色であること。 ●点灯の順序は，<u>左側の灯火</u>（40km/h以下の速度），<u>右側の灯火</u>（40km/hを超え，60km/h以下の速度），<u>中間の灯火</u>（60km/hを超える速度）の順であること。 ●速度表示装置は，運転者が運転者席においてその作動状態を確認できる灯火等を備えたものであること。
道路維持作業用自動車 （第49条の2） 告示第232条	●次の各号に適合する灯火を車体の上部の見やすい箇所に備えること。 ①　黄色であって点滅式のもの ②　150mの距離から点灯を確認できるもの
自主防犯活動用自動車 （第49条の3）	●自主防犯活動用自動車（地方公共団体その他の団体が自主防犯活動のため使用する自動車であって告示で定めるものをいう。）には，青色防犯灯を備えることができる。

解　説（トラックに関係ある保安基準（保基細目告示を含む。）のポイント）

長さ，幅，高さ	12m，2.5m，3.8mを超えないこと。
車両の総重量	最大25トン（セミトレーラは最大28トン）。なお，当分の間車両総重量20トンを超える車には「20t超」のステッカーを前面にはる。
軸　　　　重	10トン以下（けん引自動車のうち告示で定めるものは，11.5トン）
輪　　荷　　重	5トン以下（けん引自動車のうち告示で定めるものは，5.75トン）
安　　定　　性	① 前輪荷重割合が20％以上（空車，積車を問わずハンドルを操作する軸にかかる車の重さが20％以上あること。） ② 空車時に左右に35度まで傾けても転倒しないこと。
最小回転半径	最外側の"わだち"について12m以下
最大積載量の表示	車体の後面に「最大積載量」を表示する。
突入防止装置	貨物運送用の普通自動車（1ナンバー，8ナンバー，ただし，車両総重量3.5トン以下の小型自動車，トラクタを除く。）の後面には，他の自動車が追突した場合に追突した自動車の車体前部が突入することを有効に防止する突入防止装置を備えること。
大型後部反射器	貨物運送用の普通自動車（1ナンバー，8ナンバー）で車両総重量7トン以上の車には後部反射器のほか，大型後部反射器を備えること。 ・反射部の色は黄色又は赤色 ・蛍光部の色は赤色

3　道路交通法関係のポイント

凡例　法…道路交通法
施行令…道路交通法施行令
施行規則…道路交通法施行規則

根　拠　条　項	規　　定　　内　　容　　等
目　的 （法第1条）	●この法律は，道路における危険を防止し，その他交通の安全と円滑を図り，及び道路の交通に起因する障害の防止に資することを目的とする。
定　義 （法第2条）	●歩道とは，歩行者の通行の用に供するため縁石線又はさくその他これに類する工作物によって区画された道路の部分をいう。 ●車道とは，車両の通行の用に供するため縁石線若しくはさくその他これに類する工作物又は道路標示によって区画された道路の部分をいう。 ●本線車道とは，高速自動車国道又は自動車専用道路の本線車線により構成する車道をいう。 ●路側帯とは，歩行者の通行の用に供し，又は車道の効用を保つため，歩道の設けられていない道路又は道路の歩道の設けられていない側の路端寄りに設けられた帯状の道路の部分で，道路標示によって区画されたものをいう。 ●横断歩道とは，道路標識等（道路標識と道路標示）により歩行者の横断の用に供するための場所であることが示されている道路の部分をいう。 ●自転車横断帯とは，道路標識等により自転車の横断の用に供するための場所であることが示されている道路の部分をいう。 ●交差点とは，十字路，丁字路その他2以上の道路（歩道と車道の区別のある道路では車道）の交わる部分をいう。 ●安全地帯とは，路面電車に乗降する者若しくは横断している歩行者の安全を図るため道路に設けられた島状の施設又は道路標識及び道路標示により安全地帯であることが示されている道路の部分をいう。 ●車両通行帯とは，車両が道路の定められた部分を通行すべきことが道路標示により示されている場合における当該道路標示により示されている道路の部分をいう。 ●車両とは，自動車，原動機付自転車，軽車両及びトロリーバスを

根拠条項	規　定　内　容　等
	いう。 ●自動車とは，原動機を用い，かつ，レール又は架線によらないで運転する車又は特定自動運行を行う車であって，原動機付自転車，軽車両，移動用小型車，身体障害者用の車及び遠隔操作型小型車並びに歩行補助車，乳母車その他の歩きながら用いる小型の車で政令で定めるもの（以下「歩行補助車等」という。）以外のものをいう。 ●道路標識とは，道路の交通に関し，規制又は指示を表示する標示板をいう。 ●道路標示とは，道路の交通に関し，規制又は指示を表示する標示で，路面に描かれた道路鋲，ペイント，石等による線，記号又は文字をいう。 ●駐車とは，車両等が客待ち，荷待ち，貨物の積卸し，故障その他の理由により継続的に停止すること（貨物の積卸しのための停止で5分を超えない時間内のもの及び人の乗降のための停止を除く。），又は車両等が停止（特定自動運行中の停止を除く。）をし，かつ，当該車両等の運転者がその車両等を離れて直ちに運転することができない状態にあることをいう。 ●停車とは，車両等が停止することで駐車以外のものをいう。 ●徐行とは，車両等が直ちに停止することができるような速度で進行することをいう。 ●追越しとは，車両が他の車両等に追い付いた場合において，その進路を変えてその追い付いた車両等の側方を通過し，かつ，当該車両等の前方に出ることをいう。 ●進行妨害とは，車両等が進行を継続し，又は始めた場合においては危険を防止するため他の車両等がその速度又は方向を急に変更しなければならないこととなるおそれがあるときに，その進行を継続し，又は始めることをいう。 ●この法律の規定の適用については，次に掲げる者は，歩行者とする。 　①移動用小型車，身体障害者用の車，遠隔操作型小型車，小児用の車又は歩行補助車等を通行させている者（遠隔操作型小型車にあっては，遠隔操作により通行させている者を除く。） 　②大型自動二輪車又は普通自動二輪車，二輪の原動機付自転車，二輪又は三輪の自転車その他車体の大きさ及び構造が他の歩行

根拠条項	規　定　内　容　等
	者の通行を妨げるおそれのないものとして内閣府令で定める基準に該当する車両（これらの車両で側車付きのもの及び他の車両を牽引しているものを除く。）を押して歩いている者
自動車の種類 （法第3条） （施行規則第2条）	●自動車は，施行規則で定める車体の大きさ及び構造並びに原動機の大きさを基準として，大型自動車，中型自動車，準中型自動車，普通自動車，大型特殊自動車，大型自動二輪車（側車付きのものを含む。）・普通自動二輪車（側車付きのものを含む。）及び小型特殊自動車に区分する。 ●自動車の種類は，施行規則で次のように定めている。

自動車の種類	車体の大きさ等
大型自動車	大型特殊自動車，大型自動二輪車，普通自動二輪車及び小型特殊自動車以外の自動車で， 　車両総重量11,000キログラム以上のもの 　最大積載量6,500キログラム以上のもの 　乗車定員30人以上のもの（バス，トラックなど）
中型自動車	大型自動車，大型特殊自動車，大型自動二輪車，普通自動二輪車及び小型特殊自動車以外の自動車で， 　車両総重量7,500キログラム以上11,000キログラム未満のもの 　最大積載量4,500キログラム以上6,500キログラム未満のもの 　乗車定員11人以上29人以下のもの（バス，トラックなど）
準中型自動車	大型自動車，中型自動車，大型特殊自動車，大型自動二輪車，普通自動二輪車及び小型特殊自動車以外の自動車で， 　車両総重量が3,500キログラム以上7,500キログラム未満のもの又は 　最大積載量が2,000キログラム以上4,500キログラム未満のもの
普通自動車	車体の大きさ等が，大型自動車，中型自動車，準中型自動車，大型特殊自動車，大型自動二輪車，普通自動二輪車又は小型特殊自動車について定められた車体の大きさ等のいずれにも該当しない自動車（普通乗用車，小型トラックなどやミニカー）
大型特殊自動車	カタピラ式または装輪式（内閣総理大臣が指定するものを除く。）のもの 特殊な作業に使用する自動車（ホークリフト，ロータリー除雪車など）で小型特殊自動車以外のもの
自動二輪車　大型	エンジンの総排気量が0.400リットルを超える二輪の自動車（側車付きのものを含む。）
自動二輪車　普通	二輪の自動車（側車付きのものを含む。）で，大型自動二輪車以外のもの

根拠条項	規 定 内 容 等

	小型特殊自動車	特殊な構造を有し，最高速度15キロメートル毎時を超える速度を出すことができない構造のものであって，かつ，車体の長さが4.70メートル以下，幅1.70メートル以下，高さ2.00メートル（ヘッドガード，安全キャブ，安全フレームその他これらに類する装置が備えられている自動車で，当該装備を除いた部分の高さが2.00メートル以下のものにあっては，2.80メートル）以下のもの（例えば農耕作業用自動車など。）

最高速度
（法第22条）

●車両は，道路標識等によりその最高速度が指定されている道路においてはその最高速度を，その他の道路においては政令で定める最高速度をこえる速度で進行してはならない。

一般道路
（施行令第11条）

一般道路の最高速度

自動車の種類	最高速度
自動車	60キロメートル毎時
原動機付自転車	30キロメートル毎時

最高速度の特例
（施行令第12条）

●自動車が，他の車両を牽引して道路を通行する場合におけるその自動車の最高速度は，次表のとおりとする。ただし，牽引するための構造装置を有する自動車によって牽引されるための構造装置を有する自動車を牽引する場合は除かれる。

車両総重量が2,000キログラム以下の車両をその3倍以上の車両総重量の車両で牽引する場合	40キロメートル毎時
上記以外のとき	30キロメートル毎時
125cc以下の自動二輪車又は原動機付自転車が他の車両を牽引する場合	25キロメートル毎時

●緊急自動車が高速自動車国道の本線車道以外の道路を通行する場合の最高速度は，80キロメートル毎時とする。

最高速度違反行為に係る車両の使用者に対する指示

●車両の運転者が最高速度違反行為を当該車両の使用者（当該車両の運転者であるものを除く。）の業務に関してした場合において，当該最高速度違反行為に係る車両の使用者が当該車両につき最高速度違反行為を防止するため必要な運行の管理を行っていると認

根拠条項	規 定 内 容 等
（法第22条の2）	められないときは，当該車両の使用の本拠の位置を管轄する公安委員会は，当該車両の使用者に対し，最高速度違反行為となる運転が行われることのないよう運転者に指導し又は助言することその他最高速度違反行為を防止するため必要な措置をとることを指示することができる。
高速道路 （施行令第27条）	●道路標識等で最高速度や最低速度が指定されていない高速自動車国道の本線車道では，次表の最高速度を超えたり，最低速度に達しない速度で運転しないこと。 （高速道路）
罰 則 （法第118条）	●最高速度違反は，その違反速度によって6月以下の懲役又は10万円以下の罰金に処せられる。 　なお，行政処分の基礎点数及び反則金の額が，車種別，違反速度別に定められている。
最低速度 （法第23条）	●自動車は，道路標識等によりその最低速度が指定されている道路（第75条の4に規定する高速自動車国道の本線車道を除く。）では，

自動車の種類	最高速度	最低速度
・大型自動車（3輪のもの，トレーラ連結車を除く。）のうち，専ら人を運搬する構造のもの ・中型自動車（3輪のもの，トレーラ連結車を除く。）のうち，専ら人を運搬する構造のもの又は車両総重量が8千キログラム未満，最大積載量が5千キログラム未満及び乗車定員が10人以下 ・準中型自動車（3輪のもの，トレーラ連結車を除く。） ・普通自動車（3輪のもの，トレーラ連結車を除く。） ・大型及び普通自動二輪車	100キロメートル毎時	50キロメートル毎時
・上記以外の大型自動車（3輪のもの，トレーラ連結車を除く。） ・上記以外の中型自動車（3輪のもの，トレーラ連結車を除く。）	90キロメートル毎時	
・上記以外の自動車 ・他の自動車を牽引するとき（牽引装置を有する自動車が，牽引される装置を有する自動車を牽引する場合（トレーラ連結車）に限る。）	80キロメートル毎時	

根拠条項	規　定　内　容　等
	法令の規定により速度を減ずる場合及び危険を防止するためやむを得ない場合を除き，その最低速度に達しない速度で進行してはならない。
最低速度 （法第75条の4）	●自動車は，法令の規定により速度を減ずる場合及び危険を防止するためやむを得ない場合を除き，高速自動車国道の本線車道（往復の方向別に分離されていないものを除く。）においては，道路標識等により最低速度が指定されている区間はその最低速度に，その他の区間にあっては，政令で定める**最低速度**に達しない速度で進行してはならない。
（施行令第27条の3）	●法第75条の4の政令で定める最低速度は，**50キロメートル毎時**とする。
通行区分 （法第17条）	●車両は，歩道又は路側帯と車道の区別のある道路においては，車道を通行しなければならない。ただし，道路外の施設又は場所に出入りするためやむを得ない場合において歩道等を横断するとき，又は第47条第3項若しくは第48条の規定により歩道等で停車し，若しくは駐車するために必要な限度において歩道等を通行するときはこの限りでない。 ●車両が道路外の施設又は場所に出入りするためやむを得ない場合において歩道等を横断するとき，又は法令の規定により歩道等で停車し，若しくは駐車するために必要な限度において歩道等を通行するときは，車両は，歩道等に入る直前で一時停止し，かつ，歩行者の通行を妨げないようにしなければならない。 ●車両は，次の各号に掲げる場合においては，道路の中央から右の部分にその全部又は一部をはみ出して通行することができる。この場合において，車両は，第1号に掲げる場合を除き，そのはみ出し方ができるだけ少なくなるようにしなければならない。 　①　一方通行となっているとき。 　②　左側部分の道幅がその車両の通行のため十分でないとき。 　③　道路の損壊，道路工事その他の障害で左側部分の通行ができないとき。 　④　左側の部分の道幅が6メートル未満の道路で他の車両を追い越そうとするとき（当該道路の右側部分を見とおすことができ，かつ，反対の方向からの交通を妨げるおそれがない場合に限る

根拠条項	規　定　内　容　等
	ものとし，道路標識等により追越しのため右側部分にはみ出して通行することが禁止されている場合を除く。)。 ⑤　勾配の急な道路のまがりかど付近で，道路標識等により通行の方法が指定されている場合において，当該指定に従い通行するとき。
左側寄り通行帯 （法第18条）	●車両（トロリーバスを除く。）は，車両通行帯の設けられた道路を通行する場合を除き，自動車及び原動機付自転車にあっては，道路の左側に寄って，軽車両にあっては道路の左側端に寄って通行しなければならない。ただし，追越しをするとき等，規定により道路中央若しくは右側端に寄るとき，又は道路の状況その他事情によりやむを得ないときは，この限りでない。 ●車両は歩道と車道の区別がない道路を通行する場合において，歩行者の側方を通過するときは，これとの間に安全な間隔を保ち，又は徐行しなければならない。
車両通行帯 （法第20条）	●車両は，車両通行帯の設けられた道路においては，道路の左側端から数えて一番目の車両通行帯を通行しなければならない。ただし，自動車（小型特殊自動車及び道路標識等によって指定された自動車を除く。）は，当該道路の左側部分（当該道路が一方通行となっているときは，当該道路）に3以上の車両通行帯が設けられているときは，政令で定めるところにより，その速度に応じ，その最も右側の車両通行帯以外の車両通行帯を通行することができる。 ●車両は，車両通行帯の設けられた道路において，道路標識等により前項に規定する通行の区分と異なる通行の区分が指定されているときは，当該通行の区分に従い，当該車両通行帯を通行しなければならない。 ●車両は，追越しをするとき，法令の規定により道路の左側端，中央若しくは右側端に寄るとき，法令の規定に従い通行するとき，法令の規定によりその通行している車両通行帯をそのまま通行するとき，法令の規定により一時進路を譲るとき，又は道路の状況その他の事情によりやむを得ないときは，前2項の規定によらないことができる。この場合において，追越しをするときは，その通行している車両通行帯の直近の右側の車両通行帯を通行しなけ

根 拠 条 項	規 定 内 容 等
	ればならない。
路線バス等優先通行帯 (法第20条の2)	●一般乗合旅客自動車運送事業者による路線定期運行の用に供する自動車その他の政令で定める自動車（以下「路線バス等」という。）の優先通行帯であることが道路標識等により表示されている車両通行帯が設けられている道路においては，自動車（路線バス等を除く。）は，路線バス等が後方から接近してきた場合に当該道路における交通の混雑のため当該車両通行帯から出ることができないこととなるときは，当該車両通行帯を通行してはならず，また，当該車両通行帯を通行している場合において，後方から路線バス等が接近してきたときは，その正常な運行に支障を及ぼさないように，すみやかに当該車両通行帯の外に出なければならない。ただし，この法律の他の規定により通行すべきこととされている道路の部分が当該車両通行帯であるとき，又は道路の状況その他の事情によりやむを得ないときは，この限りでない。
軌道敷内の通行 (法第21条)	●車両（トロリーバスを除く。）は，左折し，右折し，横断し，若しくは転回するため軌道敷を横切る場合又は危険防止のためやむを得ない場合を除き，軌道敷内を通行してはならない。 ●車両は，次の各号に掲げる場合においては，前項の規定にかかわらず，軌道敷内を通行することができる。この場合において，車両は，路面電車の通行を妨げてはならない。 ①当該道路の左側部分から軌道敷を除いた部分の幅員が当該車両の通行のため十分なものでないとき。 ②当該車両が，道路の損壊，道路工事その他の障害のため当該道路の左側部分から軌道敷を除いた部分を通行することができないとき。 ③道路標識等により軌道敷内を通行することができることとされている自動車が通行するとき。
急ブレーキの禁止 (法第24条)	●車両等の運転者は，危険を防止するためやむを得ない場合を除き，その車両等を急に停止させ，又はその速度を急激に減ずるような急ブレーキをかけてはならない。
道路外に出る場合の方法	●車両は，道路外へ出るため左折するときは，あらかじめその前からできる限り道路の左側端に寄り，かつ，徐行しなければならな

根拠条項	規定内容等
（法第25条）	い。 ●車両（軽車両及びトロリーバスを除く。）は，道路外に出るため右折するときは，あらかじめその前からできる限り道路の中央（一方通行のときは右側端）に寄り，かつ，徐行しなければならない。 ●道路外に出るため左折又は右折しようとする車両が，前2項の規定により，それぞれ道路の左側端，中央又は右側端に寄ろうとして手又は方向指示器による合図をした場合は，その後方にある車両は，その速度又は方向を急に変更しなければならないこととなる場合を除き，当該合図をした車両の進路の変更を妨げてはならない。
横断等の禁止 （法第25条の2）	●車両は，歩行者又は他の車両等の正常な交通を妨害するおそれがあるときは，道路外の施設，場所に出入するための左折若しくは右折をし，横断し，転回し，又は後退してはならない。
車間距離の保持 （法第26条）	●車両等は，同一の進路を進行している他の車両等の直後を進行するときは，その直前の車両が急に停止したときにおいてもこれに追突するのを避けることができる必要な距離を，これから保たなければならない。
進路の変更の禁止 （法第26条の2）	●車両は，みだりにその進路を変更してはならない。 ●車両は，進路を変更した場合にその変更した後の進路と同一の進路を後方から進行してくる車両等の速度又は方向を急に変更させることとなるおそれがあるときは，進路を変更してはならない。 ●車両は，車両通行帯を通行している場合において，その車両通行帯が当該車両通行帯を通行している車両の進路の変更の禁止を表示する道路標示によって区画されているときは，法令に規定する場合を除き，その道路標示をこえて進路を変更してはならない。
他の車両に追いつかれた車両の義務 （法第27条）	●車両（定期路線バス等及びトロリーバスを除く。）は，最高速度が高い車両に追いつかれたときは，その追いついた車両が当該車両の追越しを終わるまで速度を増してはならない。最高速度が同じであるか又は低い車両に追いつかれ，かつ，その追いついた車両の速度よりもおそい速度で引き続き進行しようとするときも，

根拠条項	規定内容等
	同様とする。 ●車両（定期路線バス等及びトロリーバスを除く。）は，車両通行帯の設けられた道路を通行する場合を除き，最高速度が高い車両に追いつかれ，かつ，道路の中央（当該道路が一方通行となっているときは，当該道路の右側端。以下同じ。）との間にその追いついた車両が通行するのに十分な余地がない場合においては，できる限り道路の左側端に寄ってこれに進路を譲らなければならない。最高速度が同じであるか又は低い車両に追いつかれ，かつ，道路の中央との間にその追いついた車両が通行するのに十分な余地がない場合において，その追いついた車両の速度よりもおそい速度で引き続き進行しようとするときも，同様とする。
追越しの方法 （法第28条）	●車両は他の車両を追い越そうとするときは，その追い越されようとする車両（前車）の右側を通行しなければならない。ただしその前車が法令の規定により道路の中央又は右側端に寄って通行しているときは，その左側を通行しなければならない。
追越しを禁止する場合 （法第29条）	●後車は，前車が他の自動車又はトロリーバスを追い越そうとしているときは，追越しを始めてはならない。
追越しを禁止する場所 （法第30条）	●車両は，道路標識等により追い越しが禁止されている道路の部分及び次に掲げるその他の道路の部分においては，他の車両（特定小型原動機付自転車等を除く。）を追い越すため，進路を変更し，又は前車の側方を通過してはならない。 ① 道路のまがり角付近 ② 上り坂の頂上付近，こう配の急な下り坂 ③ トンネル（車両通行帯がある場合を除く。） ④ 交差点とその手前から30m以内（優先道路を通行している場合を除く。）の部分 ⑤ 踏切，横断歩道，自転車横断帯とその手前から30m以内の部分
乗合自動車の発進の保護	●停留所において乗客の乗降のため停車していた乗合自動車が発進するため進路を変更しようとして手又は方向指示器により合図を

根拠条項	規定内容等
（法第31条の2）	した場合においては，その後方にある車両は，その速度又は方向を急に変更しなければならないこととなる場合を除き，当該合図をした乗合自動車の進路の変更を妨げてはならない。
割込み等の禁止 （法第32条）	●車両は，法令の規定若しくは警察官の命令により，又は危険を防止するため，停止し，若しくは停止しようとして徐行している車両等又はこれらに続いて停止し，若しくは徐行している車両等に追いついたときは，その前方にある車両等の側方を通過して当該車両等の前方に割り込み，又はその前方を横切ってはならない。
踏切の通過 （法第33条）	●車両等は，踏切を通過しようとするときは，踏切の直前（道路標識等による停止線が設けられているときは，その停止線の直前）で停止し，かつ，安全であることを確認した後でなければ進行してはならない。 　ただし，信号機の信号に従うときは，踏切の直前で停止しないで進行することができる。 ●車両等は，踏切を通過しようとする場合に，遮断機が閉じようとし又は閉じている間，若しくは警報機が警報している間は，踏切に入ってはならない。 ●車両等の運転者は，故障その他の理由により踏切で車両等を運転できなくなったときは，直ちに非常信号を行う等故障その他の理由で停止している車両等があることを鉄道の係員又は警察官に知らせるための措置を講ずるとともに，当該車両等を踏切以外の場所へ移動するために必要な措置を講じなければならない。
左折又は右折 （法第34条）	●車両は，左折するときは，あらかじめその前からできる限り道路の左側端に寄り，かつ，できる限り道路の左側端に沿って（道路標識等により通行すべき部分が指定されているときは，その指定された部分を通行して）徐行しなければならない。 ●自動車，一般原動機付自転車又はトロリーバスは，右折するときは，あらかじめその前からできる限り道路の中央に寄り，かつ，交差点の中心の直近の内側（道路標識等により通行すべき部分が指定されているときは，その指定された部分）を徐行しなければならない。 ●自動車，一般原動機付自転車又はトロリーバスは，一方通行の道

根拠条項	規定内容等
	路で右折するときは，前項の規定にかかわらず，あらかじめその前からできる限り道路の右側端に寄り，かつ，交差点の中心の内側（道路標識等により通行すべき部分が指定されているときは，その指定された部分）を徐行しなければならない。 ● 左折又は右折しようとする車両が，前各項の規定により，それぞれ道路の左側端，中央又は右側端に寄ろうとして手又は方向指示器による合図をした場合においては，その後方にある車両は，その速度又は方向を急に変更しなければならないこととなる場合を除き，当該合図をした車両の進路の変更を妨げてはならない。
環状交差点における左折等 （法第35条の2）	● 車両は，環状交差点において左折し，又は右折するときは，第34条第1項から第5項までの規定にかかわらず，あらかじめその前からできる限り道路の左側端に寄り，かつ，できる限り環状交差点の側端に沿って（道路標識等により通行すべき部分が指定されているときは，その指定された部分を通行して）徐行しなければならない。 ● 車両は，環状交差点において直進し，又は転回するときは，あらかじめその前からできる限り道路の左側端に寄り，かつ，できる限り環状交差点の側端に沿って（道路標識等により通行すべき部分が指定されているときは，その指定された部分を通行して）徐行しなければならない。
交差点における他の車両等との関係等 （法第36条）	1　車両等は，交通整理の行われていない交差点においては，次項の規定が適用される場合を除き，次の各号に掲げる区分に従い，当該各号に掲げる車両等の進行妨害をしてはならない。 　①車両である場合　　　交差道路を左方から進行してくる車両及び交差道路を通行する路面電車 　②路面電車である場合　交差道路を左方から進行してくる路面電車 2　車両等は，交通整理の行われていない交差点においては，その通行している道路が優先道路である場合を除き，交差道路が優先道路であるとき，又はその通行している道路の幅員よりも交差道路の幅員が明らかに広いものであるときは，当該交差道路を通行する車両等の進行妨害をしてはならない。 3　車両等（優先道路を通行している車両等を除く。）は，交通整

根拠条項	規　定　内　容　等
（法第37条）	理の行われていない交差点に入ろうとする場合において，交差道路が優先道路であるとき，又はその通行している道路よりも交差道路の幅員が明らかに広いものであるときは，徐行しなければならない。 4　車両等は，交差点に入ろうとし，及び交差点内を通行するときは，当該交差点の状況に応じ，交差道路を通行する車両等，反対方向から進行してきて右折する車両等及び当該交差点又はその直近で道路を横断する歩行者に特に注意し，かつ，できる限り安全な速度と方法で進行しなければならない。 ● 車両等は，交差点で右折する場合において，当該交差点において直進し，又は左折しようとする車両等があるときは，当該車両等の進行妨害をしてはならない。
環状交差点における他の車両等との関係等 （法第37条の2）	● 車両等は，環状交差点においては，第36条第1項及び第2項並びに前条の規定にかかわらず，当該環状交差点内を通行する車両等の進行妨害をしてはならない。 ● 車両等は，環状交差点に入ろうとするときは，第36条第3項の規定にかかわらず，徐行しなければならない。 ● 車両等は，環状交差点に入ろうとし，及び環状交差点内を通行するときは，第36条第4項の規定にかかわらず，当該環状交差点の状況に応じ，当該環状交差点に入ろうとする車両等，当該環状交差点内を通行する車両等及び当該環状交差点又はその直近で道路を横断する歩行者に特に注意し，かつ，できる限り安全な速度と方法で進行しなければならない。
横断歩道等における歩行者等の優先 （法第38条）	● 車両等は，横断歩道又は自転車横断帯（以下，横断歩道等という。）に接近する場合には，当該横断歩道等を通過する際に横断しようとする歩行者等がいないことが明らかな場合を除き，当該横断歩道等の直前（道路標識等による停止線が設けられているときは，その停止線の直前。以下同じ。）で停止できるような速度で進行しなければならない。この場合において，横断歩道等によりその進路の前方を横断し，又は横断しようとする歩行者等があるときは，当該横断歩道等の直前で一時停止し，かつ，その通行を妨げないようにしなければならない。

根拠条項	規　定　内　容　等
横断歩道のない交差点における歩行者の優先 （法第38条の2）	●車両等は，横断歩道等（当該車両等が通過する際に信号機の表示する信号又は警察官等の手信号等により当該横断歩道等による歩行者等の横断が禁止されているものを除く。）又はその手前の直前で停止している車両等がある場合，停止している車両等の側方を通過してその前方に出ようとするときは，その前方に出る前に一時停止しなければならない。 ●車両等は，横断歩道等及びその手前の側端から前に30m以内の部分では，その前方を進行している他の車両等（特定小型原動機付自転車等を除く。）の側方を通過してその前方に出てはならない。 ●車両等は，交差点又はその直近で横断歩道の設けられていない場所において，歩行者が道路を横断しているときは，その歩行者の通行を妨げてはならない。
交差点等への進入禁止 （法第50条）	●交通整理の行われている交差点に入ろうとする車両等は，その進行しようとする進路の前方の車両等の状況により，交差点に入った場合においては当該交差点内で停止することとなり，よって交差道路における車両等の通行の妨害となるおそれがあるときは，当該交差点に入ってはならない。 ●車両等は，その進行しようとする道路の前方の車両等の状況により，横断歩道，自転車横断帯，踏切又は道路標示によって区画された部分に入った場合においてはその部分で停止することとなるおそれがあるときは，これらの部分に入ってはならない。
緊急自動車の優先 （法第40条）	●交差点又はその付近において，緊急自動車が接近してきたときは，路面電車は交差点を避けて，車両（緊急自動車を除く。）は交差点を避け，かつ，道路の左側（一方通行となっている道路においてその左側に寄ることが緊急自動車の通行を妨げることとなる場合にあっては，道路の右側。）に寄って一時停止しなければならない。 ●前項以外の場所において，緊急自動車が接近してきたときは，車両は，道路の左側に寄って，これに進路を譲らなければならない。

根拠条項	規　定　内　容　等
徐行すべき場所 （法第42条）	●次の場所を通行するときは，徐行すること。 　①　徐行の標識があるところ 　②　左右の見とおしがきかない交差点に入ろうとし，又は交差点内で左右の見とおしがきかない部分を通行しようとするとき（当該交差点において交通整理が行われている場合及び優先道路を通行している場合を除く。） 　③　道路のまがりかど付近，上り坂の頂上附近又は勾配の急な下り坂
指定場所における一時停止 （法第43条）	●車両等は，交通整理が行われていない交差点又はその手前の直近において，道路標識等により一時停止すべきことが指定されているときは，道路標識等による停止線の直前（道路標識等により停止線が設けられていない場合にあっては，交差点の直前）で，一時停止しなければならない。
停車及び駐車を禁止する場所 （法第44条）	●次の場所では停車及び駐車をしないこと。 　①　停車及び駐車禁止の標識，標示のある道路の部分 　②　交差点，横断歩道，自転車横断帯 　③　踏切，軌道敷内，坂の頂上付近 　④　勾配の急な坂，トンネル 　⑤　交差点の側端，道路の曲がり角から5m以内の部分 　⑥　横断歩道，自転車横断帯の前後の側端からそれぞれ前後に5m以内の部分 　⑦　安全地帯の左側の部分と当該部分の前後の側端からそれぞれ前後に10m以内の部分 　⑧　バス，路面電車の停留所の標示板（柱）から10m以内の部分（運行時間中に限る。） 　⑨　踏切の前後の側端からそれぞれ前後に10m以内の部分
駐車を禁止する場所 （法第45条）	●車両は，道路標識等により駐車が禁止されている道路の部分及び次に掲げるその他の道路の部分においては，駐車してはならない。 　①　人の乗降，貨物の積卸し，駐車又は自動車の格納若しくは修理のため道路外に設けられた施設又は場所の道路に接する自動車用の出入口から3メートル以内の部分 　②　道路工事が行なわれている場合における当該工事区域の側端

根拠条項	規　定　内　容　等
	から5メートル以内の部分 　③　消防用機械器具の置場若しくは消防用防火水槽の側端又はこれらの道路に接する出入口から5メートル以内の部分 　④　消火栓，指定消防水利の標識が設けられている位置又は消防用防火水槽の吸水口若しくは吸管投入孔から5メートル以内の部分 　⑤　火災報知機から1メートル以内の部分 ●車両は，法第47条第2項又は第3項の規定により駐車する場合に当該車両の右側の道路上に3.5メートル（道路標識等により距離が指定されているときは，その距離）以上の余地がないこととなる場所においては，駐車してはならない。ただし，貨物の積卸しを行う場合で運転者がその車両を離れないとき，若しくは運転者がその車両を離れたが直ちに運転に従事することができる状態にあるとき，又は傷病者の救護のためやむを得ないときは，この限りでない。 ●公安委員会が交通がひんぱんでないと認めて指定した区域においては，前項本文の規定は，適用しない。
高齢運転者等専用時間制限駐車区間における駐車の禁止 （法第49条の4）	●高齢運転者等専用時間制限駐車区間においては，高齢運転者等標章自動車以外の車両は，駐車をしてはならない。
車両等の灯火 （法第52条） 道路にある場合の灯火 （施行令第18条）	●車両等は，夜間（日没時から日出時までの時間をいう。），道路にあるとき（高速自動車国道及び自動車専用道路においては前方200メートル，その他の道路においては前方50メートルまで明りょうに見える程度に照明が行われているトンネルを通行する場合を除く。）は，政令で定めるところにより，前照灯，車幅灯，尾灯その他の灯火をつけなければならない。
夜間以外の時間で灯火をつ	●トンネルの中，濃霧がかかっている場所その他の場所で，視界が高速自動車国道及び自動車専用道路においては200メートル，そ

根拠条項	規　定　内　容　等
けなければならない場合 （施行令第19条）	の他の道路においては50メートル以下であるような暗い場所を運行する場合及び当該場所に停車し，又は駐車している場合は，夜間以外の時間にあっても前照灯，車幅灯，尾灯その他の灯火をつけなければならない。
他の車両等と行き違う場合等の灯火の操作 （施行令第20条）	●光度が1万カンデラを超える前照灯をつけている自動車は，前照灯の光度を減じ，若しくはその照射方向を下向きとし，又は車両の保安基準に関する規定に定める補助前照灯を備えるものは補助前照灯をつけて前照灯を消すこと。
合図 （法第53条）	●車両（自転車以外の軽車両を除く。）の運転者は，左折し，右折し，転回し，徐行し，停止し，後退し，又は同一方向に進行しながら進路を変えるときは，手，方向指示器又は灯火により合図をし，かつ，これらの行為を終えるまで当該合図を継続しなければならない。 ●車両（自転車以外の軽車両を除く。）の運転者は，環状交差点においては，前項の規定にかかわらず，当該環状交差点を出るとき，又は当該環状交差点において徐行し，停止し，若しくは後退するときは，手，方向指示器又は灯火により合図をし，かつ，これらの行為が終わるまで当該合図を継続しなければならない。
合図の時期及び方法 （施行令第21条）	●法第53条第1項に規定する合図を行う時期及び方法は，次の表に掲げるとおりとする。

合図を行う場所	合図を行う時期	合図の方法
左折するとき	その行為をしようとする地点（交差点においてその行為をする場合にあっては，当該交差点の手前の側端）から30メートル手前の地点に達したとき。	左腕を車体の左側の外に出して水平にのばし，若しくは右腕を車体の右側の外に出してひじを垂直に上にまげること，又は左側の方向指示器を操作すること。
同一方向に進行しながら進路を左方に変えるとき。	その行為をしようとする時の3秒前のとき。	

根拠条項	規定内容等	
右折し，又は転回するとき。	その行為をしようとする地点（交差点において右折する場合にあっては，当該交差点の手前の側端）から30メートル手前の地点に達したとき。	右腕を車体の右側の外に出して水平にのばし，若しくは左腕を車体の左側の外に出してひじを垂直に上にまげること，又は右側の方向指示器を操作すること。
同一方向に進行しながら進路を右方に変えるとき。	その行為をしようとする時の3秒前のとき。	
徐行し，又は停止するとき。	その行為をしようとするとき。	腕を車体の外に出して斜め下にのばすこと，又は車両の保安基準に関する規定若しくはトロリーバスの保安基準に関する規定により設けられている制動灯をつけること。
後退するとき。	その行為をしようとするとき。	腕を車体の外に出して斜め下にのばし，かつ，手のひらを後ろに向けてその腕を前後に動かすこと。又は車両の保安基準に関する規定に定める後退灯を備える自動車にあってはその後退灯を，トロリーバスにあってはトロリーバスの保安基準に関する規定に定める後退灯を，それぞれつけること。

● 法第53条第2項に規定する合図を行う時期及び合図の方法は，次の表に掲げるとおりとする。

合図を行う場合	合図を行う時期	合図の方法
環状交差点を出るとき	その行為をしようとする地点の直前の出口の側方を通過したとき（環状交差点に入った直後の出口を出る場合にあっては，環状交差点に入ったとき）。	左腕を車体の左側の外に出して水平に伸ばし，若しくは右腕を車体の右側の外に出して肘を垂直に上に曲げること，又は左側の方向指示器を操作すること。
環状交差点において徐行し，又は停止するとき	その行為をしようとするとき。	腕を車体の外に出して斜め下に伸ばすこと，又は車両の保安基準に関する規定若しくは，トロリーバスの保安基準に関する規定により設けられる制動灯をつけること。
環状交差点において後退するとき	その行為をしようとするとき。	腕を車体の外に出して斜め下に伸ばし，かつ，手のひらを後ろに向けてその腕を前後に動かすこと，又は車両の保安基準に関する規定に定める後退灯を備える自動車にあってはその後退灯を，トロリーバスにあってはトロリーバスの保安基準に関する規定により設けられる後退灯を，それぞれつけること。

| 警音器の使用等 | ● 車両等（自転車以外の軽車両を除く。以下この条において同じ。）の運転者は，次の各号に掲げる場合においては，警音器を鳴らさ |

根 拠 条 項	規 定 内 容 等
（法第54条）	なければならない。 ① 左右の見とおしのきかない交差点，見とおしのきかない道路のまがりかど又は見とおしのきかない上り坂の頂上で道路標識等により指定された場所を通行しようとするとき。 ② 山地部の道路その他曲折が多い道路について道路標識等により指定された区間における左右の見とおしのきかない交差点，見とおしのきかない道路のまがりかど又は見とおしのきかない上り坂の頂上を通行しようとするとき。 ●車両等の運転者は，法令の規定により警音器を鳴らさなければならないこととされている場合を除き，警音器を鳴らしてはならない。ただし，危険を防止するためやむを得ないときは，この限りでない。
乗車又は積載の方法 （法第55条）	●運転者は，乗車又は積載のために設備された場所以外の場所に乗車させ又は積載をして運転してはならない。ただし，貨物自動車で貨物を積載しているものは，貨物を看守するため必要な最小限度の人員を荷台に乗車させて運転することができる。 ●運転者は，運転者の視野やハンドルその他の装置の操作を妨げ，後写鏡の効用を失わせ，車両の安定を害し，又は外部から当該車両の方向指示器，番号標，制動灯，尾灯若しくは後部反射器を確認できないように人を乗車させ，又は積載をして運転をしてはならない。 ●車両に乗車する者は，運転者が違反することとなるような乗車をしてはならない。
乗車又は積載の方法の特例 （法第56条）	●運転者は，出発地警察署長の許可を受けたときは，その許可の範囲内で設備外積載及び荷台への乗車をすることができる。
乗車又は積載の制限等 （法第57条）	●運転者は，定められた乗車人員又は積載物の重量，大きさ若しくは積載の方法等の制限を超えて乗車させ又は積載をして車両を運転してはならない。ただし，出発地警察署長による許可を受けて貨物自動車の荷台に乗車させる場合にあっては，当該制限を超える乗車をさせて運転することができる。 ●貨物が分割できないものであるため，積載重量等の制限を超える

根拠条項	規　定　内　容　等
	場合において，出発地警察署長が車両の構造，道路や交通の状況により支障がないと認めて許可をしたときは，許可された範囲内で制限を超える積載をして車両を運転することができる。
自動車の乗車又は積載の制限等 （施行令第22条）	●自動車の乗車人員，積載物の重量，大きさ，若しくは積載の制限は，次の各号による。 (1)　乗車人員は，自動車検査証，保安基準適合標章又は軽自動車届出済証に記載された乗車定員を超えないこと。 (2)　積載物の重量　自動車検査証，保安基準適合標章又は軽自動車届出済証に記載された最大積載量を超えないこと。 (3)　積載物の長さ，幅，高さは次に掲げるものを超えないこと。 　①　長さ　自動車の長さにその長さの10分の2の長さを加えたもの 　②　幅　自動車の幅にその幅の10分の2の幅を加えたもの 　③　高さ　3.8メートル（公安委員会が道路又は交通の状況により支障がないと認めて定めるものにあっては3.8メートル以上4.1メートルを超えない範囲内において公安委員会が定める高さ）からその自動車の積載する場所の高さを減じたもの (4)　積載物は，次に掲げる制限を超えることとなるような方法で積載しないこと。 　①　自動車の車体の前後から自動車の長さの10分の1を超えてはみ出さないこと。 　②　自動車の車体の左右から自動車の幅の10分の1の幅を超えてはみ出さないこと。 ●積載物の大きさと積載の方法 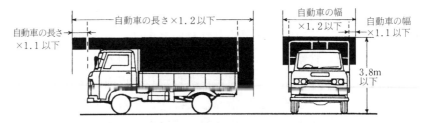
制限外許可の交付等 （法第58条）	●出発地警察署長は，制限外許可（設備外積載，荷台乗車，積載制限の超過）をしたときは，許可証を交付すること。 ●許可証の交付を受けた車両の運転者は，当該許可に係る車両の運

根拠条項	規定内容等
	転中は当該許可証を携帯していること。
積載物の重量の測定等 （法第58条の2）	●警察官は，積載物の重量の制限（法第57条第1項）を超える積載をしていると認められる車両が運転されているときは，その車両を停止させて，運転者に対し，自動車検査証，制限外許可証，通行指示書などの提示を求め，当該車両の積載物の重量を測定することができる。
過積載車両に係る措置命令 （法第58条の3）	●警察官は過積載の車両を運転している運転者に対し，当該車両に係る積載が過積載とならないようにするため必要な応急の措置を命ずることができる。（第1項） ●警察官は，上記第1項の命令によって車両の過積載状態を解消することができないと認める場合（積載超過分を取卸す場所がない場合や，生鮮食料品等を取卸すことで積載物の効用を著しく損なうような場合など。）で当該車両の過積載の程度と道路又は交通の状況を勘案し，指示事項を遵守させて運転させても支障がないと認めるときは，運転者に対し，車両の通行の区間及び経路，道路における危険防止に必要な措置等の事項を遵守して当該車両を運転することを命ずることができる。 ●この場合，警察官は，当該車両の運転者に対し，通行指示書を交付しなければならない。（第2項） ●運転者は，交付を受けた通行指示書を携帯していなければならない。（第3項）
過積載車両に係る指示 （法第58条の4）	●過積載を解消するための警察官の措置命令又は通行指示（第58条の3第1項，又は第2項）の命令がなされた場合において，命令に係る車両の使用者（当該車両の運転者であるものを除く。）が，当該車両についての過積載を防止するため必要な運行の管理を行っていると認められないときは，当該車両の使用の本拠の位置を管轄する公安委員会は，当該車両の使用者に対し，車両を運転者に運転させる場合にあらかじめ車両の積載物の重量を確認することを運転者に指導し又は助言することその他車両に係る過積載を防止するために必要な措置をとることを指示することができる。
過積載車両の運転の要求等	●自動車の使用者等（使用者及び自動車の運行を直接管理する地位にある者）以外の者は，次の行為をしてはならない。

― 128 ―

根拠条項	規定内容等
の禁止 （法第58条の5） （再発防止命令）	(1) 車両の運転者に対し，過積載をして車両を運転することを要求すること。 (2) 車両の運転者に対し，当該車両へ荷物を積載することが過積載になるとの情を知りながら，法第57条第1項の制限に係る重量を超える積載物を当該車両に積載させるため売り渡し又は当該積載物を引き渡すこと。 ●警察署長は，第1項の規定に違反する行為が行われた場合において，当該違反をした者が，反復して同項の規定に違反するおそれがあると認めるときは，内閣府令で定めるところにより，当該行為をした者に対し，同項の規定に違反する行為をしてはならない旨を命ずることができる。なお，使用者以外の者としては，荷主，荷受人，荷送人といった者が想定される。
過積載防止指示後の過積載運転に係る自動車の使用制限命令 （法第75条の2第1項）	●公安委員会が自動車の使用者に対し，過積載防止の指示（法第58条の4の規定による指示）をした場合において，当該使用者に係る自動車につき指示を受けた後1年以内に過積載運転行為が行われ，かつ，当該使用者が当該自動車を使用することが著しく交通の危険を生じさせると認めるときは，当該自動車の使用の本拠の位置を管轄する公安委員会は，政令で定める基準に従い，当該使用者に対し，3月を超えない範囲内で期間を定めて，当該自動車を運転し，又は運転させてはならない旨を命ずることができる。 （第2項） この場合，処分された車両には使用禁止の標章が貼られる。
自動車の牽引制限 （法第59条）	●運転者は，牽引装置を有する自動車によって牽引される装置を有する自動車を牽引する場合を除き，他の自動車を牽引しないこと。ただし，故障などの理由によりやむを得ない場合はこの限りではない。 ●運転者は，他の車両を牽引する場合において，大型自動二輪車，普通自動二輪車又は小型特殊自動車によって牽引するときは1台を超える車両を，その他の自動車によって牽引するときは2台を超える車両を牽引してはならず，また，牽引する自動車の前端から牽引される自動車の後端までの長さが25mを超えることとなるときは牽引しないこと。
故障自動車の牽引	●一般車両でやむを得ず故障車の車輪を上げないで牽引するときは，次により牽引すること。

根拠条項	規　定　内　容　等
（施行令第25条）	①　牽引する車両と故障車を丈夫なロープ等で確実につなぐこと。 ②　故障車両に係る運転免許を受けた者に乗車させハンドル操作等を行わせること。 ③　牽引する車両と故障車との間に５m以内の安全な間隔を保つこと。 ④　ロープに30cm平方以上の大きさの白色の布をつけること。
整備不良車両の運転の禁止（法第62条）	●車両等の使用者その他車両等の装置の整備について責任を有する者又は運転者は，整備不良車両を運転させ，又は運転しないこと。
無免許運転の禁止（法第64条）	●何人も公安委員会の運転免許を受けないで自動車又は原動機付自転車を運転してはならない。（運転免許の効力が停止されている場合を含む。）
酒気帯び運転等の禁止（法第65条）	●何人も，酒気を帯びて車両等を運転してはならない。 ●何人も，酒気を帯びている者で，前項（「酒気を帯びて車両等を運転してはならない。」）の規定に違反して車両等を運転することとなるおそれがあるものに対し，車両等を提供してはならない。 ●何人も，第１項（「酒気を帯びて車両等を運転してはならない。」）の規定に違反して車両等を運転することとなるおそれがある者に対し，酒類を提供し，又は飲酒をすすめてはならない。 ●何人も，車両の運転者が酒気を帯びていることを知りながら，当該運転者に対し，当該車両を運転して自己を運送することを要求し，又は依頼して，当該運転者が第１項「酒気を帯びて車両等を運転してはならない。」の規定に違反して運転する車両に同乗してはならない。
罰　則（法第117条の２の２） （施行令第44	●次の各号のいずれかに該当する者は，３年以下の懲役又は50万円以上の罰金に処する。 ③　法第65条（酒気帯び運転等の禁止）第１項の規定に違反して車両等（自転車以外の軽車両を除く。）を運転したもので，その運転をした場合において身体に政令で定める程度以上のアルコールを保有する状態にあったもの （政令で定める身体に保有するアルコールの程度は，血液１ミリリ

根拠条項	規定内容等
条の3)	ットルにつき0.3ミリグラム又は呼気1リットルにつき0.15ミリグラムとする。)
過労運転等の禁止 （法第66条）	●何人も，過労，病気，薬物の影響その他の理由により正常な運転ができないおそれがある状態で車両等を運転してはならない。
過労運転に係る車両の使用者に対する指示 （法第66条の2）	●車両の運転者が前条（過労運転等の禁止）の規定に違反して過労により正常な運転ができないおそれがある状態で車両を運転する行為を当該車両の使用者の業務に関してした場合において，使用者が過労運転を防止するため必要な運行の管理を行っていると認められないときは，公安委員会は，当該車両の使用者に対し，過労運転が行われることのないよう運転者に指導し又は助言することその他過労運転を防止するため必要な措置をとることを指示することができる。
危険防止の措置 （法第67条）	●警察官は，車両等の運転者が，無免許運転，大型自動車等無資格運転，大型自動二輪車等乗車方法違反，酒酔い・酒気帯び運転及び過労・麻薬等運転をしていると認められるときは，その車両等を停止させ，運転者に対し運転免許証の提示を求めることができる。 （罰則　第119条第1項第8号　3月以下の懲役又は5万円以下の罰金） ●前項に定めるもののほか，警察官は，車両等の運転者が車両等の運転に関しこの法律若しくはこの法律に基づく命令の規定若しくはこの法律に基づく処分に違反し，又は車両等の交通による人の死傷若しくは物の損壊（「交通事故」という。）を起こした場合において，当該運転者に引き続き当該車両等を運転させることができるかどうかを確認するため必要があると認めるときは，当該運転者に対し運転免許証の提示を求めることができる。 ●警察官は，車両等に乗車し，又は乗車しようとしている者が，酒気帯び運転等をするおそれがあると認められるときは，その者が身体に保有しているアルコールの程度について調査するため，政令で定めるところにより，その者の呼気を検査することができる。 （罰則　第118条の2　3月以下の懲役又は50万円以下の罰金）

根拠条項	規定内容等
	●車両等の運転者が，無免許運転，無資格運転，大型自動二輪車等乗車方法違反，過労・麻薬等運転，酒気帯び運転等をするおそれがあるときは，警察官は，その者が正常な運転ができる状態になるまで車両等の運転をしてはならないと指示するなど道路における交通の危険を防止するために必要な応急の措置をとることができる。
安全運転の義務 （法第70条）	●車両等の運転者は，当該車両等のハンドル，ブレーキその他の装置を確実に操作し，かつ，道路，交通及び当該車両等の状況に応じ，他人に危害を及ぼさないような速度と方法で運転しなければならない。
運転者の遵守事項 （法第71条）	●運転者は，次に掲げる事項を守ること。 ① ぬかるみ又は水たまりを通行するときは，泥よけ器を付け，又は徐行する等して，泥土，汚水等を飛散させて他人に迷惑を及ぼすことがないようにすること。 ② 身体障害者用の車が通行しているとき，目が見えない者が政令で定めるつえを携え，若しくは政令で定める盲導犬を連れて通行しているとき，耳が聞こえない者若しくは身体の障害のある者が政令で定めるつえを携えて通行しているとき，又は監護者が付き添わない児童若しくは幼児が歩行しているときは，一時停止し，又は徐行して，その通行又は歩行を妨げないようにすること。 ③ 高齢の歩行者，身体の障害のある歩行者その他の歩行者でその通行に支障のあるものが通行しているときは，一時停止し，又は徐行して，その通行を妨げないようにすること。 ④ 児童，幼児等の乗降のため，非常点滅表示灯をつけて停車している通学通園バス（専ら小学校，幼稚園等に通う児童，幼児等を運送するために使用する自動車で政令で定めるものをいう。）の側方を通過するときは，徐行して安全を確認すること。 ⑤ 道路の左側部分に設けられた安全地帯の側方を通過する場合において，当該安全地帯に歩行者がいるときは，徐行すること。 ⑥ 乗降口のドアを閉じ，貨物の積載を確実に行う等当該車両等に乗車している者の転落又は積載している物の転落若しくは飛散を防ぐため必要な措置を講ずること。

根 拠 条 項	規　定　内　容　等
	⑦　車両等に積載している物が道路に転落し，又は飛散したときは，速やかに転落し，又は飛散した物を除去する等道路における危険を防止するため必要な措置を講ずること。
	⑧　安全を確認しないで，ドアを開き，又は車両等から降りないようにし，及びその車両等に乗車している他の者がこれらの行為により交通の危険を生じさせないようにするため必要な措置を講ずること。
	⑨　車両等を離れるときは，その原動機を止め，完全にブレーキをかける等当該車両等が停止の状態を保つため必要な措置を講ずること。
	⑩　自動車又は原動機付自転車を離れるときは，その車両の装置に応じ，その車両が他人に無断で運転されることがないようにするため必要な措置を講ずること。
	⑪　正当な理由がないのに，著しく他人に迷惑を及ぼすこととなる騒音を生じさせるような方法で，自動車若しくは原動機付自転車を急に発進させ，若しくはその速度を急激に増加させ，又は自動車若しくは原動機付自転車の原動機の動力を車輪に伝達させないで原動機の回転数を増加させないこと。
	⑫　自動車を運転する場合において，第71条の5（初心運転者標識等の表示義務）第2項から第4項まで若しくは第71条の6（聴覚障害のある運転者又は肢体不自由である運転者の標識の表示義務）第1項から第3項に規定する者又は第84条（運転免許）第2項に規定する仮運転免許を受けた者が表示自動車（法令に規定する標識を付けた普通自動車又は準中型自動車をいう。）を運転しているときは，危険防止のためやむを得ない場合を除き，進行している当該表示自動車の側方に幅寄せをし，又は当該自動車が進路を変更した場合にその変更した後の進路と同一の進路を後方から進行してくる表示自動車が当該自動車との間に第26条（車間距離の保持）に規定する必要な距離を保つことができないこととなるときは進路を変更しないこと。
（法第71条の6関係）	・道路交通法施行規則第9条の7で定める聴覚障害のある運転者が運転する場合に表示しなければならない標識は次のとおりである。 　　縁の色彩は白色 　　マークの色彩は黄色

根 拠 条 項	規　定　内　容　等
	地の部分の色彩は緑色 ・道路交通法施行規則第9条の7で定める肢体不自由である運転者が運転する場合に表示する標識は次のとおりである。 　　縁及びマークの色彩は白色 　　地の部分の色彩は青色
（法第71条第5号の5） 携帯電話等	⑬　自動車，原動機付自転車又は自転車（自動車等）を運転する場合においては，当該自動車が停止しているときを除き，携帯電話用装置，自動車電話用装置その他の無線通話用装置（その全部又は一部を手で保持しなければ送信及び受信のいずれをも行うことができないものに限る。）を通話（傷病者の救護又は公共の安全の維持のため当該自動車等の走行中に緊急やむを得ずに行うものを除く。）のために使用し，又は当該自動車等に取り付けられ若しくは持ち込まれた画像表示装置（車両法第41条第16号〔後写鏡，窓ふき器その他の視野を確保する装置〕若しくは第17号〔速度計，走行距離計その他の計器〕又は第44条第11号〔原動機付自転車の速度計〕に規定する装置であるものを除く。）に表示された画像を注視しないこと。
自動車等の運転者の遵守事項 （法第71条の2）	●運転者は，消音器を備えていない自動車（消音器を切断したもの，機能に著しい支障を及ぼす改造等を含む。）を運転しないこと。
普通自動車等の運転者の遵守事項 （法第71条の3）	●自動車（大型自動二輪車及び普通自動二輪車を除く。）の運転者は，座席ベルト（シートベルト）を装着しないで自動車を運転してはならない。ただし，疾病のため座席ベルトを装着することが療養上適当でない者が自動車を運転するとき，その他政令で定めるやむを得ない理由があるときは，この限りでない。 ●自動車の運転者は，座席ベルトを装着しない者を運転者席以外の乗車装置（座席ベルトを備えなければならないとされているものに限る。）に乗車させて自動車を運転してはならない。ただし，幼児（適切に座席ベルトを装着させるに足りる座高を有するもの

根拠条項	規 定 内 容 等
	を除く。）を当該乗車装置に乗車させるとき，疾病のため座席ベルトを装着することが療養上適当でない者を当該乗車装置に乗車させるとき，その他政令で定めるやむを得ない理由があるときは，この限りでない。
座席ベルトの装着義務の免除 （施行令第26条の3の2）	● 運転者が，やむを得ない理由で座席ベルトを着用できない場合は，次のとおりとする。 ①負傷若しくは障害のため又は妊娠中であることにより座席ベルトを装着することが療養上又は健康保持上適当でない者が自動車を運転するとき。 ②著しく座高が高いか低いため，又は肥満していることその他の身体の状態により適切に装着することが困難な者が運転するとき。 ③自動車を後退させるため運転するとき。 ● 運転者席以外の乗車装置に乗車した者が，やむを得ない理由で座席ベルトを着用できない場合は，次のとおりとする。 ①運転者席以外の座席の数を超える数の者のうち座席ベルトを装着させることができない者がある場合において，運転者席以外の乗車装置（運転者席の横の乗車装置を除く。）に乗車させるとき。 ②負傷若しくは障害のため又は妊娠中であることにより座席ベルトを装着させることが療養上又は健康保持上適当でない者を自動車の運転者席以外の乗車装置に乗車させるとき。 ③著しく座高が高いか低いため，又は肥満していることその他の身体の状態により適切に装着させることができない者を運転者席以外の乗車装置に乗車させるとき。
初心運転者標識等の表示義務 （法第71条の5第1項）	● 第84条第3項の準中型自動車免許を受けた者で，当該準中型自動車免許を受けていた期間（当該免許の効力が停止されていた期間を除く。）が通算して1年に達しないもの（当該免許を受けた日前6月以内に準中型自動車免許を受けていたことがある者その他の者で政令で定めるもの及び同項の普通自動車免許を現に受けており，かつ，現に受けている準中型自動車免許を受けた日前に当該普通自動車免許を受けていた期間（当該免許の効力が停止されていた期間を除く。）が通算して2年以上である者を除く。）は，

根拠条項	規　定　内　容　等
（法第71条の5第3項）	内閣府令で定めるところにより準中型自動車の前面及び後面に内閣府令で定める様式の標識を付けないで準中型自動車を運転してはならない。 ● 道路交通法の規定により普通自動車を運転することができる免許（「普通自動車対応免許」）を受けた者で75歳以上のものは，内閣府令で定めるところにより普通自動車の前面及び後面に内閣府令で定める様式の標識（いわゆる「高齢者マーク」）を付けないで普通自動車を運転してはならない。
交通事故の場合の措置 （法第72条）	● 交通事故があったときは，当該交通事故に係る車両等の運転者その他の乗務員（以下「運転者等」という。）は，直ちに車両等の運転を停止して，負傷者を救護し，道路における危険を防止する等必要な措置を講じなければならない。 　この場合において，当該車両等の運転者（運転者が死亡し，又は負傷したためやむを得ないときは，その他の乗務員。）は，警察官が現場にいるときは当該警察官に，警察官が現場にいないときは直ちに最寄りの警察署（派出所又は駐在所を含む。）の警察官に当該交通事故が発生した日時及び場所，当該交通事故における死傷者の数及び負傷者の負傷の程度並びに損壊した物及びその損壊の程度，当該交通事故に係る車両等の積載物並びに当該交通事故について講じた措置を報告しなければならない。 ● 報告を受けた最寄りの警察署の警察官は，負傷者を救護し，又は道路における危険を防止するため必要があると認めるときは，当該報告をした運転者に対し，警察官が現場に到着するまで現場を去ってはならない旨を命ずることができる。
車両等の使用者の義務 （法第74条）	● 車両等の使用者は，その者の業務に関し当該車両等を運転させる場合には，当該車両等の運転者及び当該車両等の運行を直接管理する地位にある者に，この法律又はこの法律に基づく命令に規定する車両等の安全な運転に関する事項を遵守させるように努めなければならない。 ● 車両の使用者は，当該車両の運転者に，当該車両を運転するに当たって車両の速度，駐車及び積載並びに運転者の心身の状態に関しこの法律又はこの法律に基づく命令に規定する事項を遵守させるように努めなければならない。
（法第74条	● 車両の使用者は，当該車両を適正に駐車する場所を確保すること

根拠条項	規定内容等
の2）	その他駐車に関しての車両の適正な使用のために必要な措置を講じなければならない。
自動車の使用者の義務等（法第75条）	●自動車の使用者は，その者の業務に関し，自動車の運転者に対し，次に掲げる行為をすることを命じたり，運転者がこれらの行為をすることを容認してはならない。 ・無免許運転 ・最高速度違反運転 ・酒酔い運転 ・酒気帯び運転 ・麻薬等運転 ・過労運転（麻薬等運転を除く。） ・大型自動車等の無資格運転 ・積載制限違反行為 ・放置行為 ●自動車の使用者等が前項に規定に違反し，当該違反により自動車の運転者が前項の行為をした場合において，使用者がその者の業務に関し自動車を使用することが著しく道路における交通の危険を生じさせ，又は著しく交通の妨害のおそれがあると認めるときは，公安委員会は，政令で定める基準に従い，当該自動車の使用者に対し，6月を超えない範囲内で期間を定めて，当該違反に係る自動車を運転し，又は運転させてはならない旨を命ずることができる。
（法第75条の2）	●公安委員会が自動車の使用者に対し次の表の左欄に掲げる指示をした場合において，指示を受けた後1年以内にその指示の区分ごとに右欄に掲げる違反行為が行われ，かつ，当該使用者が当該自動車を使用することについて著しく交通の危険を生じさせるおそれがあると認めるときは，公安委員会は，政令で定める基準に従い，当該使用者に対し，3月を超えない範囲内で期間を定めて，当該自動車を運転し，又は運転させてはならない旨を命ずることができる。

根拠条項	規　定　内　容　等

自動車の使用者に対する指示	違反行為
最高速度違反行為に係る車両の使用者に対する指示	最高速度違反行為
過積載車両に係る指示	過積載をして自動車を運転する行為
過労運転に係る車両の使用者に対する指示	過労運転

（法第75条の2第2項）

● 公安委員会が第51条の4（放置違反金）第1項の規定により標章が取り付けられた車両の使用者に対し納付命令をした場合において，当該標章が取り付けられた日以前6月以内に当該車両が原因となった納付命令を受けたことがあり，かつ，当該使用者が当該自動車を使用することについて著しく交通の危険を生じさせるおそれがあると認めるときは，公安委員会は，政令で定める基準に従い，当該使用者に対し，3月を超えない範囲内で期間を定めて，当該自動車を運転し，又は運転させてはならない旨を命ずることができる。

駐車及び停車の禁止
（法第75条の8）

● 自動車（被けん引車を含む。）は，高速自動車国道等においては，法令の規定若しくは警察官の命令により，又は危険を防止するため一時停止する場合のほか，停車し，又は駐車してはならない。ただし，次のいずれかに掲げる場合においては，この限りではない。
① 駐車の用に供するため区画された場所（パーキングエリア等）において停車し，又は駐車するとき。
② 故障その他の理由により停車し，又は駐車することがやむを得ない場合において，停車又は駐車のための十分な幅員がある路肩又は路側帯に停車し，又は駐車するとき。
③ 乗合自動車がその属する運行系統に係る停留所において，乗客の乗降のため停車し，又は運行時間を調整するため駐車するとき。
④ 料金支払いのため料金徴収所において停車するとき。

自動車の運転者の遵守事項
（法第75条の10）

● 運転者は，高速自動車国道等において自動車を運転しようとするときは，あらかじめ，燃料，冷却水若しくは原動機のオイルの量又は貨物の積載の状態を点検し，必要がある場合においては，高速自動車国道等において燃料，冷却水若しくは原動機のオイルの量の不足のため当該自動車を運転することができなくなること又

根 拠 条 項	規 定 内 容 等
	は積載している物を転落させ，若しくは飛散させることを防止するための措置を講じなければならない。
故障等の場合の措置 （法第75条の11第1項）	●運転者は，故障その他の理由により本線車道若しくはこれに接する加速車線，減速車線若しくは登坂車線（以下「本線車道等」という。）又はこれらに接する路肩若しくは路側帯において当該自動車を運転することができなくなったときは，政令で定めるところにより，当該自動車が故障その他の理由により停止しているものであることを表示しなければならない。
自動車を運転することができなくなった場合における表示の方法 （施行令第27条の6）	●法第75条の11第1項の規定による表示は，次の各号に掲げる区分に従い，それぞれ当該各号に定める停止表示器材を，後方から進行してくる自動車の運転者が見やすい位置に置いて行うものとする。 ① 夜間　内閣府令で定める基準に適合する夜間用停止表示器材 ② 夜間以外の時間　内閣府令で定める基準に適合する昼間用停止表示器材（当該自動車が停止している場所がトンネルの中その他視界が200メートル以下である場合であるときは，前号に定める夜間用停止表示器材）
（法第75条の11第2項）	●運転者は，故障その他の理由により本線車道等において運転することができなくなったときは，速やかに当該自動車を本線車道等以外の場所に移動するため必要な措置を講じなければならない。
運転免許 （法第84条）	●免許は，第一種運転免許，第二種運転免許及び仮運転免許に区分する。（以下「運転免許」を免許という。） ●第一種免許を分けて，大型自動車免許（以下，「大型免許」という。），中型自動車免許（中型免許），準中型自動車免許（準中型免許），普通自動車免許（普通免許），大型特殊自動車免許（大型特殊免許），大型自動二輪車免許（大型二輪免許），普通自動二輪車免許（普通二輪免許），小型特殊自動車免許（小型特殊免許），原動機付自転車免許（原付免許），及び牽引免許の10種類とする。 ●第二種免許を分けて，大型自動車第二種免許（以下，「大型第二種免許」という。），中型自動車第二種免許（中型第二種免許），普通自動車第二種免許（普通第二種免許），大型特殊自動車第二種免許（大型特殊第二種免許），及び牽引第二種免許の5種類とする。

根拠条項	規定内容等
第一種免許 （法第85条）	●運転免許の種類と運転できる自動車は，次表のとおりです。 | 免許の種類	運転できる自動車・原動機付自転車
大型免許	大型自動車・中型自動車・準中型自動車・普通自動車・小型特殊自動車・原動機付自転車
中型免許	中型自動車・準中型自動車・普通自動車・小型特殊自動車・原動機付自転車
準中型免許	準中型自動車・普通自動車・小型特殊自動車・原動機付自転車
普通免許	普通自動車・小型特殊自動車・原動機付自転車
大型特殊免許	大型特殊自動車・小型特殊自動車・原動機付自転車
大型二輪免許	大型二輪自動車・普通二輪自動車・小型特殊自動車・原動機付自転車
普通二輪免許	普通二輪自動車・小型特殊自動車・原動機付自転車
小型特殊免許	小型特殊自動車
原付免許	原動機付自転車 | （注1） 大型自動車とは大型特殊自動車，大型・普通自動二輪車及び小型特殊自動車以外の自動車で，車両総重量が11,000キログラム以上のもの，最大積載量6,500キログラム以上のもの又は乗車定員が30人以上のもの （注2） 中型自動車とは大型自動車，大型特殊自動車，大型・普通自動二輪車及び小型特殊自動車以外の自動車で，車両総重量が7,500キログラム以上11,000キログラム未満のもの，最大積載量4,500キログラム以上6,500キログラム未満のもの又は乗車定員が11人以上29人以下のもの （注3） 準中型自動車とは大型自動車，中型自動車，大型特殊自動車，大型・普通自動二輪車及び小型特殊自動車以外の自動車で，車両総重量が3,500キログラム以上7,500キログラム未満のもの又は最大積載量が2,000キログラム以上4,500キログラム未満のもの ●牽引免許 ●牽引するための構造，装置を有する大型自動車，中型自動車，準中型自動車，普通自動車又は大型特殊自動車（以下，「牽引自動車」という。）によって重被牽引車（牽引される構造，装置を有する車両で車両総重量750kgを超えるもの）を牽引して運転しようとするときは，当該牽引自動車に係る免許のほか，牽引免許を受けなければならない。

根 拠 条 項	規 定 内 容 等
	(注) ロープで牽引するような場合は，牽引免許は必要ない。
(法第85条第5項)	●大型免許を受けた者で，21歳に満たないもの又は大型免許，中型免許，準中型免許，普通免許若しくは大型特殊免許のいずれかを受けていた期間（当該免許の効力が停止されていた期間を除く。）が通算して3年に達しないものは，政令で定める大型自動車，中型自動車又は準中型自動車を運転することができない。
(法第85条第6項)	●中型免許を受けた者（大型免許を現に受けている者を除く。）で，21歳に満たないもの又は大型免許，中型免許，準中型免許，普通免許若しくは大型特殊免許のいずれかを受けていた期間（当該免許の効力が停止されていた期間を除く。）が通算して3年に達しないものは，政令で定める中型自動車又は準中型自動車を運転することができない。
第二種免許 (法第86条)	●乗合バス，タクシーなどの旅客自動車運送事業用自動車を運転する場合の免許をいう。

自動車の種類	第二種免許の種類
大型自動車	大型第二種免許
中型自動車及び準中型自動車	中型第二種免許
普通自動車	普通第二種免許
大型特殊自動車	大型特殊第二種免許

この免許取得者は，第一種運転免許で運転できる自動車を運転することができる。

免許証の有効期間 (法第92条の2第1項)

●第1種免許及び第2種免許に係る免許証の有効期間は，次の表の上欄に掲げる区分ごとに，それぞれ，同表の中欄に掲げる年齢に応じ，同表の下欄に定める日が経過するまでの期間とする。

免許証の交付又は更新を受けた者の区分	更新日等における年齢	有効期間の末日
優良運転者及び一般運転者	70歳未満	満了日等の後のその者の5回目の誕生日から起算して1月を経過する日
	70歳	満了日等の後のその者の4回目の誕生日から起算して1月を経過する日
	71歳以上	満了日等の後のその者の3回目の誕生日から起算して1月を経過する日
違反運転者等		満了日等の後のその者の3回目の誕生日から起算して1月を経過する日

根拠条項	規　定　内　容　等
免許証の更新及び定期検査 （法第101条第1項）	●免許証の有効期間の更新（以下「免許証の更新」という。）を受けようとする者は，当該免許証の有効期間が満了する日の直前のその者の誕生日の1月前から当該免許証の有効期間が満了する日までの間（以下「更新期間」という。）に，その者の住所地を管轄する公安委員会に内閣府令で定める様式の更新申請書を提出しなければならない。
70歳以上の者の特例 （第101条の4）	●免許証の更新を受けようとする者で更新期間が満了する日における年齢が70歳以上のものは，更新期間が満了する日前6月以内にその者の住所地を管轄する公安委員会が行った第108条の2第1項第12号に掲げる講習を受けていなければならない。ただし，当該講習を受ける必要がないものとして政令で定める者は，この限りでない。 ●前項に定めるもののほか，免許証の更新を受けようとする者で更新期間が満了する日における年齢が75歳以上のものは，更新期間が満了する日前6月以内にその者の住所地を管轄する公安委員会が行った認知機能検査を受けていなければならない。この場合において，公安委員会は，その者に対する同項の講習を当該認知機能検査の結果に基づいて行うものとする。
講　習 （第108条の2第1項（一部抜粋））	●公安委員会は，内閣府令で定めるところにより，次に掲げる講習を行うものとする。 ⑫　更新期間が満了する日における年齢が70歳以上の者に，加齢に伴って生ずるその者の身体の機能の低下が自動車等の運転に影響を及ぼす可能性があることを理解させるための講習
免許の取消し，停止等 （法第103条）	●免許を受けた者が次の各号のいずれかに該当することとなったときは，その者の住所地を管轄する公安委員会は，政令で定める基準に従い，その者の免許を取り消し，又は6月を超えない範囲内で期間を定めて免許の効力を停止することができる。 ①　心身に所定の障害のある者となったとき。 ②　認知症であることが判明したとき。 ③　アルコール，覚せい剤等の中毒者であることが判明したとき。 ④　適性検査の診断書の提出の命令に違反したとき。 ⑤　自動車等の運転に関し道路交通法若しくは同法に基づく命令の規定又は同法の規定に基づく処分に違反したとき。（次項第

根拠条項	規 定 内 容 等
	1号から第4号までのいずれかに該当する場合を除く。） 　⑥，⑦は略 　⑧　①〜⑦に掲げるもののほか，免許を受けた者が自動車等を運転することが著しく道路における交通の危険を生じさせるおそれがあるとき。
免許の取消し又は停止及び免許の欠格期間の指定の基準 （施行令第38条第5項（一部抜粋））	●免許を受けた者が法第103条第1項第5号から第8号までのいずれかに該当することとなった場合についての同項の政令で定める基準は，次に掲げるとおりとする。 　②　次のいずれかに該当するときは，免許の効力を停止するものとする。 　　イ　一般違反行為をした場合において，当該一般違反行為に係る累積点数が，別表第3の1の表の第1欄に掲げる区分に応じそれぞれ同表の第7欄に掲げる点数に該当したとき。（別表は略） 　　ロ　別表第4第4号に掲げる行為をしたとき。（別表は略） 　　ハ　法第103条第1項第8号に該当することとなったとき。
（法第103条第2項）	●次のいずれかに該当することとなった時は，公安委員会は，その者の免許を取り消すことができる。 　①　自動車等の運転により人を死傷させ，又は建造物を損壊させる行為で故意によるものをしたとき。 　②　自動車の運転に関し自動車運転死傷処罰法第2条から第4条までの罪に当たる行為をしたとき。 　③　自動車の運転に関し第117条の2第1号（法第65条第1項（酒気帯び運転等の禁止））又は第3号（法第66条（過労運転等の禁止））の違反行為をしたとき（前2号のいずれかに該当する場合を除く。） 　④　自動車等の運転に関し第117条（法第72条（交通事故の場合の措置）第1項の前段）の違反行為をしたとき。 　⑤　道路外致死傷で故意によるもの又は自動車運転死傷処罰法第2条から第4条までの罰に当たるものをしたとき。
免許の効力の仮停止 （法第103条	●免許を受けた者が自動車等の運転に関し次のいずれかに該当することとなったときは，その者が当該交通事故を起こした場所を管轄する警察署長は，その者に対し，当該交通事故を起こした日か

根拠条項	規定内容等
（の２）	ら起算して30日を終期とする免許の効力の停止（「仮停止」という。）をすることができる。 ① <u>交通事故を起こして人を死亡させ，又は傷つけた場合において，法第117条（法第72条（交通事故の場合の措置）第１項の前段）の違反行為をしたとき。</u> ② 法第117条の２第１号（第65条（酒気帯び運転等の禁止））若しくは第３号（第66条（過労運転等の禁止）），第117条の２の２第１号，第３号若しくは第７号又は第118条第１項第７号（第85条（第一種免許））の違反行為をし，よって交通事故を起こして人を死亡させ，又は傷つけたとき。 ③ 第118条第１項第１号（法第22条（最高速度））若しくは第２号（法第57条（乗車又は積載の制限））又は第119条第１項第１号から第２号の２まで，第３号の２（法第57条（乗車又は積載の制限等）），第５号（法第62条（整備不良車両の運転の禁止）），第９号の２（運転者の遵守事項）若しくは第15号（法第91条（免許の条件））の違反行為をし，よって交通事故を起こして人を死亡させたとき。
使用者に対する通知 （法第108条の34）	●車両等の運転者が道路交通法若しくは同法に基づく命令の規定又は同法の規定に基づく処分に違反した場合において，当該違反が当該違反に係る車両等の使用者の業務に関してなされたものであると認めるときは，公安委員会は，内閣府令で定めるところにより，当該車両等の使用者が道路運送法の規定による自動車運送事業者，貨物利用運送事業法の規定による第二種貨物利用運送事業を経営する者であるときは当該事業者及び当該事業を監督する行政庁に対し，当該違反の内容を通知するものとする。
信号の意味等 （施行令第２条）	●信号機の表示する信号の種類及び意味 | 信号の種類 | 信号の意味 | |---|---| | 青色の灯火 | ２．自動車，原動機付自転車（多通行帯道路等通行原動機付自転車を除く。），トロリーバス及び路面電車は，直進し，左折し，又は右折することができること。 ３．多通行帯道路等通行原動機付自転車及び軽車両は，直進（右折しようとして右折する地点まで直進し，その地点において右折することを含む。）をし，又は左折することができること。 |

根拠条項	規定内容等		
	信号の種類	信号の意味	
	黄色の灯火	2．車両等は，停止位置をこえて進行してはならないこと。ただし，黄色の灯火の信号が表示された時において当該停止位置に近接しているため安全に停止することができない場合を除く。	
	赤色の灯火	2．車両等は，停止位置を越えて進行してはならないこと。 3．交差点において既に左折している車両等は，そのまま進行することができること。 4．交差点において既に右折している車両等（多通行帯道路等通行原動機付自転車及び軽車両を除く。）は，そのまま進行することができること。この場合において，当該車両等は，青色の灯火により進行することができることとされている車両等の進行妨害をしてはならない。 5．交差点において既に右折している多通行帯道路等通行原動機付自転車及び軽車両は，その右折している地点において停止しなければならない。	
	青色の灯火の矢印	車両は，黄色の灯火又は赤色の灯火の信号にかかわらず，矢印の方向に進行することができること。	
	黄色の灯火の点滅	車両等は，他の交通に注意して進行することができること。	
	赤色の灯火の点滅	2．車両等は，停止位置において一時停止しなければならないこと。	

●交差点において公安委員会が内閣府令で定めるところにより左折することができる旨を表示した場合におけるその交差点に設置された信号機の前項の表に掲げる黄色の灯火又は赤色の灯火の信号の意味は，それぞれの信号により停止位置をこえて進行してはならないこととされている車両に対し，その車両が左折することができることを含むものとする。

交差点における左折の表示（施行規則第3条）

●道路交通法施行令の規定による都道府県公安委員会の表示は，別記様式第一の標示を，左折しようとする車両がその前方から見やすいように，信号機の背面板の下部（信号機に背面板が設けられていない場合にあっては，信号機の燈器の下方）又は道路の左側の路端に近接した当該道路上の位置（歩道と車道の区別のある道路にあっては，車道の左側部分に接する歩道の車道寄りの路端に近接した当該歩道上の位置）に設けて行なうものとする。

根拠条項	規　定　内　容　等
信号機の灯火の配列等 （施行令第3条）	別記様式第一  （矢印及びわくの色彩は青色，地の色彩は白色） ●信号機の灯火の配列は，赤色，黄色及び青色の灯火を備えるものにあっては，その灯火を横に配列する場合は右から赤色，黄色及び青色の順，縦に配列する場合は上から赤色，黄色及び青色の順とし，赤色及び青色の灯火を備えるものにあっては，その灯火を横に配列する場合は右から赤色及び青色の順，縦に配列する場合は上から赤色及び青色の順とする。

規制標識

(301)	通行止め
(302)	車両通行止め
(303)	車両進入禁止
(304)	二輪の自動車以外の自動車通行止め
(305)	大型貨物自動車等通行止め
(305の2)	特定の最大積載量以上の貨物自動車等通行止め
(306)	大型乗用自動車等通行止め
(307)	二輪の自動車・原動機付自転車通行止め
(308)	自転車以外の軽車両通行止め
(309)	自転車通行止め
(310)	車両(組合せ)通行止め
(310-2)	大型自動二輪車及び普通自動二輪車二人乗り通行禁止
(311-A)	指定方向外進行禁止
(311-B)	指定方向外進行禁止
(311-C)	指定方向外進行禁止
(311-D)	指定方向外進行禁止
(311-E)	指定方向外進行禁止
(311-F)	指定方向外進行禁止
(312)	車両横断禁止
(313)	転回禁止
(314)	追越しのための右側部分はみ出し通行禁止
(314の2)	追越し禁止
(315)	駐停車禁止
(316)	駐車禁止
(317)	駐車余地
(318)	時間制限駐車区間
(319)	危険物積載車両通行止め
(320)	重量制限
(321)	高さ制限
(322)	最大幅
(323)	最高速度
(323の2)	特定の種類の車両の最高速度
(324)	最低速度
(325)	自動車専用
(325の2)	自転車専用
(325の3)	自転車及び歩行者専用
(325の4)	歩行者専用
(326-A)	一方通行
(326の2-A)	自転車一方通行
(327)	車両通行区分
(327の2)	特定の種類の車両の通行区分
(327の3)	牽引自動車の高速自動車国道通行区分
(327の4)	専用通行帯
(327の5)	路線バス等優先通行帯
(327の6)	牽引自動車の自動車専用道路第一通行帯通行指定区間
(327の7-A)	進行方向別通行区分
(327の7-B)	進行方向別通行区分

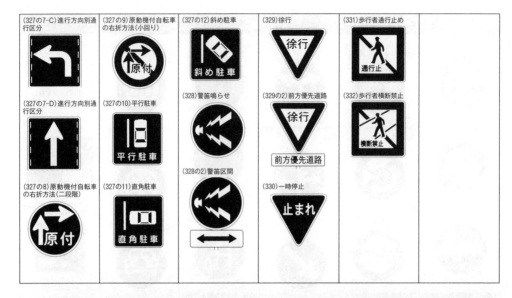

警戒標識

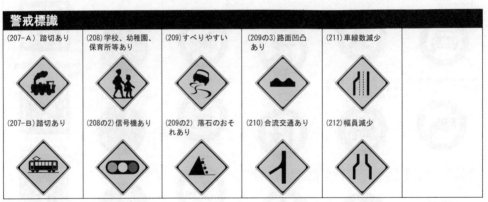

4　労働基準法関係のポイント

凡例　法…労働基準法
　　　施行規則…労働基準法施行規則
　　　改善基準…自動車運転者の労働時間等の改善のための基準

1）　労働時間，休日，休日労働など

根拠条項	規定内容等
労働条件の原則 （法第1条）	●労働条件は，労働者が人たるに値する生活を営むための必要を充たすべきものでなければならない。 ●この法律に定める労働条件の基準は最低のものであるから，労働関係の当事者は，この基準を理由として労働条件を低下させてはならないことはもとより，その向上を図るように努めなければならない。
労働条件の決定 （法第2条）	●労働条件は，労働者と使用者が，対等の立場において決定すべきものである。 ●労働者及び使用者は，労働協約，就業規則及び労働契約を遵守し，誠実に各々その義務を履行しなければならない。
均等待遇 （法第3条）	●使用者は，労働者の国籍，信条又は社会的身分を理由として，賃金，労働時間その他の労働条件について，差別的取扱をしてはならない。
男女同一賃金の原則 （法第4条）	●使用者は，労働者が女性であることを理由として，賃金について，男性と差別的取扱いをしてはならない。
強制労働の禁止 （法第5条）	●使用者は，暴行，脅迫，監禁その他精神又は身体の自由を不当に拘束する手段によって，労働者の意思に反して労働を強制してはならない。
中間搾取の排除 （法第6条）	●何人も法律に基づいて許される場合の外，業として他人の就業に介入して利益を得てはならない。

根拠条項	規定内容等
公民権行使の保障 （法第7条）	●使用者は，労働者が労働時間中に，選挙権その他公民としての権利を行使し，又は公の職務を執行するために必要な時間を請求した場合においては，拒んではならない。但し，権利の行使又は公の職務の執行に妨げがない限り，請求された時刻を変更することができる。
労働時間 （法第32条）	●使用者は，労働者に休憩時間を除き1週間について40時間を超えて労働させないこと。 ●使用者は，1週間の各日について，労働者に，休憩時間を除き1日について8時間を超えて労働させないこと。
災害等による臨時の必要がある場合の時間外労働等 （法第33条）	●災害その他避けることのできない事由によって，臨時の必要がある場合においては，使用者は，行政官庁の許可を受けて，その必要の限度において労働時間を延長し，又は休日に労働させることができる。ただし，事態急迫のために行政官庁の許可を受ける暇がない場合においては，事後に遅滞なく届け出なければならない。
休　憩 （法第34条）	●使用者は，労働時間が6時間を超える場合においては少くとも45分，8時間を超える場合においては，少くとも1時間の休憩時間を労働時間の途中に与えること。 ●使用者が労働時間の途中に与えなければならない休憩時間は，当該事業場に，労働者の過半数で組織する労働組合がある場合においてはその労働組合，労働者の過半数で組織する労働組合がない場合においては労働者の過半数を代表する者との書面による協定がある場合を除き，一斉に与えること。 ●使用者は，第1項の休憩時間を自由に利用させること。
休　日 （法第35条）	●使用者は，労働者に対して毎週少くとも1回の休日を与えること。ただしこの規定は，4週間を通じ4日以上の休日を与える使用者については適用しない。
時間外及び休日の労働 （法第36条）	●使用者は，当該事業場に，労働者の過半数で組織する労働組合がある場合においてはその労働組合，労働者の過半数で組織する労働組合がない場合においては労働者の過半数を代表する者との書面による協定をし，これを行政官庁に届け出た場合においては，

根拠条項	規　定　内　容　等
	法定労働時間又は法定休日に関する規定にかかわらず，その協定で定めるところによって労働時間を延長し，又は休日に労働させることができる。ただし，坑内労働その他厚生労働省令で定める健康上特に有害な業務の労働時間の延長は，1日について2時間を超えてはならない。
時間外・休日労働の協定（施行規則第16条）	●使用者は，法第36条第1項の協定をする場合には，時間外又は休日の労働をさせる必要のある具体的事由，業務の種類，労働者の数並びに1日及び1日を超える一定の期間についての延長することができる時間又は労働させることができる休日について，協定しなければならない。
時間計算（法第38条）	●労働時間は，事業場を異にする場合においても，労働時間に関する規定の適用については通算する。
年次有給休暇（法第39条）	●使用者は，その雇入れの日から起算して6か月間継続勤務し全労働日の8割以上出勤した労働者に対しては，継続した，又は分割した10労働日の有給休暇を与えること。 ●使用者は，1年6か月以上継続勤務した労働者に対しては，6か月経過日から起算した継続勤務年数1年ごとに，次表の左欄の継続勤務年数の区分に応じ，上記の10労働日に右欄に掲げる日数を加算した有給休暇を与えなければならない。 | 6か月経過日から起算した継続勤務年数 | 労働日 | 合計日数 | |---|---|---| | 1年 | 1労働日 | 11 | | 2年 | 2労働日 | 12 | | 3年 | 4労働日 | 14 | | 4年 | 6労働日 | 16 | | 5年 | 8労働日 | 18 | | 6年以上 | 10労働日 | 20 | ●使用者は，法に定める日数の有給休暇を労働者の請求する時季に与えなければならない。ただし，請求された時季に有給休暇を与えることが事業の正常な運営を妨げる場合においては，他の時季にこれを与えることができる。 ●使用者は，法令の規定による有給休暇（法令の規定により使用者が与えなければならない有給休暇の日数が10労働日以上である労

根拠条項	規　定　内　容　等
	働者に係るものに限る。）の日数のうち5日については，基準日（継続勤務した期間を6か月経過日から1年ごとに区分した各期間の初日をいう。）から1年以内の期間に，労働者ごとにその時季を定めることにより与えなければならない。 ● 労働者が業務上負傷し，又は疾病にかかり療養のために休業した期間及び育児休業，介護休業等育児又は家族介護を行う労働者の福祉に関する法律に規定する育児休業又は介護休業をした期間並びに産前産後の女性が第65条の規定によって休業した期間は，第1項及び第2項の規定の適用については，これを出勤したものとみなす。
定義（労働者） （法第9条）	● この法律で労働者とは，職業の種類を問わず，事業又は事務所に使用される者で，賃金を支払われる者をいう。
使用者 （法第10条）	● この法律で使用者とは，事業主又は事業の経営担当者その他その事業の労働者に関する事項について，事業主のために行為をするすべての者をいう。
賃　金 （法第11条）	● この法律で賃金とは，賃金，給料，手当，賞与その他名称の如何を問わず，労働の対償として使用者が労働者に支払うすべてのものをいう。
平均賃金 （法第12条）	● この法律で平均賃金とは，これを算定すべき事由の発生した日以前3箇月間にその労働者に対し支払われた賃金の総額を，その期間の総日数で除した金額をいう。（以下略）
金品の変還 （法第23条）	● 使用者は，労働者の死亡又は退職の場合において，権利者の請求があった場合においては，7日以内に賃金を支払い，積立金，保証金，貯蓄金その他名称の如何を問わず，労働者の権利に属する金品を返還しなければならない。 ● 前項の賃金又は金品に関して争いがある場合においては，使用者は，異議のない部分を，同項の期間中に支払い，又は返還しなければならない。

根 拠 条 項	規 定 内 容 等
この法律違反の契約 （法第13条）	●この法律で定める基準に達しない労働条件を定める労働契約は，その部分については無効とする。この場合において，無効となった部分は，この法律で定める基準による。
契約期間等 （法第14条）	●労働契約は，期間の定めのないものを除き，一定の事業の完了に必要な期間を定めるもののほかは，3年（法第14条各号のいずれかに該当する労働契約にあっては，5年）を超える期間について締結してはならない。
労働条件の明示 （法第15条）	●使用者は，労働契約の締結に際し，労働者に対して賃金，労働時間その他の労働条件を明示しなければならない。この場合において，賃金及び労働時間に関する事項その他の厚生労働省令で定める事項については，厚生労働省令で定める方法により明示しなければならない。 ●労働契約の締結に際し，明示された労働条件が事実と相違する場合においては，労働者は，即時に労働契約を解除することができる。 ●前項の場合，就業のために住居を変更した労働者が，契約解除の日から14日以内に帰郷する場合においては，使用者は，必要な旅費を負担しなければならない。
（施行規則第5条）	▶厚生労働省令で定める事項は，労働契約の期間，就業の場所，従事する業務，始業及び終業の時刻，所定労働時間を超える労働の有無，休憩時間，休日，休暇，労働者を二組以上に分けて就業させる場合の就業時転換に関する事項，賃金の決定，計算及び支払の方法，賃金の締切り，支払の時期及び昇給並びに退職に関する事項等です。
賠償予定の禁止 （法第16条）	●使用者は労働契約の不履行について違約金を定め，又は損害賠償額を予定する契約をしてはならない。
強制貯金 （法第18条）	●使用者は，労働者の貯蓄金をその委託を受けて管理しようとする場合においては，当該事業場に，労働者の過半数で組織する労働組合があるときはその労働組合，組合がないときは労働者の過半

根拠条項	規定内容等
	数を代表する者との書面による協定をし,これを行政官庁に届け出なければならない。 ● 使用者は,労働者の貯蓄金をその委託を受けて管理する場合において,労働者がその返還を請求したときは,遅滞なく,これを返還しなければならない。
解雇制限 (法第19条)	● 使用者は,労働者が業務上負傷し,又は疾病にかかり療養のために休業する期間及びその後30日間並びに産前産後の女性が法に定められた規定により休業する期間及びその後30日間は,解雇してはならない。ただし,労働基準法の規定によって打切補償を支払う場合又は天災事変その他やむを得ない事由のために事業の継続が不可能となった場合においては,この限りでない。
解雇の予告 (法第20条)	● 使用者は,労働者を解雇しようとする場合においては,少くとも30日前にその予告をしなければならない。30日前に予告をしない使用者は,30日分以上の平均賃金を支払わなければならない。但し,天災事変その他やむを得ない事由のために事業の継続が不可能となった場合又は労働者の責に帰すべき事由に基いて解雇する場合においては,この限りでない。 ● 前項の予告の日数は,1日について平均賃金を支払った場合においては,その日数を短縮することができる。
(法第21条)	● 第20条の規定は,次のいずれかに該当する労働者については適用しない。ただし,①に該当する者が1ヵ月を超えて引き続き使用されるに至った場合,②若しくは③に該当する者が所定の期間を超えて引き続き使用されるに至った場合又は④に該当する者が14日を超えて引き続き使用されるに至った場合においては,この限りでない。 ① 日日雇い入れられる者 ② 2ヵ月以内の期間を定めて使用される者 ③ 季節的業務に4ヵ月以内の期間を定めて使用される者 ④ 試の使用期間中の者
退職時等の証明 (法第22条)	● 労働者が退職の場合において,使用期間,業務の種類,地位,賃金又は退職の事由(解雇の場合はその理由)について証明書を請求した場合は,使用者は,遅滞なくこれを交付しなければならな

根拠条項	規定内容等
	い。なお，この証明書には，労働者の請求しない事項を記入してはならない。 ● 労働者が解雇の予告がされた日から退職の日までの間において，当該解雇の理由について証明書を請求した場合においては，使用者は，遅滞なくこれを交付しなければならない。ただし，解雇の予告がされた日以後に労働者が当該解雇以外の事由により退職した場合には，使用者は，当該退職の日以後，これを交付することを要しない。なお，この証明書には，労働者の請求しない事項を記入してはならない。
賃金の支払 （法第24条）	● 賃金は，通貨で，直接労働者に，その全額を支払わなければならない。ただし，法令若しくは労働協約に別段の定めがある場合又は厚生労働省令で定める賃金について確実な支払の方法で厚生労働省令で定めるものによる場合においては，通貨以外のもので支払い，また，法令に別段の定めがある場合又は当該事業場の労働者の過半数で組織する労働組合があるときはその労働組合，労働者の過半数で組織する労働組合がないときは労働者の過半数を代表する者との書面による協定がある場合においては，賃金の一部を控除して支払うことができる。 ● 賃金は，毎月一回以上，一定の期日を定めて支払わなければならない。ただし，臨時に支払われる賃金，賞与その他これに準ずるもので厚生労働省令で定める賃金については，この限りでない。
非常時払 （法第25条）	● 使用者は，労働者が出産，疾病，災害その他厚生労働省令で定める非常の場合の費用に充てるために請求する場合においては，支払期日前であっても，既往の労働に対する賃金を支払わなければならない。
休業手当 （法第26条）	● 使用者の責に帰すべき事由による休業の場合においては，使用者は，休業期間中当該労働者に，その平均賃金の100分の60以上の手当を支払わなければならない。
出来高払制の保障給 （法第27条）	● 出来高払制その他の請負制で使用する労働者については，使用者は，労働時間に応じ一定額の賃金の保障をしなければならない。

根拠条項	規　定　内　容　等
時間外，休日及び深夜の割増賃金 （法第37条）	●使用者が，労働基準法第33条又は第36条１項の規定により労働時間を延長し，又は休日に労働させた場合においては，その時間又はその日の労働については，通常の労働時間又は労働日の賃金の計算額の２割５分以上５割以下の範囲以内でそれぞれ政令で定める率以上の率で計算した割増賃金を支払わなければならない。ただし，当該延長して労働させた時間が１箇月について60時間を超えた場合においては，その超えた時間の労働については，通常の労働時間の賃金の計算額の５割以上の率で計算した割増賃金を支払わなければならない。 ●使用者が，当該事業場に，労働者の過半数で組織する労働組合があるときはその労働組合，労働者の過半数で組織する労働組合がないときは労働者の過半数を代表する者との書面による協定により，第１項ただし書の規定により割増賃金を支払うべき労働者に対して，当該割増賃金の支払に代えて，通常の労働時間の賃金が支払われる休暇（第39条の規定による有給休暇を除く。）を厚生労働省令で定めるところにより与えることを定めた場合において，当該労働者が当該休暇を取得したときは，当該労働者の同項ただし書に規定する時間を超えた時間の労働のうち当該取得した休暇に対応するものとして厚生労働省令で定める時間の労働については，同項ただし書の規定による割増賃金を支払うことを要しない。 ●使用者が，午後10時から午前５時まで（厚生労働大臣が必要であると認める場合においては，その定める地域又は期間については午後11時から午前６時まで）の間において労働させた場合においては，その時間の労働については，通常の労働時間の賃金の計算額の２割５分以上の率で計算した割増賃金を支払わなければならない。
年少者の証明書 （法第57条）	●使用者は，満18歳に満たない者について，その年齢を証明する戸籍証明書を事業場に備えおかなければならない。
深夜業 （法第61条）	●使用者は，満18歳に満たない者を午後10時から午前５時までの間に使用してはならない。ただし，交替制によって使用する満16歳以上の男性については，この限りでない。

根拠条項	規定内容等
産前産後 （法第65条）	●使用者は，6週間（多胎妊娠の場合にあっては，14週間）以内に出産する予定の女性が休業を請求した場合においては，その者を就業させてはならない。 ●使用者は，産後8週間を経過しない女性を就業させてはならない。ただし，産後6週間を経過した女性が請求した場合において，その者について，医師が支障がないと認めた業務に就かせることは，差し支えない。 ●使用者は，妊娠中の女性が請求した場合においては，他の軽易な業務に転換させなければならない。
育児時間 （法第67条）	●生後満1年に達しない生児を育てる女性は，第34条の休憩時間のほか，1日2回各々少なくとも30分，その生児を育てるための時間を請求することができる。 ●使用者は，前項の育児時間中は，その女性を使用してはならない。
療養補償 （法第75条）	●労働者が業務上負傷し，又は疾病にかかった場合においては，使用者は，その費用で必要な療養を行い，又は必要な療養の費用を負担しなければならない。
休業補償 （法第76条）	●労働者が前条の規定による療養（業務上の負傷又は疾病による療養）のため，労働することができないために賃金を受けない場合においては，使用者は，労働者の療養中**平均賃金の100分の60**の休業補償を行わなければならない。
遺族補償 （法第79条）	●労働者が業務上死亡した場合においては，使用者は，遺族に対して，平均賃金の千日分の遺族補償を行わなければならない。
葬祭料 （法第80条）	●労働者が業務上死亡した場合においては，使用者は，葬祭を行う者に対して，平均賃金の60日分の葬祭料を支払わなければならない。
打切補償 （法第81条）	●療養補償の規定によって補償を受ける労働者が，療養開始後3年を経過しても負傷又は疾病がなおらない場合においては，使用者は，平均賃金の千二百日分の打切補償を行い，その後はこの法律の規定による補償を行わなくてもよい。

根拠条項	規　定　内　容　等
補償を受ける権利 （法第83条）	●補償を受ける権利は，労働者の退職によって変更されることはない。 ●補償を受ける権利は，これを譲渡し，又は差し押さえてはならない。
他の法律との関係 （法第84条）	●この法律に規定する災害補償の事由について，労働者災害補償保険法又は厚生労働省令で指定する法令に基づいてこの法律の災害補償に相当する給付が行われるべきものである場合においては，補償の責を免れる。 ●使用者は，この法律による補償を行った場合においては，同一の事由については，その価格の限度において民法による損害賠償の責を免れる。
就業規則作成及び届出の義務 （法第89条）	●常時10人以上の労働者を使用する者は，次に掲げる事項について就業規則を作成し，行政官庁に届け出なければならない。次に掲げる事項を変更した場合においても，同様とする。 ⑴　始業及び終業の時刻，休憩時間，休日，休暇並びに労働者を2組以上に分けて交替に就業させる場合においては就業時転換に関する事項 ⑵　賃金（臨時の賃金を除く。以下この号において同じ。）の決定，計算及び支払いの方法，賃金の締切り及び支払いの時期並びに昇給に関する事項 ⑶　退職に関する事項（解雇の事由を含む。） ⑶の2　退職手当の定めをする場合においては，適用される労働者の範囲，退職手当の決定，計算及び支払いの方法並びに退職手当の支払いの時期に関する事項 ⑷　臨時の賃金等（退職手当を除く。）及び最低賃金額の定めをする場合においては，これに関する事項 ⑸　労働者に食費，作業用品その他の負担をさせる定めをする場合においては，これに関する事項 ⑹　安全及び衛生に関する定めをする場合においては，これに関する事項 ⑺　職業訓練に関する定めをする場合においては，これに関する事項 ⑻　災害補償及び業務外の傷病扶助に関する定めをする場合にお

根拠条項	規 定 内 容 等
	いては，その種類及び程度に関する事項 ⑼ 表彰及び制裁の定めをする場合においては，その種類及び程度に関する事項 ⑽ 前号に掲げるもののほか，当該事業場の労働者のすべてに適用される定めをする場合においては，これに関する事項
作成の手続き （法第90条）	●使用者は，就業規則の作成又は変更について，当該事業場に，労働者の過半数で組織する労働組合がある場合においてはその労働組合，労働者の過半数で組織する労働組合がない場合においては労働者の過半数を代表する者の意見を聴かなければならない。 ●使用者は，前条第1項の規定により届出をなすについて，前項の意見を記した書面を添付しなければならない。
制裁規定の制限 （法第91条）	●就業規則で，労働者に対して減給の制裁を定める場合においては，その減給は，一回の額が平均賃金の一日分の半額を超え，総額が一賃金支払期における賃金の総額の十分の一を超えてはならない。
法令及び労働協約との関係 （法第92条）	●就業規則は，法令又は当該事業場について適用される労働協約に反してはならない。 ●行政官庁は，法令又は労働協約に抵触する就業規則の変更を命ずることができる。
法令等の周知義務 （法第106条）	●使用者は，この法律及びこれに基づく命令の要旨，就業規則，時間外労働・休日労働に関する協定等を常時各作業場の見やすい場所へ掲示し，又は備え付けること，書面を交付することその他の厚生労働省令で定める方法によって，労働者に周知させなければならない。
労働者名簿 （法第107条） （施行規則第53条）	●使用者は，各事業場ごとに労働者名簿を各労働者（日々雇い入れられる者を除く。）について調製し，労働者の氏名，生年月日，履歴その他厚生労働省令で定める事項を記入しなければならない。 ▶厚生労働省令で定める事項は，性別，住所，従事する業務の種類，雇入れの年月日，解雇又は退職の年月日とその事由，死亡の年月日及びその原因等。

根拠条項	規定内容等
賃金台帳 （法第108条）	●使用者は，各事業場ごとに賃金台帳を調製し，賃金計算の基礎となる事項及び賃金の額その他厚生労働省令で定める事項を賃金支払いの都度遅滞なく記入しなければならない。
記録の保存 （法第109条）	●使用者は，労働者名簿，賃金台帳及び雇入れ，解雇，災害補償，賃金その他労働関係に関する重要な書類を5年間保存しなければならない。
附則 （法第143条）	●第109条の規定の適用については，当分の間，同条中「5年間」とあるのは，「3年間」とする。
所定労働時間	●所定労働時間とは，就業規則で定める始業時刻から終業時刻までの労働時間（休憩時間を除く。）をいい，法定労働時間の範囲内で定めることとする。
所定外労働時間	●所定外労働時間とは，所定労働時間を超えて労働した時間をいい，法定労働時間を超えて労働する場合には労働基準法第36条に定める労使協定を締結し，労働基準監督署への届出が必要。

2) 労働時間等の改善基準

根拠条項	規定内容等
目的等 （第1条）	●この基準は，自動車運転者（労働基準法第9条（労働者の定義）に規定する労働者（同居の親族のみを使用する事業又は事務所に使用される者及び家事使用人を除く。）であって，四輪以上の自動車の運転の業務（厚生労働省労働基準局長が定めるものを除く。）に主として従事する者をいう。以下同じ。）の労働時間等の改善のための基準を定めることにより，自動車運転者の労働時間等の労働条件の向上を図ることを目的とする。 ●労働関係の当事者は，この基準を理由として自動車運転者の労働条件を低下させてはならないことはもとより，その向上に努めなければならない。 ●使用者及び労働者の過半数で組織する労働組合又は労働者の過半数を代表する者は，法第32条から第32条の5まで若しくは第40条の労働時間（以下「労働時間」という。）を延長し，又は法第35条の休日（以下「休日」という。）に労働させるための法第36条第1項の協定（時間外・休日労働協定）をする場合において，次に掲げる事項に十分留意しなければならない。 ① 労働時間を延長して労働させることができる時間は，1箇月について45時間及び1年について360時間（3箇月を超える期間を定めて労働させる場合にあっては，1箇月について42時間及び1年について320時間。以下「限度時間」という。）を超えない時間に限ることとされていること。 ② 前号に定める1年についての限度時間を超えて労働させることができる時間を定めるに当たっては，事業場における通常予見することのできない業務量の大幅な増加等に伴い臨時的に当該限度時間を超えて労働させる必要がある場合であっても，960時間を超えない範囲内とされていること。 ③ 前二号に掲げる事項のほか，労働時間の延長及び休日の労働は必要最小限にとどめられるべきであることその他の労働時間の延長及び休日の労働を適正なものとするために必要な事項については，労働基準法第三十六条第一項の協定で定める労働時間の延長及び休日の労働について留意すべき事項等に関する指針（平成30年厚生労働省告示第323号）において定められていること。

根拠条項	規　定　内　容　等
拘束時間 （第4条第1項第1号，第2号，第3号，第4号）	●拘束時間は，1箇月について284時間を超えず，かつ，1年について3,300時間を超えないものとすること。ただし，労使協定により，1年について6箇月までは，1箇月について310時間まで延長することができ，かつ，1年について3,400時間まで延長することができるものとする。 ●拘束時間を延長する場合において，1箇月の拘束時間が284時間を超える月が3箇月を超えて連続しないものとし，かつ，1箇月の時間外労働及び休日労働の合計時間数が100時間未満となるよう努めるものとすること。 （参　考）1年及び1箇月の拘束時間 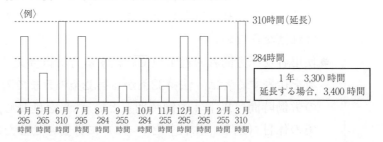 労使協定により，1年の総拘束時間が3,400時間を超えない範囲内において，1年について6箇月まで，1箇月の拘束時間を310時間まで延長することができる。 1箇月の拘束時間が284時間を超える月は連続3箇月までとしなければならない。 ●1日（始業時刻から起算して24時間をいう。）についての拘束時間は，13時間を超えないものとし，当該拘束時間を延長する場合であっても，最大拘束時間は15時間とすること。ただし，貨物自動車運送事業に従事する自動車運転者に係る1週間における運行が全て長距離貨物運送（一の運行（自動車運転者が所属する事業場を出発してから当該事業場に帰着するまでをいう。）の走行距離が450キロメートル以上の貨物運送をいう。）であり，かつ，一の運行における休息期間が，当該自動車運転者の住所地以外の場所におけるものである場合においては，当該1週間について2回に限り最大拘束時間を16時間とすることができる。 ●前号の場合において，1日についての拘束時間が14時間を超える回数をできるだけ少なくするよう努めるものとすること。（1週間について2回以内を目安とする。） ▶1日は始業時刻から始まる24時間 　改善基準でいう1日は，始業時刻から起算して24時間をいう。

根拠条項	規 定 内 容 等
	〔拘束時間の例〕 　１日の拘束時間を算出する場合は、次のようになります。 　なお、１箇月の拘束時間を算出する場合には重複して加算した拘束時間は減じること。 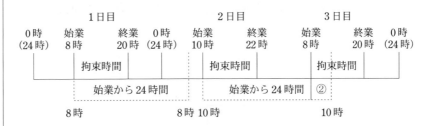 　１日目は、始業の８時から起算して24時間は翌日（２日目）の８時まで。従って、拘束時間は、始業の８時から終業の20時までの12時間。 　２日目は、始業の10時から起算して24時間は翌日（３日目）の10時まで。この場合、３日目の拘束時間のうち８時から10時までの拘束時間が含まれることになるので、２日目の拘束時間は、当日の拘束時間の12時間に、３日目の②時間が加算されて14時間となる。 【拘束時間とは、通常、就業規則などで定めている始業時刻から終業時刻までの時間をいい、基本的には労働時間と休憩時間（仮眠時間を含む。）の合計時間となる。 　また、労働時間は、労働者が、使用者に労務を提供し、使用者の指揮命令に服している時間をいう。手待ち時間や荷待ち時間は、一見、休憩時間と同じように考えられるが、実際には仕事があればいつでも仕事にとりかからなければならないことなど直接、使用者の管理下にいなくても自動車運転者が自由に利用できないので労働時間とされている。】
休息期間 （第４条第１項第５号）	●勤務終了後、継続11時間以上の休息期間を与えるよう努めることを基本とし、休息期間が継続９時間を下回らないものとすること。ただし、１週間における運行が全て長距離貨物運送で宿泊を伴う場合、当該１週間について２回に限り、休息期間を継続８時間とすることができる。この場合において、一の運行終了後、継続12時間以上の休息期間を与えるものとする。
休息期間の配	●使用者は、貨物自動車運送事業に従事する自動車運転者の休息期

根拠条項	規　定　内　容　等
分 （第4条第2項）	間については，当該自動車運転者の住所地における休息期間がそれ以外の場所における休息期間より長くなるように努めるものとする。 **(参　考)** ▶休息期間，拘束時間，労働時間，休憩時間について 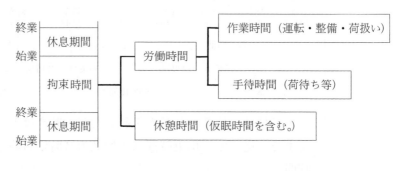 (拘束時間と休息期間の例) 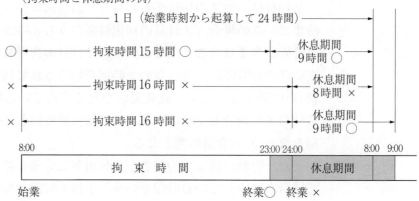
運転時間 （第4条第1項第6号）	●運転時間は2日（始業時刻から起算して48時間をいう。）を平均して1日当たり9時間，2週間を平均して1週間当たり44時間を超えないものとすること。 ▲1日の運転時間の計算は，特定の日を起算日として2日ごとに区切り，その2日間の平均とすることが望ましい。しかし，特定の日の最大運転時間が違反するか否かは，次により判断する。（通達：令和4.12.23基発1223第3号） 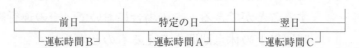 ① $\dfrac{A+B}{2}$ と $\dfrac{A+C}{2}$ の両方が9時間を超える場合は，違反となる。

根拠条項	規　定　内　容　等
	② $\dfrac{A+B}{2}$ と $\dfrac{A+C}{2}$ のどちらか一方が9時間以内の場合は違反とならない。
連続運転時間 （第4条第1項第7号，第8号）	●連続運転時間（1回がおおむね連続10分以上で，かつ，合計が30分以上の運転の中断をすることなく連続して運転する時間をいう。）は，4時間を超えないものとすること。ただし，高速自動車国道又は自動車専用道路のサービスエリア又はパーキングエリア等に駐車又は停車できないため，やむを得ず連続運転時間が4時間を超える場合には，連続運転時間を4時間30分まで延長することができるものとする。 ●運転の中断については，原則として休憩を与えるものとする。 （参　考） ▶連続運転時間と運転の中断 　運転開始後4時間の範囲内又は4時間経過直後に下図のような1回おおむね連続10分以上，合計30分以上の運転の中断（原則休憩）をしなければならない。 （「おおむね連続10分以上」とは，運転の中断は原則10分以上とする趣旨であり，例えば10分未満の運転の中断が3回以上連続する等の場合は，「おおむね連続10分以上」に該当しない。） 　また，連続運転時間を計算する場合においては，運転の中断は原則休憩としなければならないことから，荷積み，荷下し等の休憩以外の時間は，運転時間として考えるものとする。 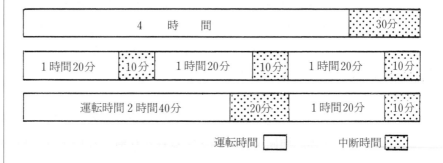
予期し得ない事象への対応時間の取扱い（第4条第3	●1日についての拘束時間，2日を平均した1日当たりの運転時間及び連続運転時間の規定の適用に当たっては，予期し得ない事象への対応時間を当該拘束時間，運転時間及び連続運転時間から除くことができる。この場合，勤務終了後，第1項第5号に定める

根拠条項	規定内容等
項)	継続した休息期間を与えること。 【「予期し得ない事象への対応時間」とは，次の①②の両方の要件を満たす時間をいう。】 ①通常予期し得ない事象として労働基準局長が定めるものにより生じた運行の遅延に対応するための時間であること。（局長が定める事象とは，次のいずれかの事象をいう。） 　a 運転中に乗務している車両が予期せず故障したこと。 　b 運転中に予期せず乗船予定のフェリーが欠航したこと。 　c 運転中に災害や事故の発生に伴い，道路が封鎖されたこと又は道路が渋滞したこと。 　d 異常気象（警報発表時）に遭遇し，運転中に正常な運行が困難となったこと。 ②客観的な記録により確認できる時間であること。※a，bともに必要 　a 運転日報上の記録 　b 予期し得ない事象の発生を特定できる客観的な資料（修理会社等が発行する修理明細書等や公的機関のホームページ情報等）
分割休息期間 （第4条第4項第1号）	●業務の必要上，勤務の終了後継続9時間（1週間における運行が全て長距離貨物運送で宿泊を伴う場合は継続8時間）以上の休息期間を与えることが困難な場合，次に掲げる要件を満たすものに限り，当分の間，一定期間（1箇月程度を限度とする。）における全勤務回数の2分の1を限度に，休息期間を拘束時間の途中及び拘束時間の経過直後に分割して与えることができるものとする。 ①分割された休息期間は，1回当たり継続3時間以上とし，2分割又は3分割とすること。 ②1日において，2分割の場合は合計10時間以上，3分割の場合は合計12時間以上の休息期間を与えなければならないこと。 ③休息期間を3分割とする日が連続しないよう努めるものとする。
2人乗務の特例 （第4条第4項第2号）	●運転者が同時に1台の自動車に2人以上乗務する場合であって，車両内に身体を伸ばして休息できる設備があるときは，最大拘束時間を20時間まで延長するとともに，休息期間を4時間まで短縮することができる。ただし，当該設備が運転者の休息のためのベ

根拠条項	規定内容等
	ッド又はこれに準ずるものとして次の①②に定める設備に該当する場合で，かつ，勤務終了後，継続11時間以上の休息期間を与える場合は，最大拘束時間を24時間まで延長することができる。この場合において，8時間以上の仮眠を与える場合には，当該拘束時間を28時間まで延長することができる。 ①長さ198cm以上，かつ，幅80cm以上の連続した平面であること。 ②クッション材等により走行中の路面等からの衝撃が緩和されるものであること。
隔日勤務の特例 （第4条第4項第3号）	●業務の必要上やむを得ない場合には，当分の間，2暦日についての拘束時間が21時間を超えず，かつ，勤務終了後，継続20時間以上の休息期間を与える場合に限り，運転者を隔日勤務に就かせることができる。ただし，事業場内仮眠施設又は使用者が確保した同種の施設において，夜間4時間以上の仮眠を与える場合には，2週間についての拘束時間が126時間を超えない範囲において，当該2週間について3回を限度に，2暦日の拘束時間を24時間まで延長することができる。
フェリーに乗船する場合の特例 （第4条第4項第4号）	●運転者がフェリーに乗船している時間は，原則として休息期間とし，与えるべき休息期間から当該時間を除くことができる。ただし，当該時間を除いた後の休息期間については，2人乗務の場合を除き，フェリーを下船した時刻から終業の時刻までの時間の2分の1を下回ってはならない。

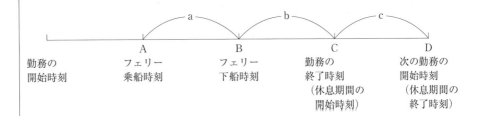

① フェリー乗船時間(a)は休息期間として取り扱う。
② 減算後の休息期間(c)は9時間からa時間を減じた時間となる。ただし，フェリー下船時刻から勤務終了時刻までの間の時間(b)

根拠条項	規定内容等
	の2分の1を下回らないこと。 ③ フェリーの乗船時間が8時間（2人乗務の場合には4時間，隔日勤務の場合には20時間）を超える場合には，原則としてフェリー下船時刻から次の勤務が開始されるものであること。
休日労働 （第4条第5項）	●使用者は，貨物自動車運送事業に従事する自動車運転者に休日に労働させる場合は，当該労働させる休日は2週間について1回を超えないものとし，当該休日の労働によって第1項に定める拘束時間及び最大拘束時間を超えないものとする。 【時間外・休日労働を行う場合には，労働基準法第36条に基づく時間外・休日労働に関する協定届を労働基準監督署へ届け出なければならない。】 【時間外・休日労働は1日の最大拘束時間（15時間）及び1箇月の拘束時間（原則的に284時間）の範囲内でしかできない。休日労働は2週間に1回しかできない。】

トラック運転者の改善基準告示の内容（一覧表）

1年、1か月の拘束時間	1年　3,300時間以内 1か月　284時間以内	【例外】労使協定により、次のとおり延長可（①②を満たす必要あり） 　1年　　　3,400時間以内 　1か月　　310時間以内（年6か月まで） ①284時間超は連続3か月まで ②1か月の時間外・休日労働時間数が100時間未満となるよう努める
1日の拘束時間	13時間以内（上限15時間、14時間超は週2回までが目安） 【例外】宿泊を伴う長距離貨物運送の場合（※1）、16時間まで延長可（週2回まで） 　※1　1週間における運行がすべて長距離貨物運送（一の運行の走行距離が450km以上の貨物運送）で、一の運行における休息期間が住所地以外の場所におけるものである場合	
1日の休息期間	継続11時間以上与えるよう努めることを基本とし、9時間を下回らない 【例外】宿泊を伴う長距離貨物運送の場合（※1）、継続8時間以上（週2回まで） 　　　　休息期間のいずれかが9時間を下回る場合は、運行終了後に継続12時間以上の休息期間を与える	
運転時間	2日平均1日　　9時間以内 2週平均1週　　44時間以内	
連続運転時間	4時間以内 運転の中断時には、原則として休憩を与える（1回おおむね連続10分以上、合計30分以上） 10分未満の運転の中断は、3回以上連続しない 【例外】SA・PA等に駐停車できないことにより、やむを得ず4時間を超える場合、4時間30分まで延長可	
予期し得ない事象	予期し得ない事象への対応時間を、1日の拘束時間、運転時間（2日平均）、連続運転時間から除くことができる（※2、3） 勤務終了後、通常どおりの休息期間（継続11時間以上を基本、9時間を下回らない）を与える 　※2　予期し得ない事象とは、次の事象をいう。 　　・運転中に乗務している車両が予期せず故障したこと 　　・運転中に予期せず乗船予定のフェリーが欠航したこと 　　・運転中に災害や事故の発生に伴い、道路が封鎖されたこと又は道路が渋滞したこと 　　・異常気象（警報発表時）に遭遇し、運転中に正常な運行が困難となったこと 　※3　運転日報上の記録に加え、客観的な記録（公的機関のＨＰ情報等）が必要。	
特例	分割休息（継続9時間の休息期間を与えることが困難な場合） 　・分割休息は1回3時間以上　　・休息期間の合計は、2分割：10時間以上、3分割：12時間以上 　・3分割が連続しないよう努める　　・一定期間（1か月程度）における全勤務回数の2分の1が限度 2人乗務（自動車運転者が同時に1台の自動車に2人以上乗務する場合） 　身体を伸ばして休息できる設備がある場合、拘束時間を20時間まで延長し、休息期間を4時間まで短縮可 【例外】設備（車両内ベッド）が※4の要件を満たす場合、次のとおり、拘束時間をさらに延長可 　・拘束時間を24時間まで延長可 　　（ただし、運行終了後、継続11時間以上の休息期間を与えることが必要） 　・さらに、8時間以上の仮眠時間を与える場合、拘束時間を28時間まで延長可 　　※4　車両内ベッドが、長さ198cm以上、かつ、幅80cm以上の連続した平面であり、かつ、クッション材等により走行中の路面等からの衝撃が緩和されるものであること 隔日勤務（業務の必要上やむを得ない場合） 　2暦日の拘束時間は21時間、休息期間は20時間 【例外】仮眠施設で夜間4時間以上の仮眠を与える場合、2暦日の拘束時間を24時間まで延長可（2週間に3回まで） 　2週間の拘束時間は126時間（21時間×6勤務）を超えることができない フェリー 　・フェリー乗船時間は、原則として休息期間（減算後の休息期間は、フェリー下船時刻から勤務終了時刻までの間の時間の2分の1を下回ってはならない） 　・フェリー乗船時間が8時間を超える場合、原則としてフェリー下船時刻から次の勤務が開始される	
休日労働	休日労働は2週間に1回を超えない、休日労働によって拘束時間の上限を超えない	

4-2 労働安全衛生法関係のポイント

凡例　法…労働安全衛生法
　　　衛生規則…労働安全衛生規則

根拠条項	規定内容等
健康診断 （法第66条）	●事業者は，労働者に対し，厚生労働省令で定めるところにより，医師による健康診断を行わなければならない。 ●労働者は，前項の規定により事業者が行う健康診断を受けなければならない。ただし，事業者の指定した医師又は歯科医師が行う健康診断を受けることを希望しない場合において，他の医師又は歯科医師の行うこれらの規定による健康診断に相当する健康診断を受け，その結果を証明する書面を事業者に提出したときは，この限りでない。
雇入時の健康診断 （衛生規則第43条）	●事業者は，常時使用する労働者を雇い入れるときは，当該労働者に対し，医師による健康診断を行わなければならない。ただし，医師による健康診断を受けた後，3ヵ月を経過しない者を雇い入れる場合において，その者が当該健康診断の結果を証明する書面を提出したときは，当該健康診断の項目に相当する項目については，この限りでない。
定期健康診断 （衛生規則第44条）	●事業者は，常時使用する労働者（第45条第1項に規定する労働者を除く。）に対し，1年以内ごとに1回，定期に，医師による健康診断を行わなければならない。
特定業務従事者の健康診断 （衛生規則第45条）	●事業者は，第13条第1項第3号に掲げる業務に常時従事する労働者に対し，当該業務への配置替えの際及び6ヵ月以内ごとに1回，定期に，第44条第1項各号に掲げる項目について医師による健康診断を行わなければならない。この場合において，同項第4号の項目については，1年以内ごとに1回，定期に，行えば足りるものとする。 ・第13条第1項第3号に掲げる業務（一部抜粋） 　ヌ　深夜業を含む業務
自発的健康診断の結果の提	●午後10時から午前5時まで（厚生労働大臣が必要であると認める場合においては，その定める地域又は期間については午後11時か

根拠条項	規定内容等
出 （法第66条の2）	ら午前6時まで）の間における業務（以下「深夜業」という。）に従事する労働者であって，その深夜業の回数その他の事項が深夜業に従事する労働者の健康の保持を考慮して厚生労働省令で定める要件に該当するものは，厚生労働省令で定めるところにより，自ら受けた健康診断の結果を証明する書面を事業者に提出することができる。
自発的健康診断 （衛生規則第50条の2）	●法第66条の2の厚生労働省令で定める要件は，常時使用され，同条の自ら受けた健康診断を受けた日前6ヵ月間を平均して1ヵ月当たり4回以上同条の深夜業に従事したこととする。
健康診断の結果の記録 （法第66条の3）	●事業者は，厚生労働省令で定めるところにより，法令の規定による健康診断の結果を記録しておかなければならない。
健康診断結果の記録の作成 （衛生規則第51条）	●事業者は，第43条，第44条若しくは第45条から第48条までの健康診断若しくは法第66条第4項の規定による指示を受けて行った健康診断（同条第5項ただし書の場合において当該労働者が受けた健康診断を含む。）又は法第66条の2の自ら受けた健康診断の結果に基づき，健康診断個人票を作成して，これを5年間保存しなければならない。
健康診断の結果についての医師等からの意見聴取 （法第66条の4）	●事業者は，健康診断の結果（当該健康診断の項目に異常の所見があると診断された労働者に係るものに限る。）に基づき，当該労働者の健康を保持するために必要な措置について，厚生労働省令で定めるところにより，医師又は歯科医師の意見を聴かなければならない。
健康診断の結果についての医師等からの意見聴取	●健康診断の結果に基づく医師又は歯科医師からの意見聴取は，次に定めるところにより行わなければならない。 ①健康診断が行われた日（当該労働者が他の医師又は歯科医師の健康診断を受け，その結果を証明する書面を事業者に提出した

根拠条項	規　定　内　容　等
（衛生規則第51条の2）	ときはその提出した日）から3ヵ月以内に行うこと。 ②聴取した医師の意見を健康診断個人票に記載すること。 ●深夜業に従事する労働者が自ら受けた健康診断の結果を証明する書面を事業者に提出したときの医師からの意見聴取は，次に定めるところにより行わなければならない。 ①当該健康診断の結果を証明する書面が事業者に提出された日から2ヵ月以内に行うこと。 ②聴取した医師の意見を健康診断個人票に記載すること。
健康診断の結果の通知 （法第66条の6）	●事業者は，第66条第1項から第4項までの規定により行う健康診断を受けた労働者に対し，厚生労働省令で定めるところにより，当該健康診断の結果を通知しなければならない。
健康診断の結果の通知 （衛生規則第51条の4）	●事業者は，法令の規定により行う健康診断を受けた労働者に対し，遅滞なく，当該健康診断の結果を通知しなければならない。
面接指導等 （法第66条の8）	●事業者は，その労働時間の状況その他の事項が労働者の健康の保持を考慮して厚生労働省令で定める要件に該当する労働者に対し，厚生労働省令で定めるところにより，医師による面接指導（問診その他の方法により心身の状況を把握し，これに応じて面接により必要な指導を行うことをいう。以下同じ。）を行わなければならない。
面接指導の対象となる労働者の要件等 （衛生規則第52条の2）	●法第66条の8第1項の厚生労働省令で定める要件は，休憩時間を除き1週間当たり40時間を超えて労働させた場合におけるその超えた時間が一月当たり80時間を超え，かつ，疲労の蓄積が認められる者であることとする。
面接指導の実施方法等 （衛生規則第	①面接指導は，労働安全衛生規則第52条の2第1項の要件に該当する労働者の申出により行うものとする。 ③事業者は，労働者から第1項の申出があったときは，遅滞なく，

根拠条項	規　定　内　容　等
52条の3)	面接指導を行わなければならない。

●運転者の健康状態の把握，乗務前の判断・対処
（「事業用自動車の運転者の健康管理に係るマニュアル」より抜粋）
1．運転者の健康状態の把握
(1)健康診断及び医師からの意見聴取（義務）
　①健康診断の実施
　事業者は，労働安全衛生法に基づき運転者に対して雇入れ時及び定期の健康診断を実施することが義務付けられている。
　②「異常の所見」がある場合の医師からの意見聴取
　事業者は，運転者が健康診断を受けた結果を把握するとともに，その結果に異常の所見が見られた場合は，医師から運転者の乗務に係る意見（乗務の可否，乗務させる場合の配慮事項等）を聴取し，また，聴取した健康診断の個人票の「医師の意見」欄に記入を求める必要がある。
　この場合，異常の所見の内容を明確化するために必要とされる精密検査等を運転者に受けさせることが望ましい。
2．乗務前の判断・対処
(1)乗務前の点呼において，事業者（運行管理者）は，運転者が安全に乗務できる健康状態かどうかを判断し，乗務の可否を決定する必要がある。
(2)点呼の結果，運転者が乗務できない場合の対処
　①代わりの運転者の手配方法等の明確化
　乗務前の点呼の結果，運転者が乗務できなくなる場合に備えて代替措置（代わりの運転者の手配，下請けの活用等）をあらかじめ定めておくことが安全上極めて重要である。
　これらの代替措置がないと，運転者が業務上安全に乗務できる健康状態でないにもかかわらず，業務上の配慮から無理な乗務を強いられる可能性が考えられる。

> 【代替措置の例】
> 　疾病等により運転できない運転者の後に運行する予定の運転者を運行管理者の指示で順次前倒しして配置を行い，その間に代わりとなる運転者を探すことにする。

　②乗務できなかった運転者への対処
　運転者の健康状態が回復した場合でも，通常どおりの業務を行うには危険が伴う可能性があることから，事業者は，運転者に医師の診断を受けさせ，運転者の健康状態についての医師からの意見により，今後の乗務を検討する必要がある。

3．乗務中の注意・対処

　運転者が乗務を開始した後に体調が悪化して運行に悪影響を及ぼす場合も考えられる。このような場合には，運転者は運行管理者へ速やかに連絡を取ってその指示を仰ぐべきであることを，事業者は，常日頃から運転者に徹底しておく必要がある。

　具体的には，「運転中に体調が悪くなる兆候を感じた場合や，実際に体調が悪くなった場合には，無理に運転せず，車両を停車させ，すぐに運行管理者に無線などで報告する。」ことを運転者に徹底しておくべきである。

　また，緊急時に対応すべきこと及びその際の連絡体制を簡潔にまとめたマニュアルを作成しておくことが望ましい。

5 運行管理者の業務に関し必要な実務上の知識及び能力関係のポイント

(1) 自動車の運転に関すること

①-1 人間の感覚と判断能力

自動車の運転は、認知・判断・行動（操作）の繰り返しです。

運転者が走行中にブレーキをかけるときは、瞬時に、目や耳で障害物を認知してブレーキをかけるべきと判断して行動（操作）に移るわけですが、認知から行動（操作）までには多少の時間がかかります。そして、交通事故の大半が、認知と判断の段階で起きているといわれています。

イ 反応時間

運転者が危険な状態を認めてからブレーキをかけ、ブレーキがきき始めるまでには、1秒くらいかかるといわれ、これを反応時間といいます。

　　　　反応時間＝反射時間＋踏み変え時間＋踏み込み時間

ロ 反応時間を長びかせる要因

要因には心身の状態、アルコールの影響、薬と病気、加齢等が考えられます。

①-2 視覚の特性

速度が速くなると運転者の視野は狭くなり遠くを注視するようになるため、近くのものが見えにくくなるので注意が必要です。高速道路では、周囲が開けているため、実際の速度より遅く感じる。

疲労の影響は、目に最も強く現われます。疲労の度が高まるにつれて見落としや見まちがいが多くなるので注意が必要です。明るさが急に変わると、視力は、一瞬急激に低下します。トンネルに入る前やトンネルから出るときは、速度を落とす必要があります。また、夜間は対向車のライトを直視しないようにします。

イ 見えやすい色、見えにくい色

夜間や雨天時には、歩行者の服装の色などにより見えにくいことがあります。一般に、夜間は、白、黄、茶、黒の順に見えにくくなります。

ロ 静止視力と動体視力

視力は通常、ものが静止した状態で測られますが、これを静止視力といい、自分が動いているとき又は視標が動いている状態のときの視力を動体視力といいます。静止視力と動体視力との差異は個人差が著しく、また、静止視力の良い人が動体視力が良いとは限りません。

動体視力は、疲労の影響を強く受け、また、自動車の走行速度が早くなると動体視力は著しく低下します。

なお、その低下の度合は年令が進むにつれて著しくなるといわれています。

また，一般的に，自動車の運転は加齢に伴い判断能力が低下し，多重情報処理が必要な場面では，情報処理のオーバーフローが生じやすくなるといわれています。

ハ　視野の範囲

静止しているときの視野は，片目で左右それぞれ160度ぐらい。両眼視で200度程度ですが，速度が早くなればなるほど視野は狭くなる傾向があります。

ニ　明順応・暗順応

明るい所から暗い所へ入った場合，また，反対に暗い所から明るい所へ出た場合には物が見えにくくなり，しばらくするとよく見えるようになりますが，このように視力が回復する機能を順応といいます。

例えば，暗いトンネルの中から明るい所へ出たときは明順応，明るい所から暗いトンネルなどに入った場合は暗順応といいます。

この順応には，前後の明暗の差が大きいほど時間を要します。また，暗順応の方が明順応より時間がかかります。

従って，夕暮れ時で物が鮮明に判別できない状態にあるときや明るさが急変する状態の場所を走行するときは，速度を落とすなど状況に応じた対応が必要です。

ホ　蒸発現象

夜間走行中，自分の車と対向車のライトで，道路の中央付近の歩行者が見えなくなることがありますので，十分注意が必要です。

この現象を蒸発現象とよんでいます。

ヘ　見る眼の高さによる距離の錯覚

一般にトラックは運転者の視点の位置（アイポイント）が高く，前方を上から見下ろすかたちで運転するため前方の視界が広く開いています。そのため，例えば20メートルの距離を30メートル位に感じとってしまうような距離の錯覚を生み，乗用車の運転時とは，異なった距離間を運転者に与える特性をもっています。

このことは，車間距離を十分とっているつもりでも実際には短いという現象につながります。（同じ距離であっても大きい車は近く，小さい車は遠くに感じる。）

② 自動車に働く自然の力

イ　摩擦の力

走行中の自動車は，クラッチを切っても走り続けようとする性質があるため，すぐには止まりません。この自動車を止めるためには，ブレーキをかけて車輪の回転を止め，タイヤと路面の間の摩擦抵抗を利用します。路面がぬれている場合には，摩擦抵抗が小さくなり制動距離が長くなります。また，高速運転中に急ブレーキをかけると，車輪がロックして横すべりするので注意が必要です。

ロ　慣性力

止まっているものは止まっていようとし，動いているものは動き続けようとする性質を「慣性」といい，これによって生じる力を「慣性力」といいます。

この慣性力は，物体が重いほど大きくなり（重量に比例して大きくなる。），速度が

速いほど加速度的に大きくなります。(速度の2乗に比例して大きくなる。)
また，重量に比例して大きくなるとは，重量が2倍になると2倍に，重量が3倍になると3倍の大きさになることを意味し，速度の2乗に比例して大きくなるとは，速度が2倍になると4倍に，速度が3倍になると9倍の大きさになることを意味しています。

ハ　遠心力

　自動車がカーブを回ろうとするときには，自動車の重心に遠心力が働き，自動車はカーブの外側に滑り出そうとします。このため，荷物の積み方が悪く重心の位置が高くなったり，片寄ったりすると，自動車は倒れやすくなります。

　遠心力の大きさは，カーブの半径が小さいほど大きくなり，速度の2乗に比例します。従って，速度が2倍になれば遠心力は4倍となります。

　安全にカーブを回るためには，カーブに入る前の直線部分で早めにブレーキをかけ，十分速度を落とすことが必要です。

※「カーブの半径が小さくなるほど大きくなる」とは，
例えば，重量，速度が同じとき，半径が2分の1になると
遠心力は2倍の大きさになる。

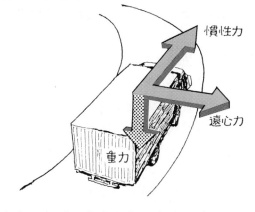

ニ　衝撃力

　交通事故の大きさは，自動車が衝突したときに相手に与えたり，自分が受けたりする衝撃力の大きさに関係します。衝撃力は自動車の速度と重量に応じて大きくなります。また固いものにぶつかるときのように，衝撃の作用が短時間に行われるほどその力は大きくなります。速度が2倍になれば衝撃力は4倍となり，衝撃力が大きくなるため車体の損傷も大きくなります。(速度の2乗に比例して大きくなる。)

　例えば，時速60キロメートルでコンクリートの壁に激突した場合は，約14メートルの高さ(ビルの5階程度)から落ちた場合と同じ程度の衝撃力を受けますので，高速運転をするときは，特に注意が必要となります。

　また，車両総重量が2倍になれば2倍，3倍になれば3倍になり，車両の重さに比例して変化します。

ホ　速度と重量の影響

　速度と制動距離や遠心力の関係は，いずれも速度の2乗に比例する関係にあります。速度が2倍になれば制動距離や遠心力は4倍になり，3倍になれば9倍に，ま

た，速度が2分の1になれば4分の1，3分の1になれば9分の1になります。
　ヘ　シートベルトの着用
　　　走行している自動車が衝突した場合，自動車は停止しても，自動車に乗車している人は慣性の法則により前へ進もうとします。しかしながら，自分の両腕で支えられる力はせいぜい50キログラム，両足で支えられるのは100キログラム程度で，両手両足を使っても自分の体重の2～3倍が限度といわれており，これは時速7キロメートル程度で衝突したときの力に相当します。従って，自動車が衝突したとき自分の体を支えるためには，シートベルトの着用が必要不可欠です。

③　交通公害と地球温暖化防止等
- 我が国の二酸化炭素の排出量については，全体の2割を運輸部門が占め，このうち9割が自動車に起因することから，自動車からの二酸化炭素の更なる排出削減対策の推進が必要となっている。
- 道路を通行するときは，不必要な急発進や空ぶかし，急ブレーキをさけるなど交通公害を少くする心構えが重要です。
- 自動車の排出ガスの中には，一酸化炭素，炭化水素，窒素酸化物など人体に有害な物質が含まれており，これらの排出ガスが大気を汚染する原因のひとつとなっています。
- 貨物の積卸しなどのために継続的に停止するときにアイドリング状態を続けると，人体に有害な物質のほか地球温暖化の一因となっている二酸化炭素の排出量も増え，燃料消費量も増加する。
- 「地球温暖化対策の推進に関する法律」においては，地球の温暖化防止に関する温室効果ガスとして，二酸化炭素，メタン，一酸化二窒素，代替フロン等の6種類が定められている。
- 自動車は排気騒音やタイヤ騒音などの走行騒音を出すほか道路周辺に振動を与えるが，これらは，自動車の速度が速いほど，また，自動車の重量が重いほど大きくなる。
- 自動車の燃料中の硫黄分を低減することは，自動車単体の排出ガス低減対策と同様，大気汚染の防止に必要な対策の一つである。

④　燃料消費
　　自動車の速度と燃料消費には密接な関係があり，速度が遅すぎても速すぎても燃料消費量は多くなります。急発進，急ブレーキや空ぶかしを行ったり，アイドリングを続けたりすると，一酸化炭素，炭化水素，窒素酸化物など人体に有害な物質のほか地球温暖化の一因となっている二酸化炭素の排出量が増加するばかりでなく，余分の燃料を消費するので，できるだけ避ける必要があります。

⑤　停止距離と車間距離
　　自動車は急には止まれません。停止するまでには，運転者が危険を感じてからブレーキを踏み，ブレーキが実際にきき始めるまでの間に自動車が走る距離（空走距離）

と，ブレーキがきき始めてから自動車が停止するまでの距離（制動距離）とを合わせた距離（停止距離）を必要とします。この停止距離を考えて，危険が発生した場合でも，安全に停止できるような速度で運転することが肝要です。

運転者が疲れているときは，危険を認知して判断するまでに時間がかかるので空走距離は長くなります。また，ぬれた路面を走る場合や重い荷物を積んでいる場合などは制動距離が長くなります。

また，道路が滑りやすい状態のときはブレーキを数回に分けて踏むと効果があります。

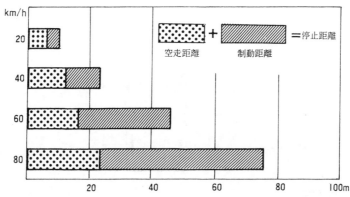

⑥ ハンドル角度と旋回半経
●横すべり等によって旋回半径が大きくなる

　自動車の速度が出ているときにハンドルを回してもカーブを思うように曲がり切れず，反対車線にはみ出してしまうことがあります。

　車の速度が出ているときは，ハンドルを回し，前車軸に曲がるための角度をあたえても，車はそのようには曲がってくれません。

　車に曲がるための力を与えているときには，速度が増せば増すほど旋回半径が大きくなります。

　また，前後車軸への荷重が均等でなく，前車軸への荷重が後車軸への荷重より大きいと，前車軸の横すべり角が増加し，旋回半径も増加します。

　逆に，後車軸への荷重が前車軸の荷重より大きくなると，旋回半径は減少します。

　要するに，車の速度が高いとき，あるいは前荷重のときは，いわゆるハンドルの切れが悪く，逆に，車の速度がそれほどでないときはハンドルの切れがよいといえます。そのほか，ハンドルの切れを左右するものに横風，道路の横断勾配（カント，道路の左右方向の勾配）などがあります。

⑦ 内輪差・外輪差
　自動車がハンドルを切って右左折するときやバックするとき，後輪は前輪より内側を通ります。

　内側の車輪の場合を内輪差，外側の車輪の場合を外輪差といい，それぞれ回転半径の差によって生じます。

- 内輪差及び外輪差は，共にハンドルをいっぱい切ったときに最大となります。
- 内輪差，外輪差ともホイールベースが長くなるほど大きくなります。
- 外輪差は，内輪差よりやや小さくなります。
- 大型車は内輪差が大きく，左後方に運転者席から見えない箇所があるので歩行者や自転車を巻き込まないよう注意が必要です。
- 外輪差は，車庫入れ等のときの後退や旋回のときは，左あるいは右の車体前部の張り出しが大きくなるので注意が必要です。

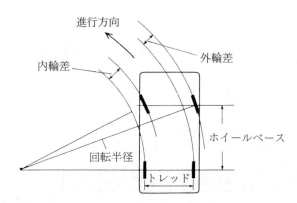

⑧　踏切通過時の運転

　踏切内では，エンストを防止するため，変速しないで，発進したときの低速ギヤのまま一気に通過します。また，歩行者や対向車に注意しながら，落輪しないようにやや中央寄りを通ります。

　踏切で動かなくなったときは，踏切支障報知装置，発炎筒などで一刻も早く列車の運転者に知らせるとともに自動車を踏切の外に移動させることが必要です。

⑨　スローイン・ファストアウト

　スローイン・ファストアウト走行とは，カーブの手前の直線部分で速度を落としゆっくりとカーブを回り終わる少し手前から徐々に加速する走り方をいいます。

⑩　坂道の運転

　上り坂で発進するときは，できるだけハンドブレーキを活用します。クラッチ操作だけで発進すると失敗し，自動車が後退してしまいます。また，上り坂の頂上付近は見とおしが悪いので徐行することが必要です。

　下り坂では低速のギヤを用い，エンジンブレーキを活用します。長い下り坂で，フットブレーキをひんぱんに使いすぎると急にブレーキがきかなくなることがあるので注意が必要です。

　また，下り坂では，加速がついて停止距離が長くなるので，車間距離を広くとる必要があります。

　なお，一般的に走行中，次のような現象が発生することがありますので注意が肝要です。

フェード現象：フットブレーキを使いすぎるとブレーキ・ドラムやブレーキ・ライニ

　　　　ングが摩擦のため過熱し，ドラムとライニングの間の摩擦力が減り，
　　　　ブレーキのききが悪くなる現象をいいます。
　ベーパロック現象：フットブレーキの使いすぎによりドラムとライニングが過熱し，
　　　　　　　　　その熱のためブレーキ液の中に気泡が生じ，ブレーキのききが悪
　　　　　　　　　くなる現象をいいます。

⑪　夜間の運転

　夜間は視界が悪くなり，歩行者や自転車の発見が遅れます。また，速度感がにぶり，速度超過になりがちとなります。昼間より速度を落として慎重に運転するとともに，少しでも危険を感じたら，まず速度を落とすことが必要です。

　夜間の走行では，自分の自動車と対向車のライトで道路の中央付近の歩行者が見えなくなること（蒸発現象）があるので注意が必要です。

　前の自動車に続いて走行するときは，前走車のブレーキ灯に注意することが必要です。薄暮時には事故が多く発生するので，早めにライトを点灯し，自分の自動車の存在を知らせることが必要です。

　なお，対向車のライトがまぶしいときは，視点をやや左前方に移して目がくらまないようにします。

⑫　悪天候時の運転
　イ　雨の日の運転
　●雨の日は，視界が悪くなるうえ，窓ガラスがくもったり，路面が滑りやすくなるなど悪条件が重なるので注意が必要です。
　●雨の日は，晴れの日よりも速度を落とし，車間距離を十分にとって運転することが必要です。特に，急発進，急ブレーキ，急ハンドルなどは横転，横すべりなどの原因となり危険です。
　●路面が雨にぬれて，タイヤがすり減っている場合の停止距離は，乾燥した路面でタイヤの状態がよい場合に比べ２倍程度のびることがある。
　●ぬかるみ，砂利道等を運転する場合には，低速ギアを使い速度を一定に保つようにする。
　●ドラムブレーキの場合，深い水溜りを走った後，ブレーキのききが悪くなったら，停止してブレーキライニングを乾かすようにする。
　　なお，雨の日の運転には次の様な現象が起こりますので特に走行時には注意をする事が肝要です。
　ウェット　スキッド現象：雨の降り始めなどに，タイヤと路面にすべりが生じて車
　　　　　　　　　　　　の方向が急に変わったり，流されたり，スリップしたり
　　　　　　　　　　　　する現象をいいます。
　ウオータ・フェード現象：水たまりを走行したとき，ブレーキ・ドラムに水が入り，
　　　　　　　　　　　　ブレーキのききが悪くなる現象をいいます。
　ハイドロプレーニング現象：雨の日に高速走行したとき，タイヤが路面の水を排除

できず路面から浮き上がり，水の上を滑るようになる現象をいいます。

　ロ　雪道の運転
　　雪道や凍りついた道は大変滑りやすく危険です。タイヤにタイヤチェーンを装着するか，スノータイヤなどの雪路用タイヤをつけたうえで，速度を十分落とし，車間距離を十分とって運転することが必要です。
　　横すべりを起こすことが多いのでハンドルやブレーキの操作は特に慎重にする必要があります。急発進，急ブレーキ，急ハンドルは絶対にやめることです。

　ハ　霧の時の運転
　　霧は，視界をきわめて狭くします。霧灯がある場合には霧灯を，ないときはヘッドライトを早めにつけます。中央線やガードレールや前走車の尾灯をめやすに速度を落として運転することが必要です。また，必要により警音器を活用します。

⑬　緊急時の措置
　踏切や交差点内でエンストしたときは，非常手段としてギヤをローかセカンドに入れ，セルモーターを使って動かすこともできます。
　アクセルを踏みこんで，ワイヤーなどがひっかかりもどらなくなったときは，ただちにギヤをニュートラルにして，タイヤにエンジンの力をかけないようにすることが必要です。
　走行中にタイヤがパンクしたときは，ハンドルをしっかり握り，自動車の方向を直すことに全力を傾けます。急ブレーキをさけ，断続的にブレーキを踏んで止めます。後輪の横すべりは，スピードの出し過ぎ，急ハンドル又は急加速が原因で発生します。後輪が横すべりを始めたときは，ブレーキをかけてはいけません。まず，アクセルをゆるめ，同時にハンドルで自動車の向きを立て直すようにします。この場合，後輪が右（左）にすべったときは，自動車は左（右）に向くので，ハンドルを右（左）に切ります。
　下り坂などでブレーキがきかなくなったときは，ブレーキを数回踏み，手早く減速チェンジをし，ハンドブレーキを引きます。それでも停止しないようなときは，山側の溝に車輪を落としたり，ガードレールに車体をすり寄せたり，道路わきの砂利などに突込んだりして止めます。
　対向車と正面衝突のおそれが生じたときは，警音器とブレーキを同時に使い，できる限り左側に寄ります。衝突の寸前まであきらめないで少しでもブレーキとハンドルでかわすようにします。

⑭　高速道路の運転
　イ　速度
　　車間距離を十分とって走ります。路面が乾燥していてタイヤが新しい場合は，時速100キロメートルでは約100メートル，時速80キロメートルでは約80メートルの車間距離をとる必要があります。また，路面がぬれていたり，タイヤがすり減ってい

る場合は，この約２倍程度の車間距離が必要となります。

　雨や雪や霧など悪天候下での高速走行は特に危険です。雨の中を高速で走行すると，スリップを起こしたり，タイヤが浮いてハンドルやブレーキがきかなくなること（ハイドロプレーニング現象）があります。また，雪の日は路面が滑りやすく，視界も悪くなるので高速走行はさける必要があります。

ロ　走行方法

　高速道路の路側帯や路肩を通行してはいけません。

　登坂車線のある道路では，荷物を積んだトラックなど速度の遅い自動車は，登坂車線を利用します。

　追越しをする場合は，早目に合図をし，追越し車線の自動車の動きなどに注意をしてから行います。特に，進路を戻すときは，追越した自動車全体がルームミラーに写ったことを確認してから行います。

　高速で走行中に急ブレーキをかけることは，大変危険です。ブレーキをかけるときは，一段低いギヤに落としエンジンブレーキを使うとともに，フットブレーキを数回に分けて踏むことが必要です。

　高速走行中の急ハンドルはしてはいけません。

　強風のときは，ハンドルをとられやすいので速度を落とし，注意して運転します。特に，トンネルや切り通しの出口などでは，横風のためにハンドルをとられることがあるので注意することが必要です。

　高速でトンネルに入ると，視力が急激に低下するので，あらかじめ手前で速度を落とすことが必要です。

ハ　走行上の注意

　本線車道へ入ろうとする場合，加速車線があるときは，加速車線を通行して，十分加速することが必要です。

　本線車道へ入ろうとするときは，本線車道を通行している自動車の進行を妨げてはいけません。

⑮　高速自動車国道の設備

　高速自動車国道には，安全走行，疲労回復及び情報収集，伝達のための施設が設けられています。

イ　サービスエリアは，約50キロメートル毎に設置してあり，レストラン，売店，無料休憩所，燃料スタンド，点検所，便所などが設置されています。

ロ　パーキングエリアは，サービスエリアとサービスエリアとの中間に約15キロメートル毎に配置されており，売店（又は自動販売機），便所などが設置されています。

ハ　非常用電話は，１キロメートル（トンネル内は200メートル）ごとに設置されています。

ニ　キロポスト（KP）は，その道路の起点からの距離を表示してあり，100メート

ル毎に設置されています。
　ホ　R450・R600（右又は左方屈曲有り）は，道路の屈曲の半径を表示しているもので，R450とは，屈曲半径が450メートルを表し，R600とは，屈曲半径が600メートルを表しています。
　ヘ　ハイウエイラジオ（1620キロヘルツ）設置区間では，交通情報，気象情報を放送しています。
　ト　ETCは，有料道路の料金所に設置したアンテナと自動車に装着した車載器との間で無線通信を用いて自動的に料金の支払いを行い，ノンストップで料金所を通行することのできるシステムである。

⑯　運転中に大地震が発生したとき
● 急ハンドル，急ブレーキを避けるなど，できるだけ安全な方法により道路の左側に停止させること。
● 停止後は，ラジオで地震情報や交通情報を聞き，その情報や周囲の状況に応じて行動すること。
● 車を置いて避難するときは，道路の左側に寄せて停止させ，エンジンを止めエンジンキーはつけたままとし，窓を閉めドアはロックしないこと。
● 避難のために車を使用しないこと。

⑰　タイヤの空気圧
　タイヤの空気圧は，ハンドル操作や乗り心地，ブレーキのききぐあいに大きく影響し，また，タイヤの寿命にも関係します。タイヤの空気圧は，車種によって違います。車種に合った規定の空気圧を正しく守るようにする。
　イ　空気圧の低すぎ
　　①　ハンドルが重い。
　　②　タイヤが損傷しやすい。
　　③　摩擦抵抗が大きいため，燃料消費量が増える。
　　④　高速走行時に，**スタンディング・ウェーブ現象**を起こしやすい。
　　⑤　接地面（トレッド）の両端部が早く摩耗する。
● スタンディングウェーブ現象：タイヤの空気圧不足で高速走行したとき，タイヤの接地部に波打ち現象が生じセパレーションやコード切れ等が発生する現象をいいます。
　ロ　空気圧の高すぎ
　　①　ショックを吸収できず，乗り心地が悪い。
　　②　ショックで取付部がゆるみやすい。
　　③　摩耗抵抗が小さくなり，スリップしやすい。
　　④　ハンドルがふらつきやすい。
　　⑤　接地面（トレッド）の中央部が早く摩耗する。
　ハ　空気圧の左右が不ぞろい

① 空気圧の少ないほうにハンドルが取られる。
　② タイヤの摩耗状態が不ぞろいになる。
　③ ブレーキが片ぎきになる。

⑱ 睡眠時無呼吸症候群（SAS：Sleep Apnea Syndrome）
　漫然運転や居眠り運転の防止には，夜更かし，無理な勤務スケジュールや慢性の睡眠不足状態がないかを注意する必要があります。また，運送従事者の勤務形態とは関係なく，眠気を生じる様々な病気が居眠り運転に関連していることが知られており，早期発見・早期治療の取り組みが重要です。その中で睡眠時無呼吸症候群（ＳＡＳ）は，本人が気付いていないことが多いことから安全運転上の対策として，以下のような早期発見・早期治療の取り組みを行うことが重要です。

● ＳＡＳは，睡眠中に舌が喉の奥に沈下することにより気道（空気の通り道）が塞がれ，そのため，大きないびき，睡眠中に呼吸が止まったり，止まりかけたりする状態が断続的に繰り返される病気です。（医学的には，呼吸が10秒以上停止する無呼吸の状態が一晩の睡眠中に30回以上生じるか，睡眠1時間あたり無呼吸が5回以上生じ，かつ自覚症状を伴うものをいいます。）このため睡眠が浅くなると同時に，脳への酸素の供給も悪くなるため，質の良い睡眠がとれず，日中強い眠気を感じたり居眠りがちになったりして，集中力に欠けるなどの状況が生じます。この結果，漫然運転や居眠り運転による事故等が発生しやすくなります。

● ＳＡＳに関連する症状
　ＳＡＳの患者には，主に次のような症状が見られます。
　　① 夜間の症状　・睡眠中に呼吸が止まる　・大きないびき
　　　　　　　　　・夜頻繁にトイレに立つ（頻繁に目がさめる）　・不眠
　　② 昼間の症状　・熟睡感ない　・朝の頭痛　・日中の強い眠気
　　　　　　　　　・集中力の低下
　　③ 他の症状　　・勃起機能不全（ＥＤ）
　　④ 身体的特徴　・肥満

● ＳＡＳに伴う合併症
　ＳＡＳになると，睡眠中の呼吸停止と再開が繰り返されるために血圧が上昇し，血液も固まりやすくなることから，高血圧，糖尿病，狭心症，心筋梗塞，脳卒中など重大な合併症を引き起こすリスクが高まります。従って，安全運転上のみならず，健康管理面からもＳＡＳの早期発見・早期治療が重要です。

● ＳＡＳによる事故
　これまでの多くの研究によれば，ＳＡＳは運転能力を低下させることが明らかにされています。ＳＡＳによる居眠り運転で発生する事故は，特に
　・ひとりで運転中
　・高速道路や郊外の直線道路を走行中
　・渋滞で低速走行中

に多いと言われています。また，重度のＳＡＳ患者は，短期間に複数回の事故を引き起こすことが多いと言われています。

欧米でのいくつかの報告をまとめた調査結果によれば，ＳＡＳ患者の事故率は，健康な人の事故率に比べ，平均で約３倍という高い値が示されています。

● 日常生活上注意すべき点

多くのＳＡＳ患者では，肥満によって喉の奥が狭くなっているので，減量に取り組むことが重要です。また，喫煙や過度の飲食もＳＡＳを悪化させるので適正飲酒，禁煙に取り組むことも効果的です。

⑲　運転者の健康管理等

イ　近年，脳卒中や心臓病などに起因した運転中の突然死による事故が増加傾向にあるが，この脳卒中や心臓病などは病気の原因が生活習慣に関係していることから「生活習慣病」と呼ばれている。

ロ　かぜ薬や解熱剤には，眠気を誘う成分が含まれているものがあり，場合によっては，服用後は運転を見合わせることも必要である。

ハ　いわゆる「のこり酒」とは，会社に出勤し，運転業務に就く頃までアルコールが代謝されずに体内に残ってしまう状態をいい，この状態で運転すると，酒気帯び運転若しくは体内のアルコール濃度によっては，飲酒運転となることがあるため，点呼時の適切なチェックが重要である。

ニ　アルコール依存症とは，否認の病気といわれているように本人はなかなか認めたがりませんが，心理的，身体的にアルコールへの依存に陥っている医学的に認められた病気です。この病気は治療をすれば回復する病気ですので，早期に発見して早期に治療すれば，本人はもちろん，職場にとっても家族にとっても失うものが少なくてすみます。

　　飲酒量が増えると，「吐き気，おう吐，発汗，寝汗」「落ち着きがない」「手足が震えるようになる」「幻聴，妄想」などの症状が現れてきます。

● 飲酒運転防止対策

体重60kgの人が１単位のお酒を30分以内に飲んだ場合，アルコールは約３～４時間体内にとどまるといわれています。２単位の場合ではアルコールが体内から消失するまで約６～７時間になります。３単位のお酒を飲んだ場合には，８時間が経過してもアルコールは消えないことになります。また，アルコールが消えるまでの時間については個人差も大きく，年齢や体質，そのときの体調や飲酒量などにより大きく左右されますので，このような点を運転者に認識させ，酒気帯び運転を防止するための指導・教育が必要であります。

なお，アルコール摂取量の基準とされるお酒の「１単位」とは，純アルコールに換算して20gです。これは，缶ビール（500ml，アルコール５％）１本，日本酒１合（180ml，アルコール15％）が目安になります。

　・アルコール量の計算式

お酒の量（ml）×｛アルコール度数（%）÷100｝×0.8
　　（例）ビール500mlの場合　500×（5÷100）×0.8＝20g

⑳　ジャックナイフ現象

　トラクタにトレーラを連結状態においては，単車のトラックと異なり，加速しているときは「引いて」いる状態に，減速しているときは逆にトレーラに「押されている」状態になりますので，操作性に大きな相違があることが大きな特徴です。また，連結車両は，屈曲可能なように結合されているため，滑りやすい路面状態で急ハンドルや急ブレーキ等異常な運転操作を行った時，車輪がロックし，かつ路面と車輪の間に滑りが起きると，折りたたみ現象（キングピン（連結部）のところでトラクタとトレーラとが「く」の字となる現象）いわゆる，「ジャックナイフ現象」が発生することがあります。この現象が起こると，車の方向性が失われ，車両の破損又は転覆を生ずる恐れがあります。

・ジャックナイフ現象を防ぐためには次のような注意が必要です。

●ブレーキの調整を確実に行う

　連結車両の場合，トレーラの方が若干速めにブレーキが作動する構造となっているため，このブレーキ調整が確実に，かつ，整備基準に基づいて適切に行われることが必要である。

●道路上に段差のある部分は要注意

　道路上に段差のある部分に差し掛かるときにはブレーキを踏むことになるが，この場合，トラクタが段差に差し掛かった瞬間一層ブレーキが掛かった状態となる。ところが，トレーラはそのまま進もうとする慣性力が働き，ジャックナイフ現象を起こす結果となるので注意が必要である。

●勾配の変わり目に注意

　路面が下り坂から平地，あるいは，平地から上り坂の変わり目に差し掛かる時には，とかく突き上げられる力が連結車に働くので注意が必要である。

●ブレーキを掛ける場所に注意

　カーブ走行の場合には，車に遠心力が働いており，このような時ブレーキを掛けることはジャックナイフ現象を助長することになるので注意が必要である。また，雨や雪あるいは凍結箇所等の滑りやすい路面では発生しやすくなるので特に注意が必要である。

●急な車両操作に注意

　急な車両操作は，ジャックナイフ現象の「呼び水」になりやすい状態となるので，急ハンドルや急ブレーキなどの「急」がつく運転は極力しないことが必要である。

(2)　その他の事項に関すること

①　事故発生時の措置等

●事故の続発を防ぐため，ほかの交通の妨げにならないような安全な場所（路肩，空

き地等）に自動車を移動させ，エンジンを切る。
- 医師や救急車の到着までの間，負傷者へガーゼや清潔なハンカチで止血する等，可能な応急措置を行い，むやみに負傷者を動かさないようにするとともに，後続事故のおそれのある場合は，早く負傷者を救出して安全な場所に移動させる。
- ひき逃げをした自動車を見かけたときは，負傷者を救護するとともに，その自動車のナンバー，車種，色等，自動車の特徴を110番で警察官に届け出る。
- 軽い怪我でも必ず警察官に届け，外傷がなくて頭部などに強い衝撃を受けたときは医師の診断をうけること。後になって後遺症が起きて困ることとなる。

② 交通事故と損害保険

　自動車により交通事故を起こした場合，社会的制裁を受けたり，大きな経済的負担を伴うことが多く，この損失を補うために自動車保険の制度があります。

　自動車保険には，加入が強制されるもの（自動車損害賠償責任保険又は自動車損害賠償責任共済）と任意に加入するものがあります。

- **自動車損害賠償保障法第3条（自動車損害賠償責任）**

　自己のために自動車を運行の用に供する者は，その運行によって他人の生命又は身体を害したときは，これによって生じた損害を賠償する責に任ずる。ただし，自己及び運転者が自動車の運行に関し注意を怠らなかったこと，被害者又は運転者以外の第3者に故意又は過失があったこと並びに，自動車に構造上の欠陥又は機能の障害がなかったことを証明したときは，この限りでない。と規定されています。

- **民法第709条（不法行為による損害賠償）**

　故意または過失によって他人の権利又は法律上保護される利益を侵害した者は，これによって生じた損害を賠償する責任を負う。

- **民法第715条（使用者等の責任）**

　ある事業のために他人を使用する者は，被用者がその事業の執行について第三者に加えた損害を賠償する責任を負う。ただし，使用者が被用者の選任及びその事業の監督について相当の注意をしたとき，又は相当の注意をしても損害が生ずべきであったときは，この限りでない。

- **自動車の運転により人を死傷させる行為等の処罰に関する法律（自動車運転死傷行為処罰法）第5条（過失運転致死傷）**

　　　自動車の運転上必要な注意を怠り，よって人を死傷させた者は，7年以下の懲役若しくは禁錮又は100万円以下の罰金に処する。ただし，その傷害が軽いときは，情状により，その刑を免除することができる。

と規定されています。

- 自動車強制保険については，自動車損害賠償保障法に規定されています。

　自動車は，自動車損害賠償保険又は自動車損害賠償責任共済の契約が締結されているものでなければ，運行の用に供してはなりません。

- 自動車の登録，検査を申請する際には，自動車損害賠償責任保険証明書（又は自動

車損害賠償責任共済証明書）を行政庁に対し提示しなければなりません。
●自動車は，上記の保険証明書を備えなければ運行の用に供してはなりません。
③　運転免許に係る経歴の証明等
●自動車安全運転センター法施行規則第9条（経歴証明義務）
イ．無事故・無違反証明書
　無事故・無違反で経過した期間を証明する。
ロ．累積点数等証明書
　交通違反，交通事故の点数が現在何点になっているかを証明する。
ハ．運転免許経歴証明書
　過去に失効した免許，取り消された免許又は現在受けている免許の種類，取得年月日等を証明する。
ニ．運転記録証明書
　過去5年・3年又は1年間の交通違反，交通事故，運転免許の行政処分の記録について証明する。
④　適性診断の受診
　(1)　適性診断の目的及び内容
　適性診断は，自動車の運行の安全を確保するため，主として自動車運送事業に従事される運転者を対象に安全運転にとって必要な事項，すなわち運転の性格，安全運転態度，認知・処理機能や視覚機能について，心理学及び医学の両面から各種の診断を行い，診断結果による諸特性を把握して，安全運転に役立てるためのものであります。
　適性診断は，受診者が診断結果に基づいて，運転に適しているかどうかについて分別するものではなく，運転行動や運転態度が安全運転にとって好ましい方向へ変化するよう動機づける（意識を向上させる）ためのものであり，ヒューマンエラーによる事故の発生を未然に防止しようとするものであります。

【参考】
　イ　交通安全対策のサイクル

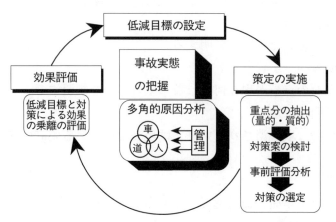

注）図中の「管理」とは運行管理，車両管理などを言う

　自動車交通安全対策を効率的かつ効果的に講じていくためには，収集した事故情報を多角的に分析し，恒常的に「事故実態の把握」を行った上で，「低減目標の設定」→「策定の実施」→「効果評価」→「低減目標の設定」という一連の自動車交通安全対策サイクルを繰り返していくことが必要です。
　ロ　ハインリッヒの法則
　米国の技師ハインリッヒが発表した法則で，労働災害の事例の統計を分析した結果，導きだされたものです。
　重大災害を1とすると，
　軽傷の事故が29，
　そして無傷災害は300となるもので，
　これをもとに「1件の重大災害（死亡・重症事故）が発生する背景には，29件の軽傷事故と300件のヒヤリハットがある。」という警告をして，よく安全運転活動の中で出てくる言葉であります。
　ハ　ヒヤリハット
　実際に起こった自動車事故の背後では，ひとつ間違えれば事故になったかも知れないケースが数限りなく存在していることを大半のドライバーが繰り返し経験しています。
　こうした事故が起こりそうであったが，幸いにも回避できた出来事（インシデント）のことを「ヒヤリハット」とよんでいます。
　ニ　エコドライブとは，駐車中にエンジンを停止するアイドリングストップや急発進・急加速を避けた等速運転などを励行することをいい，エコドライブは，環境の保全のために必要なだけではなく，運行経費の削減や交通事故の防止など様々な効果を

もたらすものである。

　ホ　ITSとは，最先端の情報通信技術を駆使して，人・道路・車両とを一体のシステムとして構築するもので，交通事故や渋滞，環境問題，エネルギー問題等の解決に大きく貢献することが期待されるものである。

　ヘ　モーダルシフトとは，旅客，貨物の輸送手段をより環境負荷の小さいものに転換することをいい，例えば，輸送分担率が最大であるトラック輸送の一部を輸送効率が高く，また，環境負荷の小さい内航海運や鉄道輸送に切り替えることをいう。

　ト　指差呼称とは，危険予知活動の一つの手法であり，運転者の錯覚，誤判断，誤操作等を防止するため，道路の信号や標識などを指で差し，その対象が持つ名称や状態を声に出して確認する行為をいう。

　チ　パークアンドライドとは，都市部などの交通渋滞の緩和のため，通勤などに使用されている自動車等を郊外の鉄道駅やバス停に設けた駐車場に停車させ，そこから鉄道や路線バスなどの公共交通機関に乗り換えて移動する方法のことで，交通渋滞の緩和だけでなく，二酸化炭素などの排出ガスの削減効果も期待できるものである。

⑤　運行記録計（アナログ式・ディジタル式）

　運行記録計（アナログ式・ディジタル式）は，運行管理の適正化を図るため，貸切バスや大型貨物自動車等に装着が義務付けられています。また，東京や大阪など地方運輸局長が指定する地域内のハイヤー・タクシーにも装着が義務付けられています。

【根拠規定】運輸規則第26条，輸送安全規則第9条，保安基準第48条の2，道交法第63条の2

　これらの自動車に装着されている運行記録計は，データを記録紙で保存するアナログ式運行記録計（以下「アナログ式」という。）とデータを電子的に記録して保存するディジタル式運行記録計（以下「ディジタル式」という。）の二種類が存在しますが，「ディジタル式」は「アナログ式」と比べ，次のような利点があげられています。

　イ　走行データが細かく把握できるので安全運転・省エネ運転・運行三費（燃料油脂費，整備費，タイヤ・チューブ費）の低減運転の指導に役立つ

　ロ　走行データの分析がパソコンで迅速にでき，かつ精度も高い

　ハ　走行データを用いて様々な業務処理

　　●運転のムラ，速度超過時間等の運行データの収集が可能となり，運転者毎の安全運転指導や省エネ運転の充実指導が図れる。

　　●各運転者の運行実績表，乗務記録などが1日・週間・月間毎に作成でき，労務管理に係る運行管理者の負担の軽減が図れる。

　　●運行実績表等をもとに，より実績に即した効率的な運行管理計画等の作成が図れる。

　さらに，事業者のニーズにより，温度センサー，GPS受信機や携帯電話などのオプション機器を付加することにより，より高度なシステムの構築が可能となり，より高度な管理や顧客サービスの向上の装置として活用することが可能であるといわれています。

このため，運行記録計は，「アナログ式」に代わって「ディジタル式」が，近年，急速に普及しつつあります。

アナログ式とディジタル式の比較

	アナログ式	ディジタル式
データ記録方式	機械式（針にて記録紙へ記載）	電子式（マイコン等で数値化して記録）
記録方法	記録紙（チャート紙）に記録	記録媒体に記録（ディジタル（数値）化して記録）
記録媒体(記録紙)の再利用	不可	可能
記録可能時間	1日単位 1日，7日用	記録媒体の種類により異なる 1日〜7日用
記録の読み取り	記録紙により直読	記録媒体のデータをコンピュータにて読み取り
記録データの解析	記録紙を拡大鏡等にて目視解析	コンピュータにて拡大表示して解析
数値化	不可	可能
記録の連続性	連続	0.5秒以内毎
解析の正確さ	個人差あり	容易で正確
直読製	あり	なし（コンピュータを利用して解析）
記録の保存	記録紙を保存	電磁式（フロッピーや，ハードデスクなど）にて保存

【参考】
● 映像記録型ドライブレコーダー
　車両の前面に取り付け，常時運転者の視点から自車と周辺情報を記録し，交通事故や急ブレーキ，急ハンドルなど危険な運転操作の衝撃を受けると，衝撃前と衝撃後の前後十数秒間の映像などを自動的に記録する装置（常時記録の機器もある。）で，自動車事故を未然に防止する有効な手段になりうるものとして使用されています。

● 衝突被害軽減ブレーキについて（自動車総合安全情報より）
・衝突被害軽減ブレーキの概要
　衝突被害軽減ブレーキを装備した車両が先行車両に近づく場合，①レーダーが常に前方の状況を監視。②ドライバーが前方の車両に気づかず追突の危険性が高まったときは，音によりドライバーにブレーキ操作を促す。③追突する又は追突の可能性が高いと判断すると自動的にブレーキが作動する装置である。大型トラックに衝突被害軽減ブレーキを装備し，衝突速度を20km/h下げることにより，被追突車両の乗員の死亡件数を約9割減らすことが可能と推計されている。

● 車線逸脱抑制装置について
　自動車に搭載されたカメラが車線の位置を認識して，ブレーキやハンドルにより車線内を維持するよう車両の動きを制御したり，車線からはみ出しそうになった場合などに，車両を車線内に戻そうとする装置です。これによって，路外逸脱によってガードレールや建物などに衝突する事故やセンターラインを越えて自動車などに正面衝突するような事故を防ぐことができます。なお，自動車が道路上の白線（黄線）をカメラで認識するシステムなので，車線がはっきりしている事が前提となっています。雪や汚れにより白線が見えにくい場合は警報を発しない場合があります。また，工事等で白線が消えている場合や速度が低い場合などではシステムは作動しません。

● 車両安定性制御装置について
　走行中の自動車の急なハンドル操作や滑りやすい路面の走行などを原因とした横滑りの状況に応じて，エンジン出力やブレーキ力を制御し，横滑りや転覆を防止するための装置である。

⑥ 計算問題に必要な数式について

実務上の知識に関連あるものとして，試験には速度・距離・時間の計算問題がよく出題されます。

そこで，そうした計算問題を解くのに必要な数式をいくつか列記します。これらの数式を理解し頭に入れておくと計算がより早く正しくできます。特に試験では計算機は使うことができないことになっていますのでなおさらです。

A　秒速の計算など

(1) 計算するには
- 1km = 1,000m
- 1時間 = 60分 = (60分×60秒) = 3,600秒

(2) ある速度で走行している場合の，1秒間に走行する距離

$$1秒間の走行距離 = \frac{速度(km/h) \times 1000(m)}{時間(60分) \times (60秒)} \left\{\begin{array}{l}キロメートルをメートルに換算\\時間を秒に換算(3,600秒)\end{array}\right.$$

※例えば，80km/hの速度で走行している場合，1秒間の走行距離は，

$$\frac{80 \times 1000}{60 \times 60} = \frac{80000}{3600} = \frac{800}{36} = 約22.2m$$

(3) ある速度で走行している場合，ある距離を走るのに要する時間

$$ある距離を走行する時間 = \frac{距離}{1秒間の走行距離} \left\{\begin{array}{l}キロメートルをメートルに換算\\時間を秒に換算(3,600秒)\end{array}\right.$$

- 60km/hの速度で100mを走行する時間　$\frac{60 \times 1000(m)}{3600(秒)} = \frac{600}{36} ≒ 16.7(m)$

$\frac{100(m)}{16.7(m)} = 約6(秒)$

- 100km/hで100mを走行する時間　$\frac{100 \times 1000(m)}{3600(秒)} = \frac{1000}{36} ≒ 27.8(m)$

$\frac{100(m)}{27.8(m)} = 約3.6(秒)$

※例えば，高速自動車国道を時速80キロメートルで走行中，3秒間わき見運転した場合の走行距離は，

$$\frac{80(km/時) \times 1,000(m)}{60(分) \times 60(秒)} = \frac{80,000}{3,600} = \frac{800}{36} = 22.2m ≒ 22m$$

1秒間に約22メートル走行することは3秒間で22m×3秒=66mとなります。

B　速度と制動距離・停止距離・車間距離の関係

車はブレーキをかけて止まるまでには，次の行程を経て停止することになります。
- 運転者が危険を感じて（危険の認知）からブレーキを踏み（操作），ブレーキが実際に効きはじめるまで走り（空走距離），ブレーキが効きはじめてから自動車が停止するまで走り（制動距離），そして停止（停止距離）します。
- ある速度（時速）で走行している場合の1秒間に走行する距離を算出すると，
  時速60km＝60,000m÷3,600秒＝16.66m≒17m
  時速80km＝80,000m÷3,600秒＝22.22m≒22m
  時速100km＝100,000m÷3,600秒＝27.77m≒28m
- 停止距離＝空走距離＋制動距離

時速	30km	40km	50km	60km	80km	100km
空走距離	8m	11m	14m	17m	22m	28m
制動距離	6m	11m	18m	27m	54m	84m
停止距離	14m	22m	32m	44m	76m	112m

※例えば，A自動車が50km/hで20mの車間距離を保ちながら前方のB車に追従して走行していたところ，前車Bが突然急ブレーキをかけた。この場合のA車とB車の車間距離は何mか。

　　A自動車(50km/h)　←　　車間距離 20m　　→　B自動車(50km/h)
　　　　　　　　　　　　　進行方向　⇒

前車Bが急ブレーキをかけ，A車は前車Bの制動灯の点灯を見てブレーキをかけたので，この間の反応時間による空走距離は14mとなります。
　50km × 1,000 ÷ 3,600秒 ＝ 13.88m ≒ 14m
　従って，A自動車はB自動車より1秒間（一般的な反応時間）多く走行して停止することになります。
（当初の車間距離20m）−（空走距離14m）＝ 6 mの車間距離を残して停止します。

C　追い越しに必要な距離及び時間の計算

(1)　追い越しに必要な距離

$$距離 = \frac{(自車の速度) \times \{(自車の長さ)+(前車の長さ)+(車間距離①+車間距離②)\}}{(自車の速度)-(前車の速度)}$$

例えば，下図のように70km/hで走行中の前車（車の長さ10m）を，自車（車の長さ12m）が80km/hの速度で追い越す場合の追い越しに必要な距離は，上記の数式にそれぞれの数値を当てはめると，（車間距離は追い越し前と追い越し後とも90mとする。）

上記の式に数値を当てはめて，

$$\frac{80 \times \{12+10+(90 \times 2)\}}{80-70} = \frac{80 \times (22+180)}{10} = \frac{16160}{10} = 1,616 (m)$$

この場合の追い越しに必要な距離は，1,616mとなります。

(2)　追い越しに必要な時間

$$追い越しに必要な時間 = \frac{追い越しに必要な距離}{自車の1秒間の走行距離}$$

前記(1)の例では，追い越しに必要な距離は1,616メートル，自車の速度は80キロ，1秒間の走行距離は22.2メートルですから，これを上式により計算すると，

$$追い越しに必要な時間 = \frac{1616}{22.2} = 約73秒　となります。$$

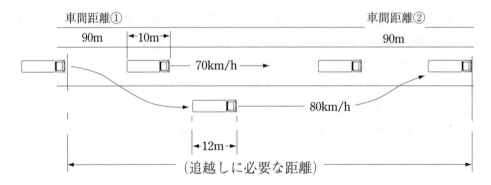

D　出発時刻の算出

　a車とb車を別の経路を通って目的地に同時に到着しようとする場合，経路のキロ程，両車の平均速度及びa車の出発時刻及びB営業所での荷扱い時間が分かっている場合，b車の出発時刻を算出する。

> a車の目的地に到着する時刻＝出発時刻＋走行時間
> b車の出発する時刻　　　　＝到着時刻－走行時間
> 走行時間＝走行距離／平均速度

　例えば下図のとおりa，b両車がそれぞれ別の経路を走行，C社に同時に到着させる場合，a車はA営業所を9時に出発し，合計160kmの経路を平均速度40km/hで走行し，b車は，A営業所から90kmの経路を平均速度45km/hで走行する。

　a車の走行時間＝$\frac{120+40}{40}$＝4時間　　他に荷扱い1時間

　a車の到着時刻＝9＋(4＋1)＝14時　　b車の走行時間＝$\frac{90}{45}$＝2時間

従って，b車は14時の2時間前の12時に出発すればよいことになる。

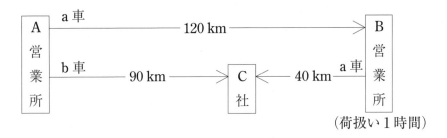

E　平均速度，燃料消費率の算出

　自動車の速度と燃料消費量は密接な関係があります。速度が高速すぎても遅すぎても燃料消費量は多くなります。従って，経済速度で運転することにより省燃費運転が達成できます。平均速度，燃料消費率は，次式により求められます。

> 平均速度 (km/h)＝走行距離(km)／所要時間(h)
> 燃料消費率 (km/ℓ)＝走行距離(km)／燃料消費量(ℓ)

　例えば，A営業所から70km離れたB営業所まで往復したところ，2時間30分かかり20ℓの燃料を消費した。この場合の平均速度と燃料消費率を求めよという場合，上記の式から，次のようになります。

　2時30分＝2時間＋$\frac{30分}{60分}$＝2.5時間

　平均速度は　$\frac{70(km)×2(往復)}{2.5(時間)}$＝56km/h

　燃料消費率は$\frac{70(km)×2(往復)}{20(ℓ)}$＝7km/ℓ

第 2 編

運行管理者試験過去の問題の解説

【第 2 編に掲載される問題文について】

　令和 3 年度以降，運行管理者試験は筆記試験を廃止して，全面的にCBT試験によって実施されることになりました。
　それに伴い，本書においても（公財）運行管理試験センターより公表された「運行管理者試験（CBT試験）出題例」の正答と解説を掲載いたします。
　この第 2 編では，過去 3 回分の試験問題（30問× 3 回分）と，それ以前に出題された問題の中から厳選した頻出問題（10問）の合計100問の問題文と正答を掲載し，解説いたします。（解答欄行末の（P.○○）は該当する法令の記載頁です）

●本文中の法令名の略号の正式名称は，次のとおりです。

事業法とは，貨物自動車運送事業法

事業法施行規則とは，貨物自動車運送事業法施行規則

安全規則とは，貨物自動車運送事業輸送安全規則

事故報告規則とは，自動車事故報告規則

車両法とは，道路運送車両法

車両法施行規則とは，道路運送車両法施行規則

保安基準とは，道路運送車両の保安基準

保基細目告示とは，道路運送車両の保安基準の細目を定める告示（平成14.7.15国土交通省告示第619号）

点検基準とは，自動車点検基準

道交法とは，道路交通法

道交法施行令とは，道路交通法施行令

労基法とは，労働基準法

衛生規則とは，労働安全衛生規則

改善基準とは，自動車運転者の労働時間等の改善のための基準（平成元年労働省告示第7号）

参　考

法律　国会の議決を経て制定されるもので，憲法について上位に位置し，他の法形式に優越する効力をもつ。
　　　（例　貨物自動車運送事業法）

政令　憲法および法律の規定を実施するため，または法律の委任に基づいて，内閣が制定する命令。
　　　（例　道路交通法施行令）

省令　各大臣が，その主管の行政事務について，法律もしくは政令を施行するため，または法律もしくは政令の特別の委任に基づいて発する命令。
　　　（例　貨物自動車運送事業輸送安全規則）

告示　行政官庁が，その行政行為として行った指定，決定の処分等の一定の事項を一般の国民に知らせるための公示。

●試験問題の要約（最近3回分の問題）
（問題の傾向や内容を参考にして下さい。）

1　貨物自動車運送事業法関係

令和3年度CBT試験

番号・主題	問　題　等
問1　事　業　計　画	事業計画の変更（認可），事業計画の変更（あらかじめ届出），事業計画の変更（認可），事業計画の変更（届出）
問2　運行管理者の義務	運行管理者の義務に関する穴埋め問題
問3　運行管理者の業務	施設の整備等，適性診断，アルコール検知器の備付け，運行指示書
問4　点　　呼　　等	中間点呼，業務後の点呼，IT点呼，営業所間で行うIT点呼の時間
問5　自動車事故報告規則	通院のみの治療，車両装置の故障，転落，危険物の漏えい
問6　過労運転の防止等	選任する運転者，運行記録計の対象車両，健康状態の把握，長距離運転者の配置
問7　指導監督及び特定運転者の指導	事故惹起運転者，交替運転者が行う点検，初任運転者，初任運転者の教育，実技
問8　事業用自動車の記録等	IT点呼の記録，貨物の積載状況，運行指示書，運転者等台帳

令和4年度CBT試験

番号・主題	問　題　等
問1　事　業　法　関　係	事業計画の変更，貨物自動車運送事業とは，運送約款，欠格事由
問2　運行管理者の義務及び選任	事業用自動車の数に対応する運行管理者数，事業者への助言，補助者の選任，運行管理者の権限
問3　運行管理者の業務	休憩施設等の管理，補助者の選任，乗務員に対する指導，運転者等台帳の作成
問4　点　　呼　　等	業務前の点呼，中間点呼，IT点呼，運行上やむを得ない場合
問5　自動車事故報告規則	通院のみの治療，転覆，危険物の漏えい，負傷者の人数
問6　過労運転の防止等	一の運行における勤務開始から勤務終了までの時間，勤務時間及び乗務時間，選任する運転者，運行業務基準
問7　運転者に対する指導監督	特定の運転者に対する特別な指導に関する穴埋め問題
問8　貨物の積載等	危険物を運搬する場合，貨物の積載方法，通行の禁止又は制限等違反の防止，貨物の積載状況の記録

令和5年度CBT試験

番号・主題	問　題　等
問1　事　業　法　関　係	一般貨物自動車運送事業とは，特定貨物自動車運送事業とは，事業法の目的，欠格事由
問2　運行管理者の義務及び選任	運行管理者の義務及び選任に関する穴埋め問題
問3　運行管理者の業務	休憩施設等の管理，運転者の選任，乗務員等に対する指導，運転者等台帳の作成
問4　点　　呼　　等	アルコール検知器の有効保持，補助者による点呼，酒気帯びの確認，点呼記録の保存
問5　自動車事故報告規則（速報）	負傷者の人数，重傷者の人数，酒気帯び運転による事故，鉄道車両を休止させた事故
問6　過労運転の防止等	休憩施設等の管理，健康状態の把握，一の運行における勤務開始から勤務終了までの時間，勤務時間及び乗務時間
問7　運転者に対する指導監督	事故惹起運転者に対する特別な指導，初任運転者に対する特別な指導，事故惹起運転者に対する適性診断，事故歴の把握
問8　運行指示書	作成及び携行，変更内容の記載，運行途中における運行指示書を要する運行への変更，運行指示書の保存

2　道路運送車両法関係

令和3年度CBT試験

番号・主題	問　題　等
問9　自動車の登録等	移転登録，永久抹消登録，臨時運行許可証，自動車の種別
問10　自動車の検査等	自動車検査証の有効期間の伸長，自動車検査証記録事項の変更，不正改造等の禁止，スペアタイヤの取付状態
問11　自動車の点検整備等	車両法に定める点検整備等の穴埋め問題
問12　保安基準	空気入ゴムタイヤの接地部，事故自動緊急通報装置，大型後部反射器，非常信号用具

令和4年度CBT試験

番号・主題	問　題　等
問9　自動車の登録等	自動車登録番号標の領置，自動車登録番号標の表示，自動車の種別，移転登録
問10　自動車の検査等	保安基準適合標章の表示，継続検査時の自動車検査証の変更記録の申請，自動車検査証の有効期間の伸長，自動車検査証の有効期間
問11　自動車の点検整備等	車両法に定める点検整備等に関する穴埋め問題
問12　保安基準	電光表示器の備付け，後写鏡，非常用信号用具，自動車の車体の形状

令和5年度CBT試験

番号・主題	問　題　等
問9　自動車の登録等	所有権の得喪，永久抹消登録，封印の取付け，臨時運行許可証
問10　自動車の検査等	自動車検査証の有効期間の伸長，自動車検査証記録事項の変更，自動車の検査及び自動車検査証，自動車検査証の備付
問11　自動車の点検整備等	車両法に定める点検整備等に関する穴埋め問題
問12　保安基準	速度抑制装置，大型後部反射器，突入防止装置，停止表示器材

3 道路交通法関係

令和3年度CBT試験

番号・主題	問　題　等
問13　道交法に定める自動車の種類	大型自動車，中型自動車，準中型自動車，普通自動車
問14　車両の交通方法等	合図を行う時期，追越しの場所，歩道等を通行するとき，路線バス等の優先通行帯がある道路
問15　酒気帯び運転等の禁止等	酒気帯び運転等の禁止等に関する穴埋め問題
問16　道路標識	車両横断禁止，左折することができる標識，大型貨物自動車等通行止め，特定の種類の車両の通行区分
問17　運転者の遵守事項等	通学通園バスの側方を通過するとき，停止表示器材の表示，交通事故の場合の措置，身体障害者用の車椅子が通行しているとき

令和4年度CBT試験

番号・主題	問　題　等
問13　用語の定義	路側帯，安全地帯，車両とは，自動車とは
問14　灯火及び合図等	夜間の灯火，乗合自動車の発進の保護，警音器の使用，合図を行う時期
問15　酒気帯び運転等の禁止等	酒気帯び運転等の禁止等に関する穴埋め問題
問16　自動車の法定速度	一般道路の最高速度，大型貨物自動車の最高速度，故障車けん引時の最高速度，高速道路の最低速度
問17　運転者の遵守事項等	幼児，高齢の歩行者等が通行しているとき，初心運転者が運転しているとき，横断歩道のない交差点における歩行者の優先，通学通園バスの側方を通過するとき

令和5年度CBT試験

番号・主題	問　題　等
問13　用語の定義	車両通行帯，自動車の種類，路側帯，進行妨害
問14　駐車を禁止する場所	道路工事区域の側端からの距離，消防用機械器具の置き場等からの距離，道路外の施設等の出入口からの距離，駐車する場合の余地
問15　横断歩行者等の保護	横断歩道等における歩行者の優先に関する穴埋め問題
問16　道路標識	大型貨物自動車等通行止め，駐停車禁止，車線数減少，車両横断禁止
問17　運転者の遵守事項等	通学通園バスの側方を通過するとき，停止表示器材の表示，運転免許の取消し，乗合自動車の発進の保護

4　労働基準法関係

令和3年度CBT試験

番号・主題	問　題　等
問18　労働基準法関係	賠償予定の禁止，解雇の予告の適用除外，平均賃金，出来高払制の保障給
問19　労働条件及び休日等	時間外及び休日の労働，育児時間，休日，時間外等における割増賃金
問20　拘束時間等	拘束時間等に関する穴埋め問題
問21　拘束時間及び休息期間等	隔日勤務の特例，運転時間，1日の拘束時間，分割休息期間
問22　改善基準	連続運転の中断方法
問23　改善基準	1年間における各月の拘束時間

令和4年度CBT試験

番号・主題	問　題　等
問18　労働基準法関係	賠償予定の禁止，非常時払，均等待遇，解雇の予告の適用除外
問19　労働時間及び休日	災害時の臨時の時間外労働，休憩時間，休日，時間外及び休日の労働
問20　改善基準	拘束時間等に関する穴埋め問題
問21　改善基準	住所地における休息期間，隔日勤務の特例，拘束時間とは，フェリーに乗船する場合の特例
問22　改善基準	連続運転時間，2日平均1日の運転時間
問23　改善基準	1年間における各月の拘束時間

令和5年度CBT試験

番号・主題	問　題　等
問18　労働基準法関係	休業手当，解雇制限，公民権行使の補償，解雇の予告の適用除外
問19　労働基準法関係	労働時間，休憩時間，割増賃金，時間外及び休日の労働
問20　改善基準	拘束時間等に関する穴埋め問題
問21　改善基準	隔日勤務の特例，拘束時間とは，1ヵ月の拘束時間，分割休息期間
問22　改善基準	2日平均1日の運転時間，2週平均1週の運転時間
問23　改善基準	1日についての拘束時間，休息期間

5 実務上の知識及び能力

令和3年度CBT試験

番号・主題	問題等
問24 点呼の記録等	点呼の記録表に関する穴埋め問題
問25 運転者に対する指導監督	交通事故時の措置，車間距離，ドライブレコーダーの映像の活用，アルコールの処理時間
問26 運転者の健康管理等	健康診断個人票の保存，睡眠時無呼吸症候群，アルコール依存症，運転中の体調不良時の判断
問27 交通事故防止対策	ドライブレコーダーの活用，運転席の位置による見え方，二輪車の事故防止対策，内輪差
問28 自動車の走行時に生じる諸現象	自動車の走行時に生じる諸現象に関する穴埋め問題
問29 荷主からの運送依頼に対する運行計画の作成	交通法令に定める制限速度，2日を平均して1日当たりの運転時間，連続運転時間
問30 事故の要因分析等	事故の要因分析と考えられる再発防止対策

令和4年度CBT試験

番号・主題	問題等
問24 日常業務の記録等	運転者等台帳，運行記録計による記録，教育の記録，乗務割の作成
問25 運転者に対する指導監督	停止距離，危険ドラッグ等薬物の危険性，異常気象時の措置，ドライブレコーダーの活用
問26 運転者の健康管理等	健康診断個人票の保存，脳血管疾患の予防，運転中の体調不良時の対応，睡眠時無呼吸症候群
問27 交通事故防止対策	ヒューマンエラーによる事故防止対策，ドライブレコーダーの活用，指差呼称，適性診断
問28 自動車の運転に関する事項	蒸発現象，シートベルトの着用，遠心力，衝撃力
問29 荷主からの運送依頼に対する運行計画の作成	法定速度，2日平均1日の運転時間，連続運転時間
問30 事故の要因分析	事故の要因分析と考えられる再発防止策

令和5年度CBT試験

番号・主題	問題等
問24 点呼の実施	酒気帯びの確認，運行上やむを得ない場合，運行管理者不在時の対応，アルコール検知器の備付
問25 運行管理者の役割等	重大事故に対する運行管理者の責任，コミュニケーションの重要性，運転者への指導教育，運行管理者と補助者の業務
問26 運転者の健康管理等	深夜業に従事する運転者の健康診断，睡眠時無呼吸症候群，運転中の体調不良時の対応，医師からの意見に対する運転者への措置
問27 交通事故防止対策	ヒューマンエラーによる事故防止対策，ドライブレコーダーの活用，ヒヤリ・ハット体験情報の収集・活用，適性診断
問28 自動車の運転等に関する事項	自動車の運転等に関する穴埋め問題 遠心力，ベーパー・ロック現象，ウェット・スキッド現象
問29 荷主からの運送依頼に対する運行計画の作成	走行距離の算出，2日平均1日の運転時間，連続運転時間
問30 危険予知訓練	運転者が予知すべき危険要因と運行管理者による指導

1　貨物自動車運送事業法関係

〔令和3年度CBT試験・問1〕

問1　一般貨物自動車運送事業者（以下「事業者」という。）の事業計画の変更に関する次の記述のうち，【正しいものを2つ】選びなさい。なお，解答にあたっては，各選択肢に記載されている事項以外は考慮しないものとする。

1．事業者は，「自動車車庫の位置及び収容能力」の事業計画の変更をしたときは，遅滞なくその旨を，国土交通大臣に届け出なければならない。

2．事業者は，「各営業所に配置する事業用自動車の種別ごとの数」の事業計画の変更をするときは，法令に定める場合を除き，あらかじめその旨を，国土交通大臣に届け出なければならない。

3．事業者は，「事業用自動車の運転者及び運転の補助に従事する従業員の休憩又は睡眠のための施設の位置及び収容能力」の事業計画の変更をしようとするときは，国土交通大臣の認可を受けなければならない。

4．事業者は，「主たる事務所の名称及び位置」の事業計画の変更をするときは，あらかじめその旨を，国土交通大臣に届け出なければならない。

〔正解〕　2　事業法第9条（事業計画の変更）第3項　　（p12下2個目●）
　　　　　3　事業法第9条（事業計画の変更）第1項　　（p12上3個目●）

〔解説〕
　1は×　事業法第9条（事業計画の変更）第1項　　（p12上3個目●）
　　・誤：遅滞なくその旨を，国土交通大臣に届け出なければならない。
　　・正：国土交通大臣の認可を受けなければならない。
　4は×　事業法第9条（事業計画の変更）第3項　　（p12下1個目●）
　　・誤：あらかじめその旨を，国土交通大臣に届け出なければならない。
　　・正：遅滞なくその旨を，国土交通大臣に届け出なければならない。

〔令和3年度CBT試験・問2〕

> 問2　貨物自動車運送事業法に定める運行管理者等の義務についての次の文中，A，B，C，Dに入るべき字句として【下の選択肢（①～⑧）から】選びなさい。
>
> 1．運行管理者は，　A　にその業務を行わなければならない。
>
> 2．一般貨物自動車運送事業者は，運行管理者に対し，法令で定める業務を行うため必要な　B　を与えなければならない。
>
> 3．一般貨物自動車運送事業者は，運行管理者がその業務として行う　C　を尊重しなければならず，事業用自動車の運転者その他の従業員は，運行管理者がその業務として行う　D　に従わなければならない。
>
> ①指導　②適切　③権限　④指示
> ⑤助言　⑥地位　⑦勧告　⑧誠実

・事業法第20条（運行管理者等の義務）第1項　　（p53上1個目●）
・事業法第20条（運行管理者等の義務）第2項　　（p53上2個目●）
・事業法第20条（運行管理者等の義務）第3項　　（p53上3個目●）

〔正解〕　A：⑧　誠実
　　　　　B：③　権限
　　　　　C：⑤　助言
　　　　　D：①　指導

〔令和3年度CBT試験・問3〕

問3　次の記述のうち，一般貨物自動車運送事業の運行管理者の行わなければならない業務として【正しいものを2つ】選びなさい。なお，解答にあたっては，各選択肢に記載されている事項以外は考慮しないものとする。

1．乗務員が有効に利用することができるように，休憩に必要な施設を整備し，及び乗務員に睡眠を与える必要がある場合にあっては睡眠に必要な施設を整備し，並びにこれらの施設を適切に管理し，及び保守すること。

2．法令の規定により，死者又は負傷者（法令に掲げる傷害を受けた者）が生じた事故を引き起こした者等特定の運転者に対し，国土交通大臣が告示で定める適性診断であって国土交通大臣の認定を受けたものを受けさせること。

3．法令の規定により，運転者に対して点呼を行い，報告を求め，確認を行い，及び指示を与え，並びに記録し，及びその記録を保存し，並びに国土交通大臣が告示で定めるアルコール検知器を備え置くこと。

4．法令の規定により，運行指示書を作成し，及びその写しに変更の内容を記載し，運転者に対し適切な指示を行い，運行指示書を事業用自動車の運転者に携行させ，及び変更の内容を記載させ，並びに運行指示書及びその写しの保存をすること。

〔正解〕　2　安全規則第20条（運行管理者の業務）第1項第14号の2
　　　　　　　　　　　　　　　　　　　　　　　　　（p62下15行目⑭-2）
　　　　　4　安全規則第20条（運行管理者の業務）第1項第12号の2
　　　　　　　　　　　　　　　　　　　　　　　　　（p60下14行目⑫-2）

〔解説〕
　1は×　安全規則第20条（運行管理者の業務）第1項第2号　（p54上4行目②）
　・必要な施設を整備するのは事業者である。
　3は×　安全規則第20条（運行管理者の業務）第1項第8号　（p56上16行目⑧）
　・アルコール検知器を備え置くのは事業者である。

〔令和3年度CBT試験・問4〕　※試験後の法改正に伴い，問題の一部を修正しています。

問4　貨物自動車運送事業の事業用自動車の運転者等に対する点呼についての法令等の定めに関する次の記述のうち，【正しいものをすべて】選びなさい。なお，解答にあたっては，各選択肢に記載されている事項以外は考慮しないものとする。

1．業務前及び業務後の点呼のいずれも対面により，又は対面による点呼と同等の効果を有するものとして国土交通大臣が定める方法で行うことができない業務を行う運転者等に対しては，業務前及び業務後の点呼のほかに，当該業務の途中において少なくとも1回対面による点呼と同等の効果を有するものとして国土交通大臣が定める方法（当該方法により点呼を行うことが困難である場合にあっては，電話その他の方法）により点呼（中間点呼）を行わなければならない。当該点呼においては，①運転者に対しては，酒気帯びの有無，②運転者に対しては，疾病，疲労，睡眠不足その他の理由により安全な運転をすることができないおそれの有無について報告を求め，及び確認を行い，並びに事業用自動車の運行の安全を確保するために必要な指示をしなければならない。

2．業務後の点呼は，対面により，又は対面による点呼と同等の効果を有するものとして国土交通大臣が定める方法（運行上やむを得ない場合は電話その他の方法）により行い，当該業務に係る事業用自動車，道路及び運行の状況並びに他の運転者等と交替した場合にあっては，交替した運転者等に対して行った法令の規定による通告について報告を求め，かつ，運転者に対しては酒気帯びの有無について確認を行わなければならない。

3．全国貨物自動車運送適正化事業実施機関が認定している安全優良事業所（Gマーク営業所）以外であっても，①開設されてから3年を経過していること。②過去1年間点呼の違反に係る行政処分又は警告を受けていないことなどに該当する一般貨物自動車運送事業者の営業所にあっては，当該営業所と当該営業所の車庫間で行う点呼に限り，対面による点呼と同等の効果を有するものとして国土交通大臣が定める方法による点呼（IT点呼）を実施できる。

4．同一事業者内の全国貨物自動車運送適正化事業実施機関が認定している安全優良事業所（Gマーク営業所）である営業所間で行うIT点呼の実施は，1営業日のうち連続する20時間以内とする。

〔正解〕　1　安全規則第7条（点呼等）第3項　　（p24下1個目●）
　　　　　2　安全規則第7条（点呼等）第2項　　（p25上1個目●）
〔解説〕
　　3は×　安全規則の解釈及び運用について第7条1．(4)
　　　　　　　　　　　　　　　　　　　　　　　　　　　（p28下1行目（14））
　　・誤：過去1年間点呼の違反に係る行政処分又は警告を受けていない
　　・正：過去3年間点呼の違反に係る行政処分又は警告を受けていない
　　4は×　安全規則の解釈及び運用について第7条1．(5)
　　　　　　　　　　　　　　　　　　　　　　　　　　　（p29下1行目ウ）
　　・誤：1営業日のうち連続する20時間以内とする。
　　・正：1営業日のうち連続する16時間以内とする。

〔令和3年度CBT試験・問5〕

問5　次の自動車事故に関する記述のうち、一般貨物自動車運送事業者が自動車事故報告規則に基づき国土交通大臣への【報告を要するものを2つ】選びなさい。なお、解答にあたっては、各選択肢に記載されている事項以外は考慮しないものとする。

1．事業用自動車が左折したところ、左後方から走行してきた自転車を巻き込む事故を起こした。この事故で、当該自転車に乗車していた者に通院による40日間の医師の治療を要する傷害を生じさせた。

2．事業用自動車が走行中、アクセルを踏んでいるものの速度が徐々に落ち、しばらく走行したところでエンジンが停止して走行が不能となった。再度エンジンを始動させようとしたが、燃料装置の故障によりエンジンを再始動させることができず、運行ができなくなった。

3．事業用自動車の運転者がハンドル操作を誤り、当該自動車が車道と歩道の区別がない道路を逸脱し、当該道路との落差が0.3メートルの畑に転落した。

4．事業用自動車の運転者が高速自動車国道を走行中、ハンドル操作を誤り、道路の中央分離帯に衝突したことにより、当該事業用自動車に積載していた消防法に規定する危険物の高圧ガスが一部漏えいした。この事故により当該自動車の運転者が軽傷を負った。

〔正解〕　2　自動車事故報告規則第2条（定義）第11号　　（p68下9行目⑪）
　　　　　4　自動車事故報告規則第2条（定義）第5号　　（p68上13行目⑤）
〔解説〕
　1は要しない　自動車事故報告規則第2条（定義）第3号　　（p68上9行目ニ）
　　・入院を要する傷害で、医師の治療を要する期間が30日以上の場合に事故報告書の提出が必要。
　3は要しない　自動車事故報告規則第2条（定義）第1号　　（p67下10行目①）
　　・当該道路との落差が0.5メートル以上の場合に事故報告書の提出が必要。

（p69上5行目）

〔令和3年度CBT試験・問6〕

問6　一般貨物自動車運送事業者（以下「事業者」という。）の過労運転の防止等についての法令の定めに関する次の記述のうち，【誤っているものを1つ】選びなさい。なお，解答にあたっては，各選択肢に記載されている事項以外は考慮しないものとする。

1．事業者は，事業計画に従い業務を行うに必要な員数の運転者を常時選任しておかなければならず，この場合，選任する運転者は，日々雇い入れられる者，2ヵ月以内の期間を定めて使用される者又は試みの使用期間中の者（14日を超えて引き続き使用されるに至った者を除く。）であってはならない。

2．運転者の乗務について，当該事業用自動車の瞬間速度，運行距離及び運行時間を運行記録計により記録しなければならない車両は，車両総重量が8トン以上又は最大積載量が5トン以上の普通自動車である。

3．事業者は，運転者及び事業用自動車の運転の補助に従事する従業員（以下「乗務員」という。）の健康状態の把握に努め，疾病，疲労，睡眠不足その他の理由により安全な運転をし，又はその補助をすることができないおそれがある乗務員を事業用自動車に乗務させてはならない。

4．事業者は，運転者が長距離運転又は夜間の運転に従事する場合であって，疲労等により安全な運転を継続することができないおそれがあるときは，あらかじめ，当該運転者と交替するための運転者を配置しておかなければならない。

〔正解〕　2　安全規則第9条（運行記録計による記録）　　（p34上1個目●）
〔解説〕
・誤：車両総重量が8トン以上又は最大積載量が5トン以上の普通自動車である。
・正：車両総重量が7トン以上又は最大積載量が4トン以上の普通自動車である。
1は○　安全規則第3条（過労運転等の防止）第2項　　（p20上1個目●）
3は○　安全規則第3条（過労運転等の防止）第6項　　（p22上1個目●）
4は○　安全規則第3条（過労運転等の防止）第7項　　（p22上2個目●）

〔令和3年度CBT試験・問7〕

問7　一般貨物自動車運送事業者（以下「事業者」という。）の事業用自動車の運行の安全を確保するために，国土交通省告示等に基づき運転者に対して行わなければならない指導監督及び特定の運転者に対して行わなければならない特別な指導に関する次の記述のうち，【誤っているものを1つ】選びなさい。なお，解答にあたっては，各選択肢に記載されている事項以外は考慮しないものとする。

1．事業者は，事故惹起運転者に対する特別な指導については，当該交通事故を引き起こした後再度事業用自動車に乗務する前に実施する。ただし，やむを得ない事情がある場合には，再度乗務を開始した後1ヵ月以内に実施する。なお，外部の専門的機関における指導講習を受講する予定である場合は，この限りではない。

2．運転者は，乗務を終了して他の運転者と交替するときは，交替する運転者に対し，当該乗務に係る事業用自動車，道路及び運行の状況について通告すること。この場合において，交替して乗務する運転者は，当該通告を受け，当該事業用自動車の制動装置，走行装置その他の重要な装置の機能について，これを点検すること。

3．事業者は，初任運転者に対する特別な指導について，当該事業者において初めて事業用自動車に乗務する前に実施すること。ただし，やむを得ない事情がある場合には，乗務を開始した後1ヵ月以内に実施すること。

4．事業者が行う初任運転者に対する特別な指導は，法令に基づき運転者が遵守すべき事項，事業用自動車の運行の安全を確保するために必要な運転に関する事項などについて，6時間以上実施するとともに，安全運転の実技について，15時間以上実施すること。

〔正解〕　4　指導監督の指針第2章第2（2）　　（p45下14行目）
〔解説〕
・誤：<u>6時間以上</u>実施するとともに，安全運転の実技について，<u>15時間以上</u>
・正：<u>15時間以上</u>実施するとともに，安全運転の実技について，<u>20時間以上</u>

1は○　指導監督の指針第2章第3（1）①　　（p46上7行目①）
2は○　安全規則第17条（運転者）第5号　　（p49上9行目（10）（11））
3は○　指導監督の指針第2章第3（1）②　　（p46上11行目②）

〔令和3年度CBT試験・問8〕　※試験後の法改正に伴い，問題の一部を修正しています。

問8　一般貨物自動車運送事業者（以下「事業者」という。）の事業用自動車の運行に係る記録等に関する次の記述のうち，【正しいものを2つ】選びなさい。なお，解答にあたっては，各選択肢に記載されている事項以外は考慮しないものとする。

1．同一事業者内の全国貨物自動車運送適正化事業実施機関が認定している安全性優良事業所（Gマーク営業所）間でIT点呼を実施した場合，点呼簿に記録する内容を，IT点呼を行う営業所及びIT点呼を受ける運転者等が所属する営業所の双方で記録し，保存すること。

2．事業者は，車両総重量が8トン以上又は最大積載量が5トン以上の普通自動車である事業用自動車に運転者等を運行の業務に従事させた場合にあっては，当該業務を行った運転者等ごとに貨物の積載状況を「業務の記録」に記録させ，かつ，その記録を1年間保存しなければならない。

3．事業者は，法令の規定により運行指示書を作成した場合には，当該運行指示書を，運行を計画した日から1年間保存しなければならない。

4．事業者は，運転者が転任，退職その他の理由により運転者でなくなった場合には，直ちに，当該運転者に係る法令に基づき作成した運転者等台帳に運転者でなくなった年月日及び理由を記載し，これを1年間保存しなければならない。

〔正解〕　1　安全規則の解釈及び運用について第7条1．(5)②

(p30上5行目②ア)

　　　　2　安全規則第8条（業務の記録）第1項第6号イ

(p31下1個目●)

〔解説〕
　3は×　安全規則第9条の3（運行指示書による指示等）第4項

(p35上2個目●)

　・誤：運行を計画した日
　・正：運行の終了の日
　4は×　安全規則第9条の5（運転者等台帳）第2項　　(p37下1個目●)
　・誤：1年間保存
　・正：3年間保存

〔令和4年度CBT試験・問1〕

問1　貨物自動車運送事業に関する次の記述のうち,【正しいものを2つ】選びなさい。なお,解答にあたっては,各選択肢に記載されている事項以外は考慮しないものとする。

1．一般貨物自動車運送事業者は,「事業用自動車の運転者及び運転の補助に従事する従業員の休憩又は睡眠のための施設の位置及び収容能力」に係る事業計画の変更をしようとするときは,国土交通大臣の認可を受けなければならない。

2．貨物自動車運送事業とは,一般貨物自動車運送事業,特定貨物自動車運送事業,貨物軽自動車運送事業及び貨物自動車利用運送事業をいう。

3．一般貨物自動車運送事業者は,運送約款を定め,又はこれを変更しようとするときは,国土交通大臣の認可を受けなければならない。

4．一般貨物自動車運送事業の許可の取消しを受けた者は,その取消しの日から2年を経過しなければ,新たに一般貨物自動車運送事業の許可を受けることができない。

〔正解〕　1　事業法第9条（事業計画の変更）第1項　　（p12上3個目●）
　　　　　3　事業法第10条（運送約款）第1項　　　　（p13下2個目●）
〔解説〕
　2は×　事業法第2条（定義）第1項　　（p9上2個目●）
　・貨物自動車利用運送事業は含まれない。
　4は×　事業法第5条（欠格事由）第1項　　（p10下1個目●）
　・誤：2年を経過しなければ,
　・正：5年を経過しなければ,

〔令和４年度CBT試験・問２〕　※試験後の法改正に伴い，問題の一部を修正しています。

問２　貨物自動車運送事業法等における運行管理者等の義務及び選任についての次の記述のうち，【誤っているものを１つ】選びなさい。なお，解答にあたっては，各選択肢に記載されている事項以外は考慮しないものとする。

1．一般貨物自動車運送事業者は，貨物自動車運送事業法第３条の許可を受けた後，速やかに，事業用自動車（被けん引自動車を除く。）の運行を管理する営業所ごとに，当該営業所が運行を管理する事業用自動車の数を30で除して得た数（その数に１未満の端数があるときは，これを切り捨てるものとする。）に１を加算して得た数以上の運行管理者を選任しなければならない。

2．一般貨物自動車運送事業者は，運行管理者がその業務として行う助言を尊重しなければならず，事業用自動車の運転者その他の従業員は，運行管理者がその業務として行う指導に従わなければならない。

3．一般貨物自動車運送事業者は，運行管理者の業務を補助させるための者（補助者）の選任については，運行管理者の履行補助として業務に支障が生じない場合であっても，同一事業者の他の営業所の補助者を兼務させることはできない。

4．一般貨物自動車運送事業者は，運行管理者に対し，法令で定める業務を行うため必要な権限を与えなければならない。

〔正解〕　3　安全規則の解釈及び運用について第18条3　　（p52上２個目●）
〔解説〕
・運行管理者の履行補助として業務に支障が生じない場合に限り，同一事業者の他の営業所の補助者を兼務しても差し支えない。
　1は○　安全規則第18条（運行管理者等の選任）第１項　　（p51上４個目●）
　2は○　事業法第20条（運行管理者等の義務）第３項　　（p53上３個目●）
　4は○　事業法第20条（運行管理者等の義務）第２項　　（p53上２個目●）

〔令和4年度CBT試験・問3〕　※試験後の法改正に伴い，問題の一部を修正しています。

問3　次の記述のうち，一般貨物自動車運送事業の運行管理者が行わなければならない業務として，【正しいものを2つ】選びなさい。なお，解答にあたっては，各選択肢に記載されている事項以外は考慮しないものとする。

1．乗務員が有効に利用することができるように，休憩に必要な施設を整備し，及び乗務員に睡眠を与える必要がある場合にあっては睡眠に必要な施設を整備し，並びにこれらの施設を適切に管理し，及び保守すること。

2．運行管理規程を定め，かつ，その遵守について運行管理業務を補助させるため選任した者（補助者）及び運転者に対し指導及び監督を行うこと。

3．事業用自動車に備えられた非常信号用具及び消火器の取扱いについて，当該事業用自動車の乗務員に対する適切な指導を行うこと。

4．法令の規定により，運転者等ごとに運転者等台帳を作成し，営業所に備え置くこと。

〔正解〕　3　安全規則第20条（運行管理者の業務）第1項第14号
　　　　　　　　　　　　　　　　　　　　　　　　　　　　（p62上17行目⑭）
　　　　　4　安全規則第20条（運行管理者の業務）第1項第13号
　　　　　　　　　　　　　　　　　　　　　　　　　　　　（p61下12行目⑬）

〔解説〕
　1は×　安全規則第20条（運行管理者の業務）第1項第2号　（p54上4行目②）
　　・必要な施設を整備するのは事業者である。
　2は×　安全規則第21条（運行管理規程）第1項　（p65上2個目●）
　　・運行管理規程を定めるのは事業者である。

〔令和4年度CBT試験・問4〕　※試験後の法改正に伴い，問題の一部を修正しています。

問4　貨物自動車運送事業の事業用自動車の運転者等に対する点呼についての法令等の定めに関する次の記述のうち，【正しいものをすべて】選びなさい。なお，解答にあたっては，各選択肢に記載されている事項以外は考慮しないものとする。

1．貨物自動車運送事業者は，事業用自動車の運行の業務を開始しようとする運転者等に対し，対面により，又は対面による点呼と同等の効果を有するものとして国土交通大臣が定める方法（運行上やむを得ない場合は電話その他の方法。）により点呼を行い，次に掲げる事項について報告を求め，及び確認を行い，並びに事業用自動車の運行の安全を確保するために必要な指示をしなければならない。
　（1）運転者に対しては，酒気帯びの有無
　（2）運転者に対しては，疾病，疲労，睡眠不足その他の理由により安全な運転をすることができないおそれの有無
　（3）道路運送車両法第47条の2第1項及び第2項の規定による点検の実施又はその確認
　（4）特定自動運行保安員に対しては，特定自動運行事業用自動車による運送を行うために必要な自動運行装置の設定の状況に関する確認

2．2日間にわたる運行（営業所から出発し1日目を遠隔地で終了，2日目に営業所に戻るもの。）については，1日目の業務前の点呼及び2日目の業務後の点呼についてはいずれも対面により，又は対面による点呼と同等の効果を有するものとして国土交通大臣が定める方法で行うことができることから，業務前の点呼及び業務後の点呼のほかに，当該業務途中において少なくとも1回対面による点呼と同等の効果を有するものとして国土交通大臣が定める方法（当該方法により点呼を行うことが困難である場合にあっては，電話その他の方法）により点呼（中間点呼）を行う必要はない。

3．同一事業者内の全国貨物自動車運送適正化事業実施機関が認定している安全性優良事業所（Gマーク営業所）と当該営業所の車庫間で行うIT点呼の実施は，1営業日のうち連続する16時間以内としなければならない。

4．貨物自動車運送事業者は，営業所と当該営業所の車庫が離れている場合は，運行上やむを得ない場合として，電話その他の方法により点呼を行うことができる。

〔正解〕　1　安全規則第7条（点呼等）第1項　　（p24上2個目●）
　　　　　2　安全規則第7条（点呼等）第3項　　（p24下1個目●）
〔解説〕
　　3は×　安全規則の解釈及び運用について第7条1．（5）　（p29下1行目）
　　・誤：連続する16時間以内としなければならない。
　　・正：Gマーク営業所と当該営業所の車庫間でIT点呼を実施する場合にあってはこの限りではない。（16時間以内でなくてもよい。）
　　4は×　安全規則の解釈及び運用について第7条1．（1）　（p26上1行目）
　　・営業所と当該営業所の車庫が離れている場合は「運行上やむを得ない場合」には該当しない。

〔令和4年度CBT試験・問5〕

問5　次の自動車事故に関する記述のうち，一般貨物自動車運送事業者が自動車事故報告規則に基づき国土交通大臣に【報告を要するものを2つ】選びなさい。なお，解答にあたっては，各選択肢に記載されている事項以外は考慮しないものとする。

1．事業用自動車が右折の際，原動機付自転車と接触し，当該原動機付自転車が転倒した。この事故で，原動機付自転車の運転者に30日間の通院による医師の治療を要する傷害を生じさせた。

2．事業用自動車の運転者が運転操作を誤り，当該事業用自動車が道路の側壁に衝突した後，運転者席側を下にして転覆した状態で道路上に停車した。この事故で，当該運転者が10日間の医師の治療を要する傷害を負った。

3．事業用自動車の運転者がハンドル操作を誤り，当該事業用自動車が道路の側壁に衝突した。その衝撃により積載されていた消防法第2条第7項に規定する危険物である灯油の一部が道路に漏えいした。

4．事業用自動車が交差点に停車していた貨物自動車に気づくのが遅れ，当該事業用自動車がこの貨物自動車に追突し，さらに後続の自家用乗用自動車3台が関係する玉突き事故となり，この事故により8人が軽傷を負った。

〔正解〕　2　自動車事故報告規則第2条（定義）第1項第1号　　（p67下10行目）
　　　　　3　自動車事故報告規則第2条（定義）第1項第5号　　（p68上13行目）
〔解説〕
　　1は要しない　自動車事故報告規則第2条（定義）第1項第3号　（p68上9行目）
　　・入院を要する傷害で，医師の治療が30日以上の場合に報告を要する。
　　4は要しない　自動車事故報告規則第2条（定義）第1項第4号　（p68上12行目）
　　・10人以上の負傷者が生じた場合に報告を要する。

〔令和４年度CBT試験・問６〕　※試験後の法改正に伴い，問題の一部を修正しています。

問６　一般貨物自動車運送事業者（以下「事業者」という。）の過労運転の防止等についての法令の定めに関する次の記述のうち，【誤っているものを１つ】選びなさい。なお，解答にあたっては，各選択肢に記載されている事項以外は考慮しないものとする。

１．運転者が一の運行における最初の勤務を開始してから最後の勤務を終了するまでの時間（ただし，「自動車運転者の労働時間等の改善のための基準」（改善基準告示）第４条第４項第４号に定める自動車運転者がフェリーに乗船している時間のうち休息期間とされる時間を除く。）は，168時間を超えてはならない。

２．事業者は，休憩又は睡眠のための時間及び勤務が終了した後の休息のための時間が十分に確保されるように，国土交通大臣が告示で定める基準に従って，運転者の勤務時間及び乗務時間を定め，当該運転者にこれらを遵守させなければならない。

３．事業者は，事業計画に従い業務を行うに必要な員数の事業用自動車の運転者（以下「運転者」という。）を常時選任しておかなければならず，この場合，選任する運転者は，日々雇い入れられる者，２ヵ月以内の期間を定めて使用される者又は試みの使用期間中の者（14日を超えて引き続き使用されるに至った者を除く。）であってはならない。

４．特別積合せ貨物運送を行う事業者は，当該特別積合せ貨物運送に係る運行系統であって起点から終点までの距離が100キロメートルを超えるものごとに，所定の事項について事業用自動車の運行の業務に関する基準を定め，かつ，当該基準の遵守について乗務員等に対する適切な指導及び監督を行わなければならない。

〔正解〕　1　貨物自動車運送事業者の事業用自動車の運転者の勤務時間及び乗務時間に係る基準　　（p21上5行目）

〔解説〕
・誤：168時間
・正：144時間

2は○　安全規則第3条（過労運転等の防止）第4項　　（p20下1個目●）
3は○　安全規則第3条（過労運転等の防止）第2項　　（p20上1個目●）
4は○　安全規則第3条（過労運転等の防止）第8項　　（p22下2個目●）

〔令和4年度CBT試験・問7〕

問7　一般貨物自動車運送事業者（以下「事業者」という。）の事業用自動車の運行の安全を確保するために，事業者が行う国土交通省告示で定める特定の運転者に対する特別な指導の指針に関する次の文中，A，B，Cに入るべき字句として【いずれか正しいものを1つ】選びなさい。

1．事業者は，適齢診断（高齢運転者のための適性診断として国土交通大臣が認定したもの。）を運転者が65才に達した日以後1年以内に1回受診させ，その後　A　以内ごとに1回受診させること。

2．事業者は，初任運転者に対する特別な指導について，当該事業者において初めて事業用自動車に乗務する前に実施すること。ただし，やむを得ない事情がある場合には，乗務を開始した後　B　以内に実施すること。

3．事業者が行う初任運転者に対する特別な指導は，法令に基づき運転者が遵守すべき事項，事業用自動車の運行の安全を確保するために必要な運転に関する事項などについて，15時間以上実施するとともに，安全運転の実技について，　C　以上実施すること。

　　A：①2年　　②3年
　　B：①1ヵ月　②3ヵ月
　　C：①20時間　②30時間

・指導監督の指針第2章4（4）　　（p47下14行目）
・指導監督の指針第2章3（2）　　（p46上11行目）
・指導監督の指針第2章2（2）　　（p45下14行目）

〔正解〕　A：②　3年
　　　　　B：①　1ヵ月
　　　　　C：①　20時間

〔令和4年度CBT試験・問8〕　※試験後の法改正に伴い，問題の一部を修正しています。

問8　一般貨物自動車運送事業者（以下「事業者」という。）の貨物の積載方法等に関する次の記述のうち，【正しいものを2つ】選びなさい。なお，解答にあたっては，各選択肢に記載されている事項以外は考慮しないものとする。

1．事業者は，危険物を運搬する場合，その運転者に対し，消防法（昭和23年法律第186号）その他の危険物の規制に関する法令に基づき，運搬する危険物の性状を理解させるとともに，取扱い方法，積載方法及び運搬方法について留意すべき事項を指導しなければならない。また，運搬中に危険物が飛散又は漏えいした場合に安全を確保するためにとるべき方法を指導し，習得させなければならない。

2．事業者は，事業用自動車（車両総重量が8トン以上又は最大積載量が5トン以上のものに限る。）に，貨物を積載するときは，偏荷重が生じないように積載するとともに，運搬中に荷崩れ等により事業用自動車から落下することを防止するため，貨物にロープ又はシートを掛けること等必要な措置を講じなければならない。

3．事業者は，道路法第47条第2項の規定（車両でその幅，重量，高さ，長さ又は最小回転半径が政令で定める最高限度を超えるものは，道路を通行させてはならない。）に違反し，又は政令で定める最高限度を超える車両の通行に関し道路管理者が付した条件（通行経路，通行時間等）に違反して事業用自動車を通行させることを防止するため，運転者に対する適切な指導及び監督を怠ってはならない。

4．車両総重量が8トン以上又は最大積載量が5トン以上の普通自動車である事業用自動車の運行の業務に従事する運転者等は，当該業務において，法令の規定に基づき作成された運行指示書に「貨物の積載状況」が記録されている場合は，業務の記録に当該事項を記録したものとみなされる。

〔正解〕　1　指導監督の指針第1章2（6）　　（p41上3行目）
　　　　　3　安全規則第5条の2（通行の禁止又は制限等違反の防止）
　　　　　　　　　　　　　　　　　　　　　　　　　　（p23下1個目●）
〔解説〕
　　2は×　安全規則第5条（貨物の積載方法）　（p23下2個目●）
　　　・車両の大きさにかかわらず，すべての事業用自動車において必要な措置を講じなければならない。
　　4は×　安全規則第8条（業務の記録）第1項　（p31下1個目●）
　　　・運行指示書に記録されている場合においても，業務の記録に貨物の積載状況を記録しなければならない。

〔令和5年度CBT試験・問1〕

問1　貨物自動車運送事業に関する次の記述のうち，【正しいものをすべて】選びなさい。なお，解答にあたっては，各選択肢に記載されている事項以外は考慮しないものとする。

1．一般貨物自動車運送事業とは，他人の需要に応じ，有償，無償に関わらず，自動車（三輪以上の軽自動車及び二輪の自動車を除く。）を使用して貨物を運送する事業であって，特定貨物自動車運送事業以外のものをいう。

2．特定貨物自動車運送事業とは，特定の者の需要に応じ，有償で，自動車を使用して貨物を運送する事業をいう。

3．貨物自動車運送事業法は，貨物自動車運送事業の運営を適正かつ合理的なものとするとともに，貨物自動車運送に関するこの法律及びこの法律に基づく措置の遵守等を図るための民間団体等による自主的な活動を促進することにより，輸送の安全を確保するとともに，貨物自動車運送事業の健全な発達を図り，もって公共の福祉の増進に資することを目的とする。

4．一般貨物自動車運送事業又は特定貨物自動車運送事業の許可の取消しを受けた者は，その取消しの日から2年を経過しなければ，新たに一般貨物自動車運送事業の許可を受けることができない。

〔正解〕　2　事業法第2条（定義）第3項　　（p9上4個目●）
　　　　　3　事業法第1条（目的）　（p9上1個目●）
〔解説〕
　1は×　事業法第2条（定義）第2項　　（p9上3個目●）
　　・誤：他人の需要に応じ，有償，無償に関わらず
　　・正：他人の需要に応じ，有償で
　4は×　事業法第5条（欠格事由）第2項　　（p10下1個目●）
　　・誤：2年を経過しなければ，
　　・正：5年を経過しなければ，

〔令和5年度CBT試験・問2〕　※試験後の法改正に伴い，問題の一部を修正しています。

問2　貨物自動車運送事業法等に規定する運行管理者等の義務及び選任についての次の文中，A，B，C，Dに入るべき字句として【いずれか正しいものを1つ】選びなさい。

1．運行管理者は，誠実にその業務を行わなければならない。

2．一般貨物自動車運送事業者は，運行管理者に対し，法令で定める業務を行うため必要な　A　を与えなければならない。

3．一般貨物自動車運送事業者は，運行管理者がその業務として行う助言を尊重しなければならず，事業用自動車の運転者その他の従業員は，運行管理者がその業務として行う　B　に従わなければならない。

4．一般貨物自動車運送事業者等は，貨物自動車運送事業法第3条の許可を受けた後，速やかに，事業用自動車（被けん引自動車を除く。）の運行を管理する営業所ごとに，当該営業所が運行を管理する事業用自動車の数を　C　で除して得た数（その数に1未満の端数があるときは，これを切り捨てるものとする。）に1を加算して得た数以上の運行管理者を選任しなければならない。

5．一の営業所において複数の運行管理者を選任する一般貨物自動車運送事業者等は，それらの業務を統括する　D　を選任しなければならない。

A：①権限　　　②地位
B：①勧告　　　②指導
C：①20　　　　②30
D：①安全管理者　②運行管理者

・事業法第20条（運行管理者等の義務）第２項　　（p53上２個目●）
・事業法第20条（運行管理者等の義務）第３項　　（p53上３個目●）
・安全規則第18条（運行管理者の選任）第１項　　（p51上４個目●）
・安全規則第18条（運行管理者の選任）第２項　　（p51下２個目●）

〔正解〕　A：①　権限
　　　　　B：②　指導
　　　　　C：②　30
　　　　　D：②　運行管理者

〔令和5年度CBT試験・問3〕

> 問3 次の記述のうち,一般貨物自動車運送事業の運行管理者が行わなければならない業務として,【誤っているものを1つ】選びなさい。なお,解答にあたっては,各選択肢に記載されている事項以外は考慮しないものとする。
>
> 1. 乗務員等が有効に利用することができるように,休憩に必要な施設を整備し,及び乗務員等に睡眠を与える必要がある場合にあっては睡眠に必要な施設を整備し,並びにこれらの施設を適切に管理し,及び保守すること。
>
> 2. 一般貨物自動車運送事業者により運転者として選任された者以外の者を事業用自動車の運行の業務に従事させないこと。
>
> 3. 事業用自動車に備えられた非常信号用具及び消火器の取扱いについて,当該事業用自動車の乗務員等に対する適切な指導を行うこと。
>
> 4. 法令の規定により,運転者等ごとに運転者等台帳を作成し,営業所に備え置くこと。

〔正解〕 1　安全規則第20条（運行管理者の業務）第1項第2号　（p54上4行目②）
〔解説〕
　・必要な施設を整備するのは事業者である。
　2は○　安全規則第20条（運行管理者の業務）第1項第1号　（p53下7行目①）
　3は○　安全規則第20条（運行管理者の業務）第1項第14号　（p62上17行目⑭）
　4は○　安全規則第20条（運行管理者の業務）第1項第13号　（p61下12行目⑬）

〔令和5年度CBT試験・問4〕

問4　貨物自動車運送事業の事業用自動車の運転者に対する点呼についての法令等の定めに関する次の記述のうち，【正しいものをすべて】選びなさい。なお，解答にあたっては，各選択肢に記載されている事項以外は考慮しないものとする。

1．貨物自動車運送事業者は，点呼に用いるアルコール検知器を常時有効に保持しなければならない。このため，確実に酒気を帯びていない者が当該アルコール検知器を使用した場合に，アルコールを検知しないこと及び洗口液等アルコールを含有する液体又はこれを希釈したものをスプレー等により口内に噴霧した上で，当該アルコール検知器を使用した場合にアルコールを検知すること等により，定期的に故障の有無を確認しなければならない。

2．運行管理者の業務を補助させるための者（補助者）を選任し，点呼の一部を行わせる場合であっても，当該営業所において選任されている運行管理者が行う点呼は，点呼を行うべき総回数の少なくとも2分の1以上でなければならない。

3．業務前の点呼においては，営業所に備えるアルコール検知器を用いて酒気帯びの有無を確認できる場合であっても，運転者の状態を目視等で確認しなければならない。

4．運転者に対して点呼を行い，報告を求め，確認を行い，及び指示をしたときは，運転者ごとに点呼を行った旨，報告，確認及び指示の内容並びに法令に掲げる事項を記録し，かつ，その記録を1年間保存すること。

〔正解〕　1　安全規則の解釈及び運用について第7条　　（p27下6行目）
　　　　　3　安全規則第7条（点呼等）第4項　　（p25上2個目●）
　　　　　4　安全規則第7条（点呼等）第5項　　（p25下1個目●）
〔解説〕
　　2は×　安全規則の解釈及び運用について第7条　　（p28上17行目）
　　・誤：<u>2分の1以上</u>
　　・正：<u>3分の1以上</u>

〔令和5年度CBT試験・問5〕

問5　次の自動車事故に関する記述のうち，一般貨物自動車運送事業者が自動車事故報告規則に基づき運輸支局長等に【速報を要するものをすべて】選びなさい。なお，解答にあたっては，各選択肢に記載されている事項以外は考慮しないものとする。

1．事業用自動車が交差点に停車していた自家用貨物自動車に気づくのが遅れ，当該事業用自動車がこの自家用貨物自動車に追突し，さらに後続の自家用乗用自動車が当該事業用自動車に追突する事故となり，この事故により当該事業用自動車の運転者1人が重傷，追突された自家用貨物自動車の運転者1人及び後続の自家用乗用自動車に乗車していた4人が軽傷を負った。

2．事業用自動車が高速自動車国道法に定める高速自動車国道において，路肩に停車中の車両に追突したため，後続車6台が衝突する多重事故が発生し，この事故により6人が重傷，4人が軽傷を負った。

3．事業用自動車の運転者が，ハンドル操作を誤り道路のガードレールに接触する事故を起こし，軽傷を負った。事故処理を担当した警察官が当該運転者への事情聴取中に酒臭さを感じたため呼気検査を実施したところ，道路交通法の規定に違反する酒気帯び運転をしていたことが発覚した。

4．事業用自動車が走行中，鉄道施設である高架橋の下を通過しようとしたところ，積載していた建設用機械の側部が橋脚に衝突し，当該橋脚を損傷させた。鉄道施設の安全確認作業の影響で，3時間にわたり本線において鉄道車両の運転を休止させた。

〔正解〕　2　自動車事故報告規則第4条（速報）第1項第2号　　（p70上4行目）
　　　　　3　自動車事故報告規則第4条（速報）第1項第5号　　（p70上11行目）
〔解説〕
　　1は要しない　自動車事故報告規則第4条（速報）第1項第2号，第3号
　　　　　　　　　　　　　　　　　　　　　　　　　　　（p70上4行目，6行目）
　　・<u>5人以上の重傷者</u>を生じた場合，又は<u>10人以上の負傷者</u>を生じた場合に速報を要する。
　　4は要しない　自動車事故報告規則第4条（速報）第1項　　（p69上1個目●）
　　・鉄道車両を3時間以上休止させた事故については速報を要しない。

〔令和5年度CBT試験・問6〕　※試験後の法改正に伴い，問題の一部を修正しています。

問6　一般貨物自動車運送事業者（以下「事業者」という。）の過労運転の防止等についての法令等の定めに関する次の記述のうち，【誤っているものを1つ】選びなさい。なお，解答にあたっては，各選択肢に記載されている事項以外は考慮しないものとする。

1．事業者は，乗務員等が有効に利用することができるように，休憩に必要な施設を整備し，及び乗務員等に睡眠を与える必要がある場合にあっては睡眠に必要な施設を整備しなければならない。ただし，休憩・睡眠施設が設けられている場合であっても，施設・寝具等が，不潔な状態にある施設は，有効に利用することができる施設には該当しない。

2．事業者は，乗務員等の生活状況を把握し，疾病，疲労，睡眠不足その他の理由により安全に運行の業務を遂行し，又はその補助をすることができないおそれがある乗務員等を事業用自動車の運行の業務に従事させてはならない。

3．運転者が一の運行における最初の勤務を開始してから最後の勤務を終了するまでの時間（ただし，「自動車運転者の労働時間等の改善のための基準」（改善基準告示）に定める自動車運転者がフェリーに乗船している時間のうち休息期間とされる時間を除く。）は，144時間を超えてはならない。

4．事業者は，休憩又は睡眠のための時間及び勤務が終了した後の休息のための時間が十分に確保されるように，国土交通大臣が告示で定める基準に従って，運転者の勤務時間及び乗務時間を定め，当該運転者にこれらを遵守させなければならない。

〔正解〕 2 安全規則第3条（過労運転等の防止）第6項　（p22上1個目●）
〔解説〕
　　・誤：生活状況を把握し
　　・正：健康状態の把握に努め
　1は○　安全規則第3条（過労運転等の防止）第3項　（p20上2個目●）
　3は○　貨物自動車運送事業者の事業用自動車の運転者の勤務時間及び乗務時間
　　　　に係る基準　（p21上5行目）
　4は○　安全規則第3条（過労運転等の防止）第4項　（p20下1個目●）

〔令和5年度CBT試験・問7〕　※試験後の法改正に伴い，問題の一部を修正しています。

問7　一般貨物自動車運送事業者（以下「事業者」という。）の事業用自動車の運行の安全を確保するために，事業者が国土交通省告示等に基づき運転者に対して行わなければならない指導監督及び特定の運転者に対して行わなければならない特別な指導に関する次の記述のうち，【正しいものを2つ】選びなさい。なお，解答にあたっては，各選択肢に記載されている事項以外は考慮しないものとする。

1．事業者が行う事故惹起運転者に対する特別な指導については，当該交通事故を引き起こした後再度事業用自動車に乗務する前に実施する。ただし，やむを得ない事情がある場合には，再度乗務を開始した後1ヵ月以内に実施する。なお，外部の専門的機関における指導講習を受講する予定である場合は，この限りでない。

2．事業者は，事業用自動車の運転者として常時選任するために新たに雇い入れた者であって，当該事業者において初めて事業用自動車に乗務する前3年間に他の事業者によって運転者として常時選任されたことがない者には，初任運転者を対象とする特別な指導について，初めて事業用自動車に乗務する前に実施する。ただし，やむを得ない事情がある場合には，乗務を開始した後3ヵ月以内に実施する。

3．事業者は，軽傷者（法令で定める傷害を受けた者）を生じた交通事故を引き起こし，かつ，当該事故前の1年間に交通事故を引き起こした運転者に対し，国土交通大臣が告示で定める適性診断であって国土交通大臣の認定を受けたものを受診させること。

4．事業者は，運転者を新たに雇い入れた場合には，当該運転者について，自動車安全運転センターが交付する無事故・無違反証明書又は運転記録証明書等により，雇い入れる前の事故歴を把握し，事故惹起運転者に該当するか否かを確認すること。

〔正解〕　1　指導監督の指針第2章3（1）　　（p46上7行目）
　　　　　4　指導監督の指針第2章5（1）　　（p47下7行目）
〔解説〕
　　2は×　指導監督の指針第2章3（1）　　（p46上11行目）
　　・誤：乗務を開始した後3ヵ月以内
　　・正：乗務を開始した後1ヵ月以内
　　3は×　指導監督の指針第2章4（1）　　（p47上8行目）
　　・誤：当該事故前の1年間
　　・正：当該事故前の3年間

〔令和5年度CBT試験・問8〕

問8　一般貨物自動車運送事業者（以下「事業者」という。）の運行指示書による指示等に関する次の記述のうち，【正しいものを2つ】選びなさい。なお，解答にあたっては，各選択肢に記載されている事項以外は考慮しないものとする。

1．事業者は，業務前及び業務後の点呼のいずれも対面等で行うことができない業務を含む運行ごとに，「運行に際して注意を要する箇所の位置」等の所定の事項を記載した運行指示書を作成し，これにより事業用自動車の運転者等に対し適切な指示を行い，及びこれを当該運転者等に携行させなければならない。

2．事業者は，運行指示書の作成を要する運行の途中において，「運行の経路並びに主な経過地における発車及び到着の日時」に変更が生じた場合には，運行指示書の写しに当該変更の内容を記載し，これにより運転者等に対し電話その他の方法により，当該変更の内容について適切な指示を行わなければならない。この場合，当該運転者等が携行している運行指示書への当該変更内容の記載を省略させることができる。

3．事業者は，運行指示書の作成を要しない運行の途中において，事業用自動車の運転者等に業務前及び業務後の点呼のいずれも対面等で行うことができない業務を行わせることとなった場合には，当該業務以後の運行について，所定の事項を記載した運行指示書を作成し，及びこれにより当該運転者等に対し電話その他の方法により適切な指示を行わなければならない。

4．事業者は，法令の規定により運行指示書を作成した場合には，当該運行指示書を，運行を計画した日から1年間保存しなければならない。

〔正解〕　1　安全規則第9条の3（運行指示書による指示等）第1項
(p34上2個目●)
　　　　3　安全規則第9条の3（運行指示書による指示等）第3項
(p35上1個目●)

〔解説〕
　2は×　安全規則第9条の3（運行指示書による指示等）第2項
(p34下1個目●)
・運行指示書の写しに当該変更の内容を記載し，これにより運転者等に対し電話その他の方法により当該変更の内容について適切な指示を行い，及び当該運転者等が携行している運行指示書に当該変更の内容を記載させなければならない。
　4は×　安全規則第9条の3（運行指示書による指示等）第4項
(p35上2個目●)
・誤：運行を計画した日から1年間
・正：運行の終了の日から1年間

2 道路運送車両法関係

〔令和3年度CBT試験・問9〕

問9 自動車の登録等についての次の記述のうち,【正しいものを2つ】選びなさい。なお,解答にあたっては,各選択肢に記載されている事項以外は考慮しないものとする。

1. 登録自動車について所有者の変更があったときは,新所有者は,その事由があった日から30日以内に,国土交通大臣の行う移転登録の申請をしなければならない。

2. 登録自動車の所有者は,当該自動車が滅失し,解体し(整備又は改造のために解体する場合を除く。),又は自動車の用途を廃止したときは,その事由があった日(使用済自動車の解体である場合には解体報告記録がなされたことを知った日)から15日以内に,永久抹消登録の申請をしなければならない。

3. 臨時運行の許可を受けた者は,臨時運行許可証の有効期間が満了したときは,その日から15日以内に,当該臨時運行許可証及び臨時運行許可番号標を行政庁に返納しなければならない。

4. 道路運送車両法に規定する自動車の種別は,自動車の大きさ及び構造並びに原動機の種類及び総排気量又は定格出力を基準として定められ,その別は,普通自動車,小型自動車,軽自動車,大型特殊自動車,小型特殊自動車である。

〔正解〕　2　車両法第15条（永久抹消登録）第1項　　（p74下4個目●）
　　　　　4　車両法第3条（自動車の種別）　（p73上1個目●）
〔解説〕
　　1は×　車両法第13条（移転登録）第1項　　（p74下5個目●）
　　　・誤：30日以内
　　　・正：15日以内
　　3は×　車両法第35条（許可基準等）第6項　　（p80上3個目●）
　　　・誤：15日以内
　　　・正：5日以内

〔令和3年度CBT試験・問10〕　※試験後の法改正に伴い，問題の一部を修正しています。

問10　自動車の検査等についての次の記述のうち，【誤っているものを1つ】選びなさい。なお，解答にあたっては，各選択肢に記載されている事項以外は考慮しないものとする。

1．国土交通大臣は，一定の地域に使用の本拠の位置を有する自動車の使用者が，天災その他やむを得ない事由により，継続検査を受けることができないと認めるときは，当該地域に使用の本拠の位置を有する自動車の自動車検査証の有効期間を，期間を定めて伸長する旨を公示することができる。

2．自動車の使用者は，自動車の長さ，幅又は高さを変更したときは，道路運送車両法で定める場合を除き，その事由があった日から15日以内に，当該事項の変更について，国土交通大臣が行う自動車検査証の変更記録を受けなければならない。

3．何人も，有効な自動車検査証の交付を受けている自動車について，自動車又はその部分の改造，装置の取付け又は取り外しその他これらに類する行為であって，当該自動車が保安基準に適合しないこととなるものを行ってはならない。

4．車両総重量8,990キログラムの貨物自動車運送事業の用に供する自動車の使用者は，スペアタイヤの取付状態等について，1ヵ月ごとに国土交通省令で定める技術上の基準により自動車を点検しなければならない。

〔正解〕　4　自動車点検基準第2条（定期点検基準）（別表第3（事業用自動車等の定期点検基準）　（p86枠内）

〔解説〕
　　・誤：<u>1ヵ月ごと</u>
　　・正：<u>3ヵ月ごと</u>
　1は○　車両法第61条の2（自動車検査証の有効期間）第1項　（p82下2個目●）
　2は○　車両法第67条（自動車検査証記録事項の変更及び構造等変更検査）第1項　（p77下2個目●）
　3は○　車両法第99条の2（不正改造等の禁止）　（p89下1個目●）

〔令和3年度CBT試験・問11〕

問11 道路運送車両法に定める自動車の点検整備等に関する次の文中，A，B，C，Dに入るべき字句として【いずれか正しいものを1つ】選びなさい。

1．自動車運送事業の用に供する自動車の使用者は，　A　ごとに国土交通省令で定める技術上の基準により，自動車を点検しなければならない。

2．自動車の使用者は，自動車の点検及び整備等に関する事項を処理させるため，車両総重量8トン以上の自動車その他の国土交通省令で定める自動車であって国土交通省令で定める台数以上のものの使用の本拠ごとに，自動車の点検及び整備に関する実務の経験その他について国土交通省令で定める一定の要件を備える者のうちから，　B　を選任しなければならない。

3．地方運輸局長は，保安基準に適合しない状態にある当該自動車の使用者に対し，当該自動車が保安基準に適合するに至るまでの間の運行に関し，当該自動車の使用の方法又は経路の制限その他の保安上又は　C　その他の環境保全上必要な指示をすることができる。

4．事業用自動車の使用者又は当該自動車を運行する者は，1日1回，その運行開始前において，国土交通省令で定める技術上の基準により自動車を　D　しなければならない。

A：①3ヵ月　　　　　　②6ヵ月
B：①安全統括管理者　　②整備管理者
C：①事故防止　　　　　②公害防止
D：①点検　　　　　　　②整備

- 車両法第48条（定期点検整備）第1項　　（p84上1個目●）
- 車両法第50条（整備管理者）　（p86下1個目●）
- 車両法第54条（整備命令等）第1項　　（p88上3個目●）
- 車両法第47条の2（日常点検整備）第2項　　（p83上8行目）

〔正解〕
- A：①3ヵ月
- B：②整備管理者
- C：②公害防止
- D：①点検

〔令和3年度CBT試験・問12〕

問12　道路運送車両の保安基準及びその細目を定める告示についての次の記述のうち，【誤っているものを1つ】選びなさい。なお，解答にあたっては，各選択肢に記載されている事項以外は考慮しないものとする。

1．停止表示器材は，夜間200メートルの距離から走行用前照灯で照射した場合にその反射光を照射位置から確認できるものであることなど告示で定める基準に適合するものでなければならない。

2．自動車（被けん引自動車を除く。）には，警音器の警報音発生装置の音が，連続するものであり，かつ，音の大きさ及び音色が一定なものである警音器を備えなければならない。

3．自動車（二輪自動車等を除く。）の空気入ゴムタイヤの接地部は滑り止めを施したものであり，滑り止めの溝は，空気入ゴムタイヤの接地部の全幅にわたり滑り止めのために施されている凹部（サイピング，プラットフォーム及びウェア・インジケータの部分を除く。）のいずれの部分においても1.4ミリメートル以上の深さを有すること。

4．電力により作動する原動機を有する自動車（二輪自動車，側車付二輪自動車，三輪自動車，カタピラ及びそりを有する軽自動車，大型特殊自動車，小型特殊自動車並びに被けん引自動車を除く。）には，当該自動車の接近を歩行者等に通報するものとして，機能，性能等に関し告示で定める基準に適合する車両接近通報装置を備えなければならない。

〔正解〕　3　告示第167条（走行装置）第4項第2号　　（p93下1個目●）
〔解説〕
　　・誤：<u>1.4ミリメートル以上の深さ</u>
　　・正：<u>1.6ミリメートル以上の深さ</u>
　　1は○　告示第222条（停止表示器材）第1項第2号　　（p104下3個目●）
　　2は○　告示第219条（警音器）第1項　　（p104上3個目●）
　　4は○　保安基準第43条の7（車両接近通報装置）　　（p104下2個目●）

〔令和4年度CBT試験・問9〕

問9　自動車の登録等についての次の記述のうち,【誤っているものを1つ】選びなさい。なお,解答にあたっては,各選択肢に記載されている事項以外は考慮しないものとする。

1．登録自動車の所有者は,当該自動車の使用者が道路運送車両法の規定により自動車の使用の停止を命ぜられ,同法の規定により自動車検査証を返納したときは,その事由があった日から30日以内に,当該自動車登録番号標及び封印を取りはずし,自動車登録番号標について国土交通大臣に届け出なければならない。

2．自動車は,自動車登録番号標を国土交通省令で定める位置に,かつ,被覆しないことその他当該自動車登録番号標に記載された自動車登録番号の識別に支障が生じないものとして国土交通省令で定める方法により表示しなければ,運行の用に供してはならない。

3．道路運送車両法に規定する自動車の種別は,自動車の大きさ及び構造並びに原動機の種類及び総排気量又は定格出力を基準として定められ,その種別は,普通自動車,小型自動車,軽自動車,大型特殊自動車,小型特殊自動車である。

4．登録自動車について所有者の変更があったときは,新所有者は,その事由があった日から15日以内に,国土交通大臣の行う移転登録の申請をしなければならない。

〔正解〕　1　車両法第20条（自動車登録番号標の廃棄等）第2項　（p75下3個目●）
〔解説〕
　　・誤：その事由があった日から30日以内に，当該自動車登録番号標及び封印を取りはずし，自動車登録番号標について国土交通大臣に届け出なければならない。
　　・正：遅滞なく，当該自動車登録番号標及び封印を取りはずし，自動車登録番号標について国土交通大臣の領置を受けなければならない。
2は○　車両法第19条（自動車登録番号標の表示の義務）　（p79下3個目●）
3は○　車両法第3条（自動車の種別）　（p73上1個目●）
4は○　車両法第13条（移転登録）第1項　（p74下5個目●）

〔令和4年度CBT試験・問10〕　※試験後の法改正に伴い，問題の一部を修正しています。

問10　自動車の検査等についての次の記述のうち，【正しいものを2つ】選びなさい。なお，解答にあたっては，各選択肢に記載されている事項以外は考慮しないものとする。

1．自動車は，指定自動車整備事業者が継続検査の際に交付した有効な保安基準適合標章を表示している場合であっても，自動車検査証を備え付けなければ，運行の用に供してはならない。

2．自動車の使用者は，継続検査を申請する場合において，道路運送車両法第67条（自動車検査証記録事項の変更及び構造等変更検査）の規定による自動車検査証の変更記録の申請をすべき事由があるときは，あらかじめ，その申請をしなければならない。

3．国土交通大臣は，一定の地域に使用の本拠の位置を有する自動車の使用者が，天災その他やむを得ない事由により，継続検査を受けることができないと認めるときは，当該地域に使用の本拠の位置を有する自動車の自動車検査証の有効期間を，期間を定めて伸長する旨を公示することができる。

4．自動車に表示されている検査標章には，当該自動車の自動車検査証の有効期間の起算日が表示されている。

〔正解〕　2　車両法第62条（継続検査）第5項　　（p76下2個目●）
　　　　　3　車両法第61条の2（自動車検査証の有効期限）第1項

（p82下2個目●）

〔解説〕
　1は×　車両法第94条の5（保安基準適合証等）第11項　　（p81下2個目●）
　・有効な保安基準適合標章を表示しているときは，自動車検査証を備え付けなくても運行の用に供することができる。
　4は×　車両法第66条（自動車検査証の備付け等）第3項　　（p81上4個目●）
　・誤：有効期間の起算日
　・正：有効期間の満了する時期

〔令和4年度CBT試験・問11〕

問11 道路運送車両法に定める自動車の点検整備等に関する次の文中，A，B，C，Dに入るべき字句として【いずれか正しいものを1つ】選びなさい。

1．初めて自動車検査証の交付を受ける車両総重量8,990キログラムの貨物の運送の用に供する自動車については，当該自動車検査証の有効期間は　A　である。

2．車両総重量　B　以上又は乗車定員30人以上の自動車は，日常点検において「ディスク・ホイールの取付状態が不良でないこと。」について点検しなければならない。

3．自動車運送事業の用に供する自動車の日常点検の結果に基づく運行可否の決定は，自動車の使用者より与えられた権限に基づき，　C　が行わなければならない。

4．事業用自動車の使用者は，点検の結果，当該自動車が保安基準に適合しなくなるおそれがある状態又は適合しない状態にあるときは，保安基準に適合しなくなるおそれをなくするため，又は保安基準に適合させるために当該自動車について必要な　D　をしなければならない。

A：①1年　　　　　②2年
B：①7トン　　　　②8トン
C：①運行管理者　　②整備管理者
D：①検査　　　　　②整備

・車両法第61条（自動車検査証の有効期間）第1項　　（p82上1行目）
・自動車点検基準別表1　　（p83枠内）
・施行規則第32条（整備管理者の権限等）　　（p87下1個目●）
・車両法第47条の2（日常点検整備）第3項　　（p83上11行目）

〔正解〕　A：①　1年
　　　　　B：②　8トン
　　　　　C：②　整備管理者
　　　　　D：②　整備

〔令和4年度CBT試験・問12〕

問12　道路運送車両の保安基準及びその細目を定める告示についての次の記述のうち，【誤っているものを1つ】選びなさい。なお，解答にあたっては，各選択肢に記載されている事項以外は考慮しないものとする。

1．路線を定めて定期に運行する一般乗合旅客自動車運送事業用自動車に備える旅客が乗降中であることを後方に表示する電光表示器には，点滅する灯火又は光度が増減する灯火を備えることができる。

2．自動車に備えなければならない後写鏡は，取付部付近の自動車の最外側より突出している部分の最下部が地上2.0メートル以下のものは，当該部分が歩行者等に接触した場合に衝撃を緩衝できる構造でなければならない。

3．自動車に備えなければならない非常信号用具は，夜間200メートルの距離から確認できる赤色の灯光を発するものでなければならない。

4．自動車（大型特殊自動車，小型特殊自動車を除く。）の車体の外形その他自動車の形状については，鋭い突起がないこと，回転部分が突出していないこと等他の交通の安全を妨げるおそれがないものとして，告示で定める基準に適合するものでなければならない。

〔正解〕　2　告示第224条（後写鏡等）第2項第2号　　（p105上1個目●）
〔解説〕
　・誤：2.0メートル以下
　・正：1.8メートル以下
　1は○　告示第218条（その他の灯火等の制限）第6項　　（p103上3個目●）
　3は○　告示第220条（非常信号用具）第1項　　（p104上5個目●）
　4は○　告示第178条（車枠及び車体）第2項　　（p95上1個目●）

〔令和5年度CBT試験・問9〕

問9 自動車の登録等についての次の記述のうち,【誤っているものを1つ】選びなさい。なお,解答にあたっては,各選択肢に記載されている事項以外は考慮しないものとする。

1. 登録を受けた自動車（自動車抵当法第2条ただし書きに規定する大型特殊自動車を除く。）の所有権の得喪は,登録を受けなければ,第三者に対抗することができない。

2. 登録自動車の所有者は,当該自動車が滅失し,解体し（整備又は改造のために解体する場合を除く。），又は自動車の用途を廃止したときは,その事由があった日（使用済自動車の解体である場合には解体報告記録がなされたことを知った日）から15日以内に,永久抹消登録の申請をしなければならない。

3. 登録自動車の所有者は,当該自動車の自動車登録番号標の封印が滅失した場合には,国土交通大臣又は封印取付受託者の行う封印の取付けを受けなければならない。

4. 臨時運行の許可を受けた者は,臨時運行許可証の有効期間が満了したときは,その日から15日以内に,臨時運行許可証及び臨時運行許可番号標を許可に係る行政庁に返納しなければならない。

〔正解〕 4 車両法第35条（許可基準等）第6項　（p80上3個目●）
〔解説〕

・誤：15日以内

・正：5日以内

1は〇　車両法第5条（登録の一般的効力）第1項　（p74上1個目●）
2は〇　車両法第15条（永久抹消登録）第1項　（p74下4個目●）
3は〇　車両法第11条（自動車登録番号標の封印）第1項　（p79上2個目●）

〔令和5年度CBT試験・問10〕

問10　自動車の検査等についての次の記述のうち，【正しいものを2つ】選びなさい。なお，解答にあたっては，各選択肢に記載されている事項以外は考慮しないものとする。

1．国土交通大臣は，一定の地域に使用の本拠の位置を有する自動車の使用者が，天災その他やむを得ない事由により，継続検査を受けることができないと認めるときは，当該地域に使用の本拠の位置を有する自動車の自動車検査証の有効期間を，期間を定めて伸長する旨を公示することができる。

2．自動車の使用者は，自動車の長さ，幅又は高さを変更したときは，法令で定める場合を除き，その事由があった日から30日以内に，当該変更について，国土交通大臣が行う自動車検査証の変更記録を受けなければならない。

3．自動車（検査対象外軽自動車及び小型特殊自動車を除く。）は，国土交通大臣の行う検査を受け，有効な自動車検査証の交付を受けているものでなければ，これを運行の用に供してはならない。

4．自動車は，自動車検査証又は当該自動車検査証の写しを備え付け，かつ，検査標章を表示しなければ，運行の用に供してはならない。

〔正解〕　1　車両法第61条の2（自動車検査証の有効期間）第1項

(p82下2個目●)

　　　　　3　車両法第58条（自動車の検査及び自動車検査証）第1項

(p81上2個目●)

〔解説〕

　2は×　車両法第67条（自動車検査証記録事項の変更及び構造等変更検査）第1項　（p77上2個目●）

　　・誤：<u>30日以内</u>

　　・正：<u>15日以内</u>

　4は×　車両法第66条（自動車検査証の備付け等）第1項　（p81上3個目●）

　　・自動車検査証の写しではなく，自動車検査証を備え付け，かつ検査標章を表示しなければ，運行の用に供してはならない。

〔令和5年度CBT試験・問11〕

問11　道路運送車両法に定める自動車の点検整備等に関する次の文中，A，B，C，Dに入るべき字句として【いずれか正しいものを1つ】選びなさい。

1．自動車運送事業の用に供する自動車の使用者は，点検整備記録簿を当該自動車に備え置き，道路運送車両法の規定により定期点検整備を実施したときは，遅滞なく，点検の結果，整備の概要等所定事項を記載して，その記載の日から　A　間保存しなければならない。

2．自動車の使用者は，自動車の点検をし，及び必要に応じ　B　をすることにより，当該自動車を保安基準に適合するように維持しなければならない。

3．大型自動車使用者等は，整備管理者を選任したときは，その日から　C　以内に，地方運輸局長にその旨を届け出なければならない。これを変更したときも同様である。

4．道路運送車両法第54条の2の規定による整備命令を受けた自動車の　D　は，当該命令を受けた日から15日以内に，地方運輸局長に対し，保安基準に適合させるために必要な整備を行った当該自動車及び当該自動車に係る自動車検査証を提示しなければならない。

　　　　A：①1年　　②2年
　　　　B：①整備　　②検査
　　　　C：①15日　　②30日
　　　　D：①所有者　②使用者

- 自動車点検基準第4条（点検整備記録簿の記載事項等）第2項
 (p86上1個目●)
- 車両法第47条（使用者の点検及び整備の義務）　(p83上1個目●)
- 車両法第52条（選任届）　(p87上2個目●)
- 車両法第54条の2（整備命令等）第4項　(p89上3個目●)

〔正解〕　A：①　1年
　　　　　B：①　整備
　　　　　C：①　15日
　　　　　D：②　使用者

〔令和5年度CBT試験・問12〕

問12　道路運送車両の保安基準及びその細目を定める告示についての次の記述のうち，【誤っているものを1つ】選びなさい。なお，解答にあたっては，各選択肢に記載されている事項以外は考慮しないものとする。

1．貨物の運送の用に供する普通自動車であって，車両総重量が8トン以上又は最大積載量が5トン以上のものの原動機には，自動車が時速100キロメートルを超えて走行しないよう燃料の供給を調整し，かつ，自動車の速度の制御を円滑に行うことができるものとして，告示で定める基準に適合する速度抑制装置を備えなければならない。

2．貨物の運送の用に供する普通自動車であって車両総重量が7トン以上のものの後面には，所定の後部反射器を備えるほか，反射光の色，明るさ等に関し告示で定める基準に適合する大型後部反射器を備えなければならない。

3．自動車（法令に規定する自動車を除く。）の後面には，他の自動車が追突した場合に追突した自動車の車体前部が突入することを有効に防止することができるものとして，強度，形状等に関し告示で定める基準に適合する突入防止装置を備えなければならない。ただし，告示で定める構造の自動車にあっては，この限りでない。

4．自動車に備える停止表示器材は，夜間200メートルの距離から走行用前照灯で照射した場合にその反射光を照射位置から確認できるものであることなど告示で定める基準に適合するものでなければならない。

〔正解〕　1　保安基準第8条（速度抑制装置）第4項，第5項　　　（p93上4個目●）
〔解説〕
　　　・誤：時速100キロメートル
　　　・正：時速90キロメートル
　　2は○　保安基準第38条の2（大型後部反射器）第1項　　　（p99）
　　3は○　保安基準第18条の2（巻込防止装置等）第3項　　　（p95下3個目●）
　　4は○　告示第222条（停止表示器材）第1項　　　（p104下3個目●）

3　道路交通法関係

〔令和3年度CBT試験・問13〕

問13　道路交通法に定める自動車の種類についての次の記述のうち，【誤っているもの1つ】選びなさい。なお，解答にあたっては，各選択肢に記載されている事項以外は考慮しないものとする。

1．乗車定員が2人，最大積載量が6,250キログラム，及び車両総重量10,110キログラムの貨物自動車の種類は，大型自動車である。

2．乗車定員が2人，最大積載量が4,750キログラム，及び車両総重量8,160キログラムの貨物自動車の種類は，中型自動車である。

3．乗車定員が3人，最大積載量が3,000キログラム，及び車両総重量5,955キログラムの貨物自動車の種類は，準中型自動車である。

4．乗車定員が2人，最大積載量が1,750キログラム，及び車両総重量3,490キログラムの貨物自動車の種類は，普通自動車である。

〔正解〕　1．施行規則第2条（自動車の種類）　　（p110下1個目●）
〔解説〕
　　　・誤：大型自動車
　　　・正：中型自動車
　2は○　施行規則第2条（自動車の種類）　　（p110下1個目●）
　3は○　施行規則第2条（自動車の種類）　　（p110下1個目●）
　4は○　施行規則第2条（自動車の種類）　　（p110下1個目●）

〔令和3年度CBT試験・問14〕

問14　道路交通法に定める車両の交通方法等について次の記述のうち,【正しいものを2つ】選びなさい。なお,解答にあたっては,各選択肢に記載されている事項以外は考慮しないものとする。

1．車両の運転者が同一方向に進行しながら進路を左方又は右方に変えるときの合図を行う時期は,その行為をしようとする地点から30メートル手前の地点に達したときである。

2．車両は,道路の中央から左の部分の幅員が8メートルに満たない道路において,他の車両を追い越そうとするとき(道路の中央から右の部分を見とおすことができ,かつ,反対の方向からの交通を妨げるおそれがない場合に限るものとし,道路標識等により追越しのため道路の中央から右の部分にはみ出して通行することが禁止されている場合を除く。)は,道路の中央から右の部分にその全部又は一部をはみ出して通行することができる。

3．車両は,道路外の施設又は場所に出入するためやむを得ない場合において歩道又は路側帯(以下「歩道等」という。)を横断するとき,又は法令の規定により歩道等で停車し,若しくは駐車するため必要な限度において歩道等を通行するときは,一時停止し,かつ,歩行者の通行を妨げないようにしなければならない。

4．一般乗合旅客自動車運送事業者による路線定期運行の用に供する自動車(以下「路線バス等」という。)の優先通行帯であることが道路標識等により表示されている車両通行帯が設けられている道路においては,自動車(路線バス等を除く。)は,路線バス等が後方から接近してきた場合に当該道路における交通の混雑のため当該車両通行帯から出ることができないこととなるときは,当該車両通行帯を通行してはならない。

〔正解〕　3　道交法第17条（通行区分）第1項，第2項　　（p113下2個目●）
　　　　　4　道交法第20条の2（路線バス等優先通行帯）　（p115上1個目●）
〔解説〕
　　1は×　施行令第21条（合図の時期及び方法）　（p124下1個目●）
　　・誤：<u>行為をしようとする地点から30メートル手前の地点に達したとき</u>
　　・正：<u>行為をしようとする時の3秒前のとき</u>
　　2は×　道交法第17条（通行区分）第5項第4号　（p113下1個目●）
　　・誤：<u>8メートルに満たない道路</u>
　　・正：<u>6メートルに満たない道路</u>

〔令和３年度CBT試験・問15〕　※試験後の法改正に伴い，問題の一部を修正しています。

問15　道路交通法及び道路交通法施行令に定める酒気帯び運転等の禁止等に関する次の文中，A，B，Cに入るべき字句として【いずれか正しいものを１つ】選びなさい。

(1) 何人も，酒気を帯びて車両等を運転してはならない。

(2) 何人も，酒気を帯びている者で，(1)の規定に違反して車両等を運転することとなるおそれがあるものに対し，　A　してはならない。

(3) 何人も，(1)の規定に違反して車両等を運転することとなるおそれがある者に対し，酒類を提供し，又は飲酒をすすめてはならない。

(4) 何人も，車両（トロリーバス及び旅客自動車運送事業の用に供する自動車で当該業務に従事中のものその他の政令で定める自動車を除く。）の運転者が酒気を帯びていることを知りながら，当該運転者に対し，当該車両を運転して自己を運送することを要求し，又は依頼して，当該運転者が(1)の規定に違反して運転する　B　してはならない。

(5) (1)の規定に違反して車両等（自転車以外の軽車両を除く。）を運転した者で，その運転をした場合において身体に血液１ミリリットルにつき0.3ミリグラム又は呼気１リットルにつき　C　ミリグラム以上にアルコールを保有する状態にあったものは，３年以下の懲役又は50万円以下の罰金に処する。

A：①車両等を提供　　②運転を指示
B：①機会を提供　　　②車両に同乗
C：①0.15　　　　　　②0.25

・法第65条（酒気帯び運転の禁止）
・法第117条の２の２（罰則）第３号

〔正解〕
　・A：①車両等を提供　　（p130上４個目●）
　・B：②車両に同乗　　　（p130下２個目●）
　・C：①0.15　　（p130下１個目●）

— 264 —

〔令和３年度CBT試験・問16〕

問16　次に掲げる標識に関する次の記述のうち，【正しいものを２つ】選びなさい

１．車両は，指定された方向以外の方向に進行してはならない。

　　　　「道路標識，区画線及び道路標示に関する命令」に定める様式
　　　　文字及び記号を青色，斜めの帯及び枠を赤色，縁及び地を白色
　　　　とする。

２．車両は，黄色又は赤色の灯火の信号にかかわらず左折することができる。

　　　　道路交通法施行規則　別記様式第１
　　　　矢印及びわくの色彩は青色，地の色彩は白色とする。

３．車両総重量が7,980キログラムで最大積載量が4,000キログラムの中型自動
　車（専ら人を運搬する構造のもの以外のもの）は通行してはならない。

　　　　「道路標識，区画線及び道路標示に関する命令」に定める様式
　　　　文字及び記号を青色，斜めの帯及び枠を赤色，縁及び地を白色
　　　　とする。

４．大型貨物自動車，特定中型貨物自動車及び大型特殊自動車は，最も左側の
　車両通行帯を通行しなければならない。

　　　　「道路標識，区画線及び道路標示に関する命令」に定める様式
　　　　文字，記号及び縁を白色，地を青色とする。

〔正解〕　2．施行規則第3条（交差点における左折の表示）　　（p145下1個目●）
　　　　　4．道路標識，区画線及び道路標示に関する命令
　　　　　　別表第2　特定の種類の車両の通行区分（327の2）　　（p147）

〔解説〕
　1は×　道路標識，区画線及び道路標示に関する命令
　　　　車両横断禁止（312）　　（p147）
　・誤：指定された方向以外の方向に進行してはならない。
　・正：車両横断禁止の道路標識である。
　3は×　道路標識，区画線及び道路標示に関する命令
　　　　大型貨物自動車等通行止め（305）　　（p147）
　・大型貨物自動車，大型特殊自動車，特定中型貨物自動車（車両総重量8,000キログラム以上11,000キログラム未満，最大積載量5,000キログラム以上6,500キログラム未満）の通行を禁止する標識である。

〔令和３年度CBT試験・問17〕

問17　道路交通法に定める運転者の遵守事項等についての次の記述のうち，【誤っているものを１つ】選びなさい。なお，解答にあたっては，各選択肢に記載されている事項以外は考慮しないものとする。

1．車両等の運転者は，児童，幼児等の乗降のため，道路運送車両の保安基準に関する規定に定める非常点滅表示灯をつけて停車している通学通園バス（専ら小学校，幼稚園等に通う児童，幼児等を運送するために使用する自動車で政令で定めるものをいう。）の側方を通過するときは，徐行して安全を確認しなければならない。

2．自動車の運転者は，故障その他の理由により高速自動車国道等の本線車道若しくはこれに接する加速車線，減速車線若しくは登坂車線又はこれらに接する路肩若しくは路側帯において当該自動車を運転することができなくなったときは，道路交通法施行令で定めるところにより，停止表示器材を後方から進行してくる自動車の運転者が見やすい位置に置いて，当該自動車が故障その他の理由により停止しているものであることを表示しなければならない。

3．運転免許（仮運転免許を除く。）を受けた者が自動車等の運転に関し，当該自動車等の交通による人の死傷があった場合において，道路交通法第72条第１項前段の規定（交通事故があったときは，直ちに車両等の運転を停止して，負傷者を救護し，道路における危険を防止する等必要な措置を講じなければならない。）に違反したときは，その者が当該違反をしたときにおけるその者の住所地を管轄する公安委員会は，その者の運転免許を取り消すことができる。

4．車両等の運転者は，身体障害者用の車椅子が通行しているときは，その側方を離れて走行し，車椅子の通行を妨げないようにしなりればならない。

〔正解〕 4 道交法第第71条（運転者の遵守事項）第2号　　（p132上15行目②）
〔解説〕
　　・誤：その側方を離れて走行し
　　・正：一時停止し，又は徐行して
　1は○　道交法第71条（運転者の遵守事項）第2号の3
　　　　　　　　　　　　　　　　　　　　　　　　　　（p132下9行目④）
　2は○　道交法第75条の11（故障等の場合の措置）第1項
　　　　　　　　　　　　　　　　　　　　　　　　　　（p139上1個目●）
　3は○　道交法第103条（免許の取消し，停止等）第2項　（p143上2個目●）

〔令和4年度CBT試験・問13〕　※試験後の法改正に伴い，問題の一部を修正しています。

問13　道路交通法に定める用語の定義等についての次の記述のうち，【誤っているものを1つ】選びなさい。なお，解答にあたっては，各選択肢に記載されている事項以外は考慮しないものとする。

1．路側帯とは，歩行者及び自転車の通行の用に供するため，歩道の設けられていない道路又は道路の歩道の設けられていない側の路端寄りに設けられた帯状の道路の部分で，道路標示によって区画されたものをいう。

2．安全地帯とは，路面電車に乗降する者若しくは横断している歩行者の安全を図るため道路に設けられた島状の施設又は道路標識及び道路標示により安全地帯であることが示されている道路の部分をいう。

3．車両とは，自動車，原動機付自転車，軽車両及びトロリーバスをいう。

4．自動車とは，原動機を用い，かつ，レール又は架線によらないで運転する車又は特定自動運行を行う車であって，原動機付自転車，軽車両，移動用小型車，身体障害者用の車及び遠隔操作型小型車並びに歩行補助車，乳母車その他の歩きながら用いる小型の車で政令で定めるもの以外のものをいう。

〔正解〕　1　道交法第2条（定義）第1項　　（p108上5個目●）
〔解説〕
　・誤：歩行者及び自転車の通行の用に供するため
　・正：歩行者の通行の用に供し，又は車道の効用を保つため
　2は○　道交法第2条（定義）第1項　　（p108下3個目●）
　3は○　道交法第2条（定義）第1項　　（p108下1個目●）
　4は○　道交法第2条（定義）第1項　　（p109上1個目●）

〔令和4年度CBT試験・問14〕

問14　道路交通法に定める灯火及び合図等についての次の記述のうち,【正しいものを2つ】選びなさい。なお,解答にあたっては,各選択肢に記載されている事項以外は考慮しないものとする。

1．車両等は,夜間（日没時から日出時までの時間をいう。),道路にあるときは,道路交通法施行令で定めるところにより,前照灯,車幅灯,尾灯その他の灯火をつけなければならない。ただし,高速自動車国道及び自動車専用道路においては前方200メートル,その他の道路においては前方50メートルまで明りょうに見える程度に照明が行われているトンネルを通行する場合は,この限りではない。

2．停留所において乗客の乗降のため停車していた乗合自動車が発進するため進路を変更しようとして手又は方向指示器により合図をした場合においては,その後方にある車両は,その速度を急に変更しなければならないこととなる場合にあっても,当該合図をした乗合自動車の進路の変更を妨げてはならない。

3．車両等の運転者は,山地部の道路その他曲折が多い道路について道路標識等により指定された区間以外であっても,見とおしのきかない道路のまがりかど又は見とおしのきかない上り坂の頂上を通行しようとするときは,必ず警音器を鳴らさなければならない。

4．車両の運転者が同一方向に進行しながら進路を左方又は右方に変えるときの合図を行う時期は,その行為をしようとする時の3秒前のときである。

〔正解〕　1　道交法第52条（車両等の灯火）第1項　　（p123下2個目●）
　　　　　4　施行令第21条（合図の時期及び方法）　（p124下1個目●）
〔解説〕
　　2は×　道交法第31条の2（乗合自動車の発進の保護）　（p117下1個目●）
　　　・誤：<u>その速度を急に変更しなければならないこととなる場合にあっても</u>
　　　・正：<u>その速度又は方向を急に変更しなければならないこととなる場合を除き</u>
　　3は×　道交法第54条（警音器の使用等）第2項　　（p126上1個目●）
　　　・道路標識等により指定された区間以外では，警音器を鳴らしてはならない。
　　　　ただし，危険を防止するためやむを得ないときは，この限りでない。

〔令和4年度CBT試験・問15〕　※試験後の法改正に伴い，問題の一部を修正しています。

問15　道路交通法及び道路交通法施行令に定める酒気帯び運転等の禁止等に関する次の文中，A，B，Cに入るべき字句として【いずれか正しいものを1つ】選びなさい。

(1) 何人も，酒気を帯びて車両等を運転してはならない。

(2) 何人も，酒気を帯びている者で，(1)の規定に違反して車両等を運転することとなるおそれがあるものに対し，　A　してはならない。

(3) 何人も，(1)の規定に違反して車両等を運転することとなるおそれがある者に対し，酒類を提供し，又は飲酒をすすめてはならない。

(4) 何人も，車両（トロリーバス及び旅客自動車運送事業の用に供する自動車で当該業務に従事中のものその他の政令で定める自動車を除く。）の運転者が酒気を帯びていることを知りながら，当該運転者に対し，当該車両を運転して自己を運送することを要求し，又は依頼して，当該運転者が(1)の規定に違反して運転する　B　してはならない。

(5) (1)の規定に違反して車両等（自転車以外の軽車両を除く。）を運転した者で，その運転をした場合において身体に血液1ミリリットルにつき0.3ミリグラム又は呼気1リットルにつき　C　ミリグラム以上にアルコールを保有する状態にあったものは，3年以下の懲役又は50万円以下の罰金に処する。

　　A：①運転を指示　　②車両等を提供
　　B：①車両に同乗　　②機会を提供
　　C：①0.15　　　　②0.25

・道交法第65条（酒気帯び運転等の禁止）
・道交法第117条の2の2（罰則）

〔正解〕　A：②　車両等を提供　　（p130上4個目●）
　　　　　B：①　車両に同乗　　　（p130下2個目●）
　　　　　C：①　0.15　　　　　　（p130下1個目●）

〔令和4年度CBT試験・問16〕

問16　道路交通法に定める法定速度についての次の記述のうち，【誤っているものを1つ】選びなさい。なお，解答にあたっては，各選択肢に記載されている事項以外は考慮しないものとする。

1．自動車は，道路標識等によりその最高速度が指定されている道路においてはその最高速度を，高速自動車国道の本線車道（往復の方向にする通行が行われている本線車道で，本線車線が道路の構造上往復の方向別に分離されていないものを除く。）並びにこれに接する加速車線及び減速車線以外の道路においては60キロメートル毎時をこえる速度で進行してはならない。

2．貨物自動車（車両総重量12,000キログラム，最大積載量8,000キログラムであって乗車定員3名）の最高速度は，道路標識等により最高速度が指定されていない高速自動車国道の本線車道（政令で定めるものを除く。）においては，100キロメートル毎時である。

3．貨物自動車運送事業の用に供する車両総重量が4,995キログラムの自動車が、故障した車両総重量1,500キログラムの普通自動車をロープでけん引する場合の最高速度は，道路標識等により最高速度が指定されていない一般道路においては，40キロメートル毎時である。

4．貨物自動車は，高速自動車国道の往復の方向にする通行が行われている本線車道で，道路の構造上往復の方向別に分離されている本線車道においては，道路標識等により自動車の最低速度が指定されている区間にあってはその最低速度に，その他の区間にあっては，50キロメートル毎時の最低速度に達しない速度で進行してはならない。

〔正解〕　2　施行令第27条（最高速度）第1項第2号　　（p112上1個目●）
〔解説〕
　　　・誤：100キロメートル毎時
　　　・正：90キロメートル毎時
　1は○　施行令第11条（最高速度）　　（p111上1個目●）
　3は○　施行令第12条（最高速度の特例）第1項　　（p111上2個目●）
　4は○　施行令第27条の3（最低速度）　　（p113上1個目〜2個目●）

〔令和4年度CBT試験・問17〕

問17 道路交通法に定める運転者の遵守事項等についての次の記述のうち，【誤っているものを1つ】選びなさい。なお，解答にあたっては，各選択肢に記載されている事項以外は考慮しないものとする。

1．車両等の運転者は，監護者が付き添わない児童若しくは幼児が歩行しているときのほか，高齢の歩行者，身体の障害のある歩行者その他の歩行者でその通行に支障のあるものが通行しているときは，一時停止し，又は徐行して，その通行又は歩行を妨げないようにしなければならない。

2．車両等の運転者は，自動車を運転する場合において，道路交通法に規定する初心運転者の標識を付けた者が普通自動車（以下「表示自動車」という。）を運転しているときは，危険防止のためやむを得ない場合を除き，当該自動車が進路を変更した場合にその変更した後の進路と同一の進路を後方から進行してくる表示自動車が当該自動車との間に同法に規定する必要な距離を保つことができないこととなるときは進路を変更してはならない。

3．車両等は，交差点又はその直近で横断歩道の設けられていない場所において歩行者が道路を横断しているときは，必ず一時停止し，その歩行者の通行を妨げないように努めなければならない。

4．車両等の運転者は，児童，幼児等の乗降のため，道路運送車両の保安基準に関する規定に定める非常点滅表示灯をつけて停車している通学通園バス（専ら小学校，幼稚園等に通う児童，幼児等を運送するために使用する自動車で政令で定めるものをいう。）の側方を通過するときは，徐行して安全を確認しなければならない。

〔正解〕　3　道交法第38条の2（横断歩道のない交差点における歩行者の優先）

(p121上3個目●)

〔解説〕

・誤：必ず一時停止し，その歩行者の通行を妨げないように努めなければならない。

・正：その歩行者の通行を妨げてはならない。

1は○　道交法第71条（運転者の遵守事項）第2号，第2号の2

(p132上15行目②)

2は○　道交法第71条（運転者の遵守事項）第5号の4　　(p133下17行目⑫)

4は○　道交法第71条（運転者の遵守事項）第2号の3　　(p132下9行目④)

〔令和5年度CBT試験・問13〕

問13　道路交通法に定める用語の定義等についての次の記述のうち，【誤っているものを1つ】選びなさい。なお，解答にあたっては，各選択肢に記載されている事項以外は考慮しないものとする。

1．車両通行帯とは，車両が道路の定められた部分を通行すべきことが道路標示により示されている場合における当該道路標示により示されている道路の部分をいう。

2．中型自動車とは，大型自動車，大型特殊自動車，大型自動二輪車，普通自動二輪車及び小型特殊自動車以外の自動車で，車両総重量が7,500キログラム以上11,000キログラム未満のもの，最大積載量が4,500キログラム以上6,500キログラム未満のもの又は乗車定員が11人以上29人以下のものをいう。

3．路側帯とは，歩行者及び自転車の通行の用に供するため，歩道の設けられていない道路又は道路の歩道の設けられていない側の路端寄りに設けられた帯状の道路の部分で，道路標示によって区画されたものをいう。

4．進行妨害とは，車両等が，進行を継続し，又は始めた場合においては危険を防止するため他の車両等がその速度又は方向を急に変更しなければならないこととなるおそれがあるときに，その進行を継続し，又は始めることをいう。

〔正解〕　3　道交法第2条（定義）第1項　　（p108上5個目●）
〔解説〕
　　・誤：歩行者及び自転車の通行の用に供するため
　　・正：歩行者の通行の用に供し，又は車道の効用を保つため
　1は○　道交法第2条（定義）第1項　　（p108下2個目●）
　2は○　施行規則第2条（自動車の種類）　（p110上2個目●）
　4は○　道交法第2条（定義）第1項　　（p109下2個目●）

〔令和5年度CBT試験・問14〕

問14　道路交通法に定める駐車を禁止する場所についての次の記述のうち，【誤っているものを1つ】選びなさい。なお，解答にあたっては，各選択肢に記載されている事項以外は考慮しないものとする。

1．車両は，道路工事が行なわれている場合における当該工事区域の側端から5メートル以内の道路の部分においては，駐車してはならない。

2．車両は，消防用機械器具の置場若しくは消防用防火水槽の側端又はこれらの道路に接する出入口から5メートル以内の道路の部分においては，駐車してはならない。

3．車両は，人の乗降，貨物の積卸し，駐車又は自動車の格納若しくは修理のため道路外に設けられた施設又は場所の道路に接する自動車用の出入口から5メートル以内の道路の部分においては，駐車してはならない。

4．車両は，都道府県公安委員会が交通がひんぱんでないと認めて指定した区域を除き，法令の規定により駐車する場合に当該車両の右側の道路上に3.5メートル（道路標識等により距離が指定されているときは，その距離）以上の余地がないこととなる場所においては，駐車してはならない。

〔正解〕　3　道交法第45条（駐車を禁止する場所）第1項　（p122下4行目）
〔解説〕
　・誤：5メートル以内
　・正：3メートル以内
　1は○　道交法第45条（駐車を禁止する場所）第1項　　（p122下1行目）
　2は○　道交法第45条（駐車を禁止する場所）第1項　　（p123上2行目）
　4は○　道交法第45条（駐車を禁止する場所）第2項　　（p123上1個目●）

〔令和5年度CBT試験・問15〕

問15　道路交通法に定める横断歩行者等の保護のための通行方法についての次の文中，A，B，Cに入るべき字句として【いずれか正しいものを1つ】選びなさい。

1．車両等は，横断歩道に接近する場合には，当該横断歩道を通過する際に当該横断歩道によりその進路の前方を横断しようとする歩行者がないことが明らかな場合を除き，当該横断歩道の直前で　A　しなければならない。この場合において，横断歩道によりその進路の前方を横断し，又は横断しようとする歩行者があるときは，当該横断歩道の直前で　B　，かつ，その通行を妨げないようにしなければならない。

2．車両等は，横断歩道（当該車両等が通過する際に信号機の表示する信号又は警察官等の手信号等により当該横断歩道による歩行者等の横断が禁止されているものを除く。）又はその手前の直前で停止している車両等がある場合において，当該停止している車両等の側方を通過してその前方に出ようとするときは，　C　しなければならない。

A：①停止することができるような速度で進行　②徐行又は一時停止を
B：①徐行し　　　　　　　　　　　　　　　　②一時停止し
C：①安全な速度で進行　　　　　　　　　　　②その前方に出る前に一時停止

・道交法第38条（横断歩道等における歩行者の優先）第1項，第2項
　　　　　　　　　　　　　　　　　　（p120下1個目●，p121上1個目●）

〔正解〕　A：①　停止することができるような速度で進行
　　　　　B：②　一時停止し
　　　　　C：②　その前方に出る前に一時停止

〔令和5年度CBT試験・問16〕

問16　次に掲げる標識に関する次の記述のうち,【誤っているものを1つ】選びなさい。

1．車両総重量が9,800キログラムで最大積載量が5,500キログラムの特定中型自動車（専ら人を運搬する構造のもの以外のもの）は通行してはならない。

「道路標識, 区画線及び道路標示に関する命令」に定める様式
文字及び記号を青色, 斜めの帯及び枠を赤色, 縁及び地を白色とする。

2．車両は, 法令の規定若しくは警察官の命令により, 又は危険を防止するため一時停止する場合のほか, 8時から20時までの間は, 停車し, 又は駐車してはならない。

「道路標識, 区画線及び道路標示に関する命令」に定める様式
斜めの帯及び枠を赤色, 文字及び縁を白色, 地を青色とする。

3．図の標識は, この先の道路の幅員が狭くなることを表している。

「道路標識, 区画線及び道路標示に関する命令」に定める様式
縁線, 文字及び記号を黒色, 縁及び地を黄色とする。

4．車両は横断（道路外の施設又は場所に出入りするための左折を伴う横断を除く。）することができない。

「道路標識, 区画線及び道路標示に関する命令」に定める様式
文字及び記号を青色, 斜めの帯及び枠を赤色, 縁及び地を白色とする。

〔正解〕 3　道路標識，区画及び道路標示に関する命令
　　　　　車線数減少（211）　　（p148）
〔解説〕
　　・この先の道路の車線の数が減少することを表す標識である。
　1は○　道路標識，区画及び道路標示に関する命令
　　　　　大型自動車等通行止め（305）　　（p147）
　2は○　道路標識，区画及び道路標示に関する命令
　　　　　駐停車禁止（315）　　（p147）
　4は○　道路標識，区画及び道路標示に関する命令
　　　　　車両横断禁止（312）　　（p147）

〔令和5年度CBT試験・問17〕

問17　道路交通法に定める運転者の遵守事項等についての次の記述のうち，【正しいものを2つ】選びなさい。なお，解答にあたっては，各選択肢に記載されている事項以外は考慮しないものとする。

1．車両等の運転者は，児童，幼児等の乗降のため，道路運送車両の保安基準に関する規定に定める非常点滅表示灯をつけて停車している通学通園バス（専ら小学校，幼稚園等に通う児童，幼児等を運送するために使用する自動車で政令で定めるものをいう。）の側方を通過するときは，徐行して安全を確認しなければならない。

2．自動車の運転者は，故障その他の理由により高速自動車国道等の本線車道等において当該自動車を運転することができなくなったときは，道路交通法施行令で定めるところにより，夜間以外の時間にあっても当該自動車が停止している場所がトンネルの中その他視界が100メートル以下である場所の場合は，夜間用停止表示器材を後方から進行してくる自動車の運転者が見やすい位置に置いて，当該自動車が故障その他の理由により停止しているものであることを表示しなければならない。

3．運転免許（仮運転免許を除く。）を受けた者が自動車等の運転に関し，当該自動車等の交通による人の死傷があった場合において，道路交通法第72条第1項前段の規定（交通事故があったときは，直ちに自動車等の運転を停止して，負傷者を救護し，道路における危険を防止する等必要な措置を講じなければならない。）に違反したときは，その者が当該違反をしたときにおけるその者の住所地を管轄する都道府県公安委員会は，その者の運転免許を取り消すことができる。

4．停留所において乗客の乗降のため停車していた乗合自動車が発進するため進路を変更しようとして手又は方向指示器により合図をした場合においては，その後方にある車両は，その速度を急に変更しなければならないこととなる場合にあっても，当該合図をした乗合自動車の進路の変更を妨げてはならない。

〔正解〕　1　道交法第71条（運転者の遵守事項）第2号の3　　（p132下9行目）
　　　　　3　道交法第103条（免許の取消し，停止等）第2項　　（p143上2個目●）
〔解説〕
　　2は×　施行令第27条の6（自動車を運転することができなくなった場合における表示の方法）　（p139上2個目●）
　　・誤：視界が<u>100メートル以下</u>
　　・正：視界が<u>200メートル以下</u>
　　4は×　道交法第31条の2（乗合自動車の発進の保護）　（p117下1個目●）
　　・誤：<u>その速度を急に変更しなければならないこととなる場合にあっても</u>
　　・正：<u>その速度又は方向を急に変更しなければならないこととなる場合を除き</u>

4 労働基準法関係

〔令和3年度CBT試験・問18〕

問18 労働基準法(以下「法」という。)に定める労働契約等についての次の記述のうち,【正しいものを2つ】選びなさい。なお,解答にあたっては,各選択肢に記載されている事項以外は考慮しないものとする。

1. 使用者は,労働契約の不履行について違約金を定め,又は損害賠償額を予定する契約をしてはならない。

2. 法第20条(解雇の予告)の規定は,「季節的業務に4ヵ月以内の期間を定めて使用される者」に該当する労働者について,当該者が法に定める期間を超えて引き続き使用されるに至らない限り適用しない。

3. 「平均賃金」とは,これを算定すべき事由の発生した日以前3ヵ月間にその労働者に対し支払われた賃金の総額を,その期間の所定労働日数で除した金額をいう。

4. 出来高払制その他の請負制で使用する労働者については,使用者は,労働時間にかかわらず一定額の賃金の保障をしなければならない。

〔正解〕 1. 基準法第16条(賠償予定の禁止) (p153下2個目●)
        2. 基準法第21条(解雇の予告) (p154下2個目●)
〔解説〕
  3は× 基準法第12条(平均賃金) (p152下3個目●)
  ・誤:その期間の所定労働日数で除した金額
  ・正:その期間の総日数で除した金額
  4は× 基準法第27条(出来高払制の保障給) (p155下1個目●)
  ・誤:労働時間にかかわらず一定額の賃金
  ・正:労働時間に応じ一定額の賃金

〔令和3年度CBT試験・問19〕

問19 労働基準法（以下「法」という。）に定める労働時間及び休日等に関する次の記述のうち，【誤っているものを1つ】選びなさい。なお，解答にあたっては，各選択肢に記載されている事項以外は考慮しないものとする。

1．使用者は，当該事業場に，労働者の過半数で組織する労働組合がある場合においてはその労働組合，労働者の過半数で組織する労働組合がない場合においては使用者が指名する労働者との書面による協定をし，これを行政官庁に届け出た場合においては，法定労働時間又は法定休日に関する規定にかかわらず，その協定で定めるところによって労働時間を延長し，又は休日に労働させることができる。

2．生後満1年に達しない生児を育てる女性は，法で定める所定の休憩時間のほか，1日2回各々少なくとも30分，その生児を育てるための時間を請求することができる。

3．使用者は，労働者に対して，毎週少くとも1回の休日を与えなければならない。ただし，この規定は，4週間を通じ4日以上の休日を与える使用者については適用しない。

4．使用者が，法の規定により労働時間を延長し，又は休日に労働させた場合においては，その時間又はその日の労働については，通常の労働時間又は労働日の賃金の計算額の2割5分以上5割以下の範囲内でそれぞれ政令で定める率以上の率で計算した割増賃金を支払わなければならない。

〔正解〕　1　基準法第36条（時間外及び休日の労働）第1項

(p150下1個目●)

〔解説〕
- 誤：<u>労働者の過半数で組織する労働組合がない場合においては使用者が指名する労働者</u>
- 正：<u>労働者の過半数で組織する労働組合がない場合においては労働者の過半数を代表する者</u>

2．基準法第67条（育児時間）第1項　　　(p157上4個目●)
3．基準法第35条（休日）第1項，第2項　(p150下2個目●)
4．基準法第37条（時間外，休日及び深夜の割増賃金）第1項

(p156上1個目●)

〔令和3年度CBT試験・問20〕　※試験後の法改正に伴い，問題の一部を修正しています。

問20　「自動車運転者の労働時間等の改善のための基準」等に定める貨物自動車運送事業に従事する自動車運転者（以下「トラック運転者」という。）の拘束時間等に関する次の文中，A，B，C，Dに入るべき字句として【いずれか正しいものを1つ】選びなさい。

1．拘束時間は，1ヵ月について　A　を超えず，かつ，一年について3,300時間を超えないものとすること。ただし，労使協定により，1年について6ヵ月までは，1ヵ月について　B　まで延長することができ，かつ，1年について　C　まで延長することができる。

2．トラック運転者のフェリー乗船時間は，原則として，　D　として取り扱うものとする。

　　A：①284時間　　②293時間
　　B：①310時間　　②320時間
　　C：①3,400時間　②3,516時間
　　D：①拘束時間　　②休息期間

〔正解〕・改善基準第4条（拘束時間等）第1項　　（p162上1個目●）
　　　　・改善基準第4条（フェリーに乗船する場合の特例）第4項第4号
　　　　　　　　　　　　　　　　　　　　　　　（p167下1個目●）

　　A：①284時間
　　B：①310時間
　　C：①3,400時間
　　D：②休息期間

〔令和3年度CBT試験・問21〕　※試験後の法改正に伴い，問題の一部を修正しています。

問21　「自動車運転者の労働時間等の改善のための基準」において定める貨物自動車運送事業に従事する自動車運転者（以下「トラック運転者」という。）の拘束時間等の規定に関する次の記述のうち，【正しいものを2つ】選びなさい。なお，解答にあたっては，各選択肢に記載されている事項以外は考慮しないものとする。

1．使用者は，業務の必要上やむを得ない場合には，当分の間，トラック運転者を隔日勤務に就かせることができる。この場合，2暦日における拘束時間は，一定の要件に該当する場合を除き，21時間を超えてはならないものとし，勤務終了後，継続20時間以上の休息期間を与えなければならない。

2．使用者は，トラック運転者の運転時間については，2日（始業時刻から起算して48時間をいう。）を平均し1日当たり9時間，2週間を平均し1週間当たり44時間を超えないものとする。

3．使用者は，トラック運転者（隔日勤務に就く運転者以外のもの。）の1日（始業時刻から起算して24時間をいう。以下同じ。）についての拘束時間については，13時間を超えないものとし，当該拘束時間を延長する場合であっても，最大拘束時間は，15時間とすること。この場合において，1日についての拘束時間が13時間を超える回数をできるだけ少なくするよう努めるものとすること。

4．使用者は，業務の必要上，トラック運転者に勤務の終了後継続9時間以上の休息期間を与えることが困難な場合には，当分の間，一定期間（1ヵ月程度を限度とする。）における全勤務回数の2分の1を限度に，休息期間を拘束時間の途中及び拘束時間の経過直後に2分割又は3分割にして与えることができるものとする。この場合において，分割された休息期間は，1日（始業時刻から起算して24時間をいう。）において1回当たり継続4時間以上，2分割の場合は合計10時間以上，3分割の場合は合計12時間以上でなければならないものとする。

〔正解〕　1．改善基準第4条（隔日勤務の特例）第4項第3号　　（p167上1個目●）
　　　　　2．改善基準第4条（拘束時間等）第1項第6号　　（p164下1個目●）
〔解説〕
　　　3は×　改善基準第4条（拘束時間等）第1項第3号　　（p162下1個目●）
　　　・誤：1日についての拘束時間が13時間を超える回数
　　　・正：1日についての拘束時間が14時間を超える回数
　　　4は×　改善基準第4条（分割休息期間）第4項第1号　　（p166上1個目●）
　　　・誤：1回当たり継続4時間以上
　　　・正：1回当たり継続3時間以上

〔令和3年度CBT試験・問22〕　※試験後の法改正に伴い，問題の一部を修正しています。

問22　下図は，貨物自動車運送事業に従事する自動車運転者の運転時間及び休憩時間の例を示したものであるが，このうち，連続運転の中断方法として「自動車運転者の労働時間等の改善のための基準」（以下「改善基準告示」という。）に【適合しているものを2つ】選びなさい。なお，解答にあたっては，改善基準告示に定めるやむを得ず連続運転時間が基準を超える場合については考慮しないものとする。

1.

乗務開始	運転	休憩	運転	休憩	運転	休憩	運転	休憩	運転	休憩	運転	休憩	運転	乗務終了
	30分	10分	3時間	10分	30分	10分	1時間	30分	1時間30分	10分	2時間	10分	30分	

2.

乗務開始	運転	休憩	運転	休憩	運転	休憩	運転	休憩	運転	休憩	運転	休憩	運転	乗務終了
	2時間	10分	1時間30分	20分	1時間	10分	2時間	10分	1時間	10分	1時間	5分	2時間	

3.

乗務開始	運転	休憩	運転	休憩	運転	休憩	運転	休憩	運転	休憩	運転	休憩	運転	乗務終了
	2時間	10分	1時間30分	20分	1時間	10分	2時間	30分	1時間	10分	1時間30分	10分	2時間	

4.

乗務開始	運転	休憩	運転	休憩	運転	休憩	運転	休憩	運転	休憩	運転	休憩	運転	乗務終了
	1時間	10分	1時間30分	15分	2時間	5分	1時間	30分	2時間	20分	1時間30分	10分	1時間	

〔正解〕　1．2．改善基準第4条（連続運転時間）第1項第7号

(p165上1個目●)

〔解説〕
- 連続運転時間（1回がおおむね連続10分以上で，かつ，合計30分以上の運転の中断をすることなく連続して運転する時間をいう。）は，4時間を超えないこと。

3．については，30分の休憩後の運転時間の合計が4時間30分であるが，この間における運転の中断時間は20分であり，改善基準に違反している。

4．については，乗務開始から運転時間の合計が4時間30分であるが，この間の休憩時間は25分であり，改善基準に違反している。

　よって，1及び2が適合している。

〔令和３年度CBT試験・問23〕　※試験後の法改正に伴い，問題の一部を修正しています。

問23　下表は，貨物自動車運送事業に従事する自動車運転者（隔日勤務に就く運転者以外のもの。）の１年間における各月の拘束時間の例を示したものであるが，このうち，「自動車運転者の労働時間等の改善のための基準」に【適合するものを１つ】選びなさい。ただし，「１ヵ月及び１年についての拘束時間の延長に関する労使協定」があるものとする。

1.

	4月	5月	6月	7月	8月	9月	10月	11月	12月	1月	2月	3月	1年間合計
拘束時間	270	288	294	286	282	293	278	277	280	293	293	280	3,414

2.

	4月	5月	6月	7月	8月	9月	10月	11月	12月	1月	2月	3月	1年間合計
拘束時間	268	280	278	275	290	276	290	269	312	280	305	275	3,398

3.

	4月	5月	6月	7月	8月	9月	10月	11月	12月	1月	2月	3月	1年間合計
拘束時間	286	272	282	286	292	265	277	288	285	290	280	289	3,392

4.

	4月	5月	6月	7月	8月	9月	10月	11月	12月	1月	2月	3月	1年間合計
拘束時間	265	285	284	268	305	262	292	270	306	288	274	290	3,389

〔正解〕　4．改善基準第4条（拘束時間）第4条第1項第1号，第2号

(p162上1個目●)

〔解説〕
・拘束時間は，1箇月について284時間を超えず，かつ，1年について3,300時間を超えないものとする。ただし，労使協定により，1年について6箇月までは，1箇月について310時間まで延長することができ，かつ，1年について3,400時間まで延長することができる。
・1箇月の拘束時間が284時間を超える月が3箇月を超えて連続しないものとする。

1．については，1年間の拘束時間の合計が3,400時間を超えているので，改善基準に違反している。
2．については，1箇月（12月）の拘束時間が310時間を超えているので，改善基準に違反している。
3．については，1箇月の拘束時間284時間越えが7回あるため改善基準に違反している。

〔令和4年度CBT試験・問18〕

問18　労働基準法（以下「法」という。）に定める労働契約等についての次の記述のうち，【正しいものを2つ】選びなさい。なお，解答にあたっては，各選択肢に記載されている事項以外は考慮しないものとする。

1．使用者は，労働者の同意が得られた場合においては，労働契約の不履行について違約金を定め，又は損害賠償額を予定する契約をすることができる。

2．使用者は，労働者が出産，疾病，災害その他厚生労働省令で定める非常の場合の費用に充てるために請求する場合においては，支払期日前であっても，既往の労働に対する賃金を支払わなければならない。

3．使用者は，労働者の国籍，信条又は社会的身分を理由として，賃金，労働時間その他の労働条件について，差別的取扱をしてはならない。

4．法第20条（解雇の予告）の規定は，法に定める期間を超えない限りにおいて，「日日雇い入れられる者」，「3ヵ月以内の期間を定めて使用される者」，「季節的業務に6ヵ月以内の期間を定めて使用される者」又は「試の使用期間中の者」のいずれかに該当する労働者については適用しない。

〔正解〕　2　基準法第25条（非常時払）　　（p155下3個目●）
　　　　　3　基準法第3条（均等待遇）　　（p149下4個目●）
〔解説〕
　1は×　基準法第16条（賠償予定の禁止）　（p153下2個目●）
　・労働者の同意の有無にかかわらず，労働契約の不履行について違約金を定め，又は損害賠償額を予定する契約をしてはならない。
　4は×　基準法第21条（解雇の予告）　（p154下2個目●）
　・誤：「3ヵ月以内の期間を定めて使用される者」，「季節的業務に6ヵ月以内の期間を定めて使用される者」
　・正：「2ヵ月以内の期間を定めて使用される者」，「季節的業務に4ヵ月以内の期間を定めて使用される者」

〔令和4年度CBT試験・問19〕

問19　労働基準法（以下「法」という。）に定める労働時間及び休日等に関する次の記述のうち，【誤っているものを1つ】選びなさい。なお，解答にあたっては，各選択肢に記載されている事項以外は考慮しないものとする。

1．使用者は，災害その他避けることのできない事由によって，臨時の必要がある場合においては，行政官庁の許可を受けて，その必要の限度において法に定める労働時間を延長し，又は休日に労働させることができる。ただし，事態急迫のために行政官庁の許可を受ける暇がない場合においては，事後に遅滞なく届け出なければならない。

2．使用者は，労働時間が6時間を超える場合においては少なくとも35分，8時間を超える場合においては少なくとも45分の休憩時間を労働時間の途中に与えなければならない。

3．使用者は，労働者に対して，毎週少なくとも1回の休日を与えなければならない。ただし，この規定は，4週間を通じ4日以上の休日を与える使用者については適用しない。

4．使用者は，当該事業場に，労働者の過半数で組織する労働組合がある場合においてはその労働組合，労働者の過半数で組織する労働組合がない場合においては労働者の過半数を代表する者との書面による協定をし，これを行政官庁に届け出た場合においては，法定労働時間又は法定休日に関する規定にかかわらず，その協定で定めるところによって労働時間を延長し，又は休日に労働させることができる。

〔正解〕　2　基準法第34条（休憩）第1項　　　（p150上5個目●）

〔解説〕

・誤：35分　　　誤：45分

・正：45分　　　正：1時間

1は○　基準法第33条（災害等による臨時の必要がある場合の時間外労働等）第1項　　（p150上4個目●）

3は○　基準法第35条（休日）第1項，第2項　　（p150下2個目●）

4は○　基準法第36条（時間外及び休日の労働）第1項　　（p150下1個目●）

〔令和4年度CBT試験・問20〕　※試験後の法改正に伴い，問題の一部を修正しています。

問20　「自動車運転者の労働時間等の改善のための基準」に定める貨物自動車運送事業に従事する自動車運転者の拘束時間等に関する次の文中，A，B，C，Dに入るべき字句として【いずれか正しいものを1つ】選びなさい。

1．拘束時間は，1ヵ月について　A　を超えず，かつ，一年について3,300時間を超えないものとすること。ただし，労使協定により，1年について6ヵ月までは，1ヵ月について　B　まで延長することができ，かつ，1年について　C　まで延長することができる。

2．1日（始業時刻から起算して24時間をいう。以下同じ。）についての拘束時間は，13時間を超えないものとし，当該拘束時間を延長する場合であっても，1日についての拘束時間の限度（最大拘束時間）は，　D　とすること。

　　A：①284時間　　　②293時間
　　B：①300時間　　　②310時間
　　C：①3,400時間　　②3,516時間
　　D：①15時間　　　 ②16時間

〔正解〕　改善基準第4条（拘束時間等）第1項第1号　　（p162上1個目●）
　　　　　改善基準第4条（拘束時間等）第1項第3号　　（p162下2個目●）
　　A：①　284時間
　　B：②　310時間
　　C：①　3,400時間
　　D：①　15時間

〔令和4年度CBT試験・問21〕　※試験後の法改正に伴い，問題の一部を修正しています。

問21　「自動車運転者の労働時間等の改善のための基準」において定める貨物自動車運送事業に従事する自動車運転者（以下「トラック運転者」という。）の拘束時間等の規定に関する次の記述のうち，【正しいものを2つ】選びなさい。なお，解答にあたっては，各選択肢に記載されている事項以外は考慮しないものとする。

1．使用者は，トラック運転者の休息期間については，当該トラック運転者の住所地における休息期間がそれ以外の場所における休息期間より長くなるように努めるものとする。

2．使用者は，業務の必要上やむを得ない場合には，当分の間，トラック運転者を隔日勤務に就かせることができる。この場合，2暦日における拘束時間は，一定の要件に該当する場合を除き，22時間を超えてはならず，かつ，勤務終了後，継続20時間以上の休息期間を与えなければならない。

3．拘束時間とは，始業時間から終業時間までの時間で，労働時間と休憩時間の合計の時間をいう

4．トラック運転者が勤務の中途においてフェリーに乗船する場合における拘束時間及び休息期間は，フェリー乗船時間（乗船時刻から下船時刻まで）については，原則として，2時間（フェリー乗船時間が2時間未満の場合には，その時間）については拘束時間として取り扱い，その他の時間については休息期間として取り扱うものとする。

〔正解〕　1　改善基準第4条（拘束時間等）第2項　　（p163下1個目●）
　　　　　3　改善基準第4条（拘束時間等）　　（p163下16行目）
〔解説〕
　　2は×　基改善基準第4条（拘束時間等）第4項第3号　　（p167上1個目●）
　　・誤：22時間を超えてはならず
　　・正：21時間を超えてはならず
　　4は×　基改善基準第4条（拘束時間等）第4項第4号　　（p167下1個目●）
　　・フェリーに乗船している時間は，原則として休息期間として取り扱うものとする。

〔令和4年度CBT試験・問22〕 ※試験後の法改正に伴い，問題の一部を修正しています。

問22 下表の1～4は，貨物自動車運送事業に従事する自動車運転者の4日間の運転時間及び休憩等の勤務状況の例を示したものである。「自動車運転者の労働時間等の改善のための基準」（以下「改善基準告示」という。）に定める連続運転の中断方法及び2日（始業時刻から起算して48時間をいう。以下同じ。）を平均して1日当たりの運転時間に関する次の記述のうち，【正しいものを2つ】選びなさい。なお，解答にあたっては，下表に示された内容及び各選択肢に記載されている事項以外は考慮しないものとする。

前日：休日

1日目（営業所　乗務開始 → 営業所　乗務終了）
運転	荷積み	休憩	運転	休憩	運転	休憩	運転	休憩	荷下し	運転	1日の運転時間の合計
1時間50分	10分	10分	2時間	1時間	1時間30分	10分	2時間	10分	20分	1時間40分	9時間

2日目
運転	荷積み	運転	休憩	運転	休憩	運転	休憩	運転	荷下し	運転	1日の運転時間の合計
40分	15分	1時間20分	30分	2時間	1時間	2時間40分	30分	1時間20分	40分	2時間	10時間

3日目
運転	荷積み	休憩	運転	休憩	運転	休憩	運転	休憩	荷下し	運転	1日の運転時間の合計
1時間	20分	10分	2時間40分	1時間	2時間20分	15分	1時間40分	15分	30分	1時間20分	9時間

4日目
運転	荷積み	運転	休憩	運転	休憩	運転	休憩	運転	荷下し	運転	1日の運転時間の合計
1時間	30分	2時間	10分	1時間20分	1時間	2時間20分	30分	1時間	15分	2時間20分	10時間

翌日：休日

（注）2日を平均した1日当たりの運転時間は，当該4日間のすべての日を特定日とする。

1．連続運転の中断方法が改善基準告示に違反している勤務日は，2日目及び4日目であり，1日目及び3日目は違反していない。

2．連続運転の中断方法が改善基準告示に違反している勤務日は，1日目及び4日目であり，2日目及び3日目は違反していない。

3．2日を平均し1日当たりの運転時間は，改善基準告示に違反していない。

4．2日を平均し1日当たりの運転時間は，改善基準告示に違反している。

〔正解〕　2．4．改善基準第4条（拘束時間等）第1項

(p165上1個目●，p164下1個目●)

〔解説〕
- 連続運転時間（1回がおおむね連続10分以上で，かつ，合計が30分以上の運転の中断をすることなく連続して運転する時間をいう。）は，4時間を超えないこと。
- 運転の中断は原則として休憩を与えなければならない。（連続運転時間を計算する場合は，荷積み，荷下ろし等の休憩以外の時間は，運転時間として考える。）
- 運転時間は，2日を平均し1日当たり9時間（特定日と前日の平均及び特定日と翌日の平均の両方が9時間を超える場合に改善基準違反となり，片方のみ9時間を超える場合は違反とならない。）を超えないこと。
- 2について

    1日目の連続運転時間について，休憩1時間の後の運転時間の合計が5時間30分であるが，この間の中断時間（休憩）は20分であり違反となる。

    4日目の連続運転時間について，乗務開始から休憩1時間の前までの運転時間の合計が4時間50分であるが，この間の中断時間（休憩）は10分であり違反となる。

    2日目，3日目については違反していない。
- 4について

    2日目を特定日として，特定日と前日の平均及び特定日と翌日の平均の両方が9.5時間のため，改善基準に違反している。

〔令和4年度CBT試験・問23〕　※試験後の法改正に伴い，問題の一部を修正しています。

問23　下表の1～3は，貨物自動車運送事業に従事する自動車運転者（隔日勤務に就く運転者以外のもの）の1年間における各月の拘束時間の例を示したものである。下表の空欄A，B，Cについて，次の選択肢ア～ウの拘束時間の組み合わせをあてはめた場合，「自動車運転者の労働時間等の改善のための基準」に【適合するものを選択肢ア～ウの中から1つ】選びなさい。なお，解答にあたっては「1ヵ月及び1年についての拘束時間の延長に関する労使協定」があるものとし，下表に示された内容及び各選択肢に記載されている事項以外は考慮しないものとする。

1.

	4月	5月	6月	7月	8月	9月	10月	11月	12月	1月	2月	3月
拘束時間（時間）	276	281	280	291	A	285	281	284	282	272	270	286

Aを除く11ヵ月の拘束時間の合計　3088

2.

	4月	5月	6月	7月	8月	9月	10月	11月	12月	1月	2月	3月
拘束時間（時間）	287	275	278	285	292	284	273	B	287	283	291	282

Bを除く11ヵ月の拘束時間の合計　3117

3.

	4月	5月	6月	7月	8月	9月	10月	11月	12月	1月	2月	3月
拘束時間（時間）	266	289	282	290	283	287	273	282	284	275	C	287

Cを除く11ヵ月の拘束時間の合計　3098

選択肢		A（時間）	B（時間）	C（時間）
	ア	283	286	290
	イ	312	278	293
	ウ	279	282	295

〔正解〕　ウ　改善基準第4条（拘束時間等）第1項　　（p162上1個目●）
〔解説〕
・拘束時間は，1箇月について284時間を超えず，かつ，1年について3,300時間を超えないものとすること。ただし，労使協定により，1年について6箇月までは，1箇月について310時間まで延長することができ，かつ，1年について3,400時間まで延長することができるものとする。
・選択肢アについて，Bが286時間の場合，1年の拘束時間の合計が3,400時間を超えるため違反となる。
・選択肢イについて，Aの312時間が1ヵ月310時間超えのため違反となる。

〔令和5年度CBT試験・問18〕

問18　労働基準法（以下「法」という。）の定めに関する次の記述のうち，【正しいものを2つ】選びなさい。なお，解答にあたっては，各選択肢に記載されている事項以外は考慮しないものとする。

1．使用者の責に帰すべき事由による休業の場合においては，使用者は，休業期間中当該労働者に，その平均賃金の100分の80以上の手当を支払わなければならない。

2．使用者は，労働者が業務上負傷し，又は疾病にかかり療養のために休業する期間及びその後30日間並びに産前産後の女性が法第65条（産前産後）の規定によって休業する期間及びその後30日間は，解雇してはならない。ただし，使用者が，法第81条の規定によって打切補償を支払う場合又は天災事変その他やむを得ない事由のために事業の継続が不可能となった場合においては，この限りでない。

3．使用者は，労働者が労働時間中に，選挙権その他公民としての権利を行使し，又は公の職務を執行するために必要な時間を請求した場合においては，拒んではならない。ただし，権利の行使又は公の職務の執行に妨げがない限り，請求された時刻を変更することができる。

4．法第20条（解雇の予告）の規定は，法に定める期間を超えて引き続き使用されない限りにおいて，「日日雇い入れられる者」，「1ヵ月以内の期間を定めて使用される者」，「季節的業務に6ヵ月以内の期間を定めて使用される者」又は「試の使用期間中の者」のいずれかに該当する労働者については適用しない。

〔正解〕　2　基準法第19条（解雇制限）第1項　　（p154上2個目●）
　　　　　3　基準法第7条（公民権行使の保障）　（p150上1個目●）
〔解説〕
　1は×　基準法第26条（休業手当）　　（p155下2個目●）
　　・誤：平均賃金の<u>100分の80以上</u>
　　・正：平均賃金の<u>100分の60以上</u>
　4は×　基準法第21条（解雇の予告）　（p154下2個目●）
　　・誤：「<u>1ヵ月以内</u>の期間を定めて使用される者」，「季節的業務に<u>6ヵ月以内</u>の期間を定めて使用される者」
　　・正：「<u>2ヵ月以内</u>の期間を定めて使用される者」，「季節的業務に<u>4ヵ月以内</u>の期間を定めて使用される者」

〔令和5年度CBT試験・問19〕

問19　労働基準法（以下「法」という。）の定めに関する次の記述のうち，【誤っているものを1つ】選びなさい。なお，解答にあたっては，各選択肢に記載されている事項以外は考慮しないものとする。

1．使用者は，労働者に，休憩時間を除き1週間について40時間を超えて，労働させてはならない。また，1週間の各日については，労働者に，休憩時間を除き1日について8時間を超えて，労働させてはならない。ただし，別に法令等で定める場合は，この限りではない。

2．使用者は，労働時間が6時間を超える場合においては少くとも45分，8時間を超える場合においては少くとも1時間の休憩時間を労働時間の途中に与えなければならない。

3．使用者が，法の規定により労働時間を延長し，又は休日に労働させた場合においては，その時間又はその日の労働については，通常の労働時間又は労働日の賃金の計算額の3割以上6割以下の範囲内でそれぞれ政令で定める率以上の率で計算した割増賃金を支払わなければならない。

4．使用者は，当該事業場に，労働者の過半数で組織する労働組合がある場合においてはその労働組合，労働者の過半数で組織する労働組合がない場合においては労働者の過半数を代表する者との書面による協定をし，これを行政官庁に届け出た場合においては，法定労働時間又は法定休日に関する規定にかかわらず，その協定で定めるところによって労働時間を延長し，又は休日に労働させることができる。

〔正解〕　3　基準法第37条（時間外，休日及び深夜の割増賃金）第1項

(p156上1個目●)

〔解説〕
- 誤：<u>3割以上6割以下</u>
- 正：<u>2割5分以上5割以下</u>

1は○　基準法第32条（労働時間）第1項，第2項　　（p150上2個目●）

2は○　基準法第34条（休憩）第1項　　（p150上5個目●）

4は○　基準法第36条（時間外及び休日の労働）第1項　　（p150下1個目●）

〔令和5年度CBT試験・問20〕　※試験後の法改正に伴い，問題の一部を修正しています。

問20　「自動車運転者の労働時間等の改善のための基準」（以下「改善基準告示」という。）に定める貨物自動車運送事業に従事する自動車運転者（以下「トラック運転者」という。）の拘束時間等に関する次の文中，A，B，C，Dに入るべき字句として【いずれか正しいものを1つ】選びなさい。

1．使用者は，トラック運転者に休日に労働させる場合は，当該労働させる休日は2週間について　A　を超えないものとし，当該休日の労働によって改善基準告示第4条第1項に定める拘束時間及び　B　を超えないものとする。

2．1日（始業時刻から起算して24時間をいう。以下同じ。）についての拘束時間は，13時間を超えないものとし，当該拘束時間を延長する場合であっても，1日についての拘束時間の限度（最大拘束時間）は，　C　とすること。この場合において，1日についての拘束時間が　D　を超える回数をできるだけ少なくするよう努めるものとすること。

A：①1回　　　　　②2回
B：①連続運転時間　②最大拘束時間
C：①15時間　　　②16時間
D：①13時間　　　②14時間

〔正解〕　改善基準第4条（拘束時間等）第5項　　（p168上1個目●）
　　　　改善基準第4条（拘束時間等）第1項第3号，第4号　　（p162下2個目●）
A：①　1回
B：②　最大拘束時間
C：①　15時間
D：②　14時間

〔令和5年度CBT試験・問21〕　※試験後の法改正に伴い，問題の一部を修正しています。

問21　「自動車運転者の労働時間等の改善のための基準」等に定める貨物自動車運送事業に従事する自動車運転者（以下「トラック運転者」という。）の拘束時間等の規定に関する次の記述のうち，【正しいものをすべて】選びなさい。なお，解答にあたっては，各選択肢に記載されている事項以外は考慮しないものとする。

1．使用者は，業務の必要上やむを得ない場合には，当分の間，トラック運転者を隔日勤務に就かせることができる。この場合，2暦日における拘束時間は，事業場内仮眠施設又は使用者が確保した同種の施設において，夜間に4時間以上の仮眠時間を与える場合を除き，21時間を超えてはならないものとし，勤務終了後，継続20時間以上の休息期間を与えなければならない。

2．拘束時間とは，始業時間から終業時間までの時間で，休憩時間を除く労働時間の合計をいう。

3．使用者は，トラック運転者の拘束時間については，1ヵ月について284時間を超えず，かつ，1年について3,300時間を超えないものとすること。ただし，労使協定により，1年について6ヵ月までは，1ヵ月について310時間まで延長することができ，かつ，1年について3,516時間まで延長することができるものとする。

4．使用者は，業務の必要上，トラック運転者に勤務の終了後継続9時間以上の休息期間を与えることが困難な場合には，当分の間，一定期間（1ヵ月程度を限度とする。）における全勤務回数の2分の1を限度に，休息期間を拘束時間の途中及び拘束時間の経過直後に2分割又は3分割にして与えることができるものとする。この場合において，分割された休息期間は，1日（始業時刻から起算して24時間をいう。）において1回当たり継続3時間以上，2分割の場合は合計10時間以上，3分割の場合は合計12時間以上でなければならないものとする。

〔正解〕　1　改善基準第4条（隔日勤務の特例）第4項第3号　　（p167上1個目●）
　　　　　4　改善基準第4条（分割休息期間）第4項第1号　　（p166上1個目●）
〔解説〕
　　2は×　基改善基準第4条（拘束時間等）　　（p163下16行目）
　　・拘束時間とは，始業時間から終業時間までの時間で，労働時間と休憩時間の合計をいう。
　　3は×　基改善基準第4条（拘束時間等）第1項第1号　　（p162上1個目●）
　　・誤：3,516時間
　　・正：3,400時間

〔令和５年度CBT試験・問22〕

問22　下表の１〜４は，貨物自動車運送事業に従事する自動車運転者の２週間の運転時間の例を示したものであるが，このうち，すべての日を特定日とした２日を平均して１日当たりの運転時間及び２週間を平均し１週間当たりの運転時間がともに「自動車運転者の労働時間等の改善のための基準」に【適合するものを１つ】選びなさい。なお，解答にあたっては，下表に示された内容以外は考慮しないものとする。

1.

労働日	1日	2日	3日	4日	5日	6日	7日	8日	9日	10日	11日	12日	13日	14日	２週間の運転時間計
運転時間等（時間）	休日	4	5	6	9	10	9	休日	5	6	7	8	10	8	休日	87時間

（注１）２週間の起算日は１日とする。
（注２）各労働日の始業時刻は午前８時とする。

2.

労働日	1日	2日	3日	4日	5日	6日	7日	8日	9日	10日	11日	12日	13日	14日	２週間の運転時間計
運転時間等（時間）	休日	4	8	9	9	10	5	休日	5	8	8	10	9	4	休日	89時間

（注１）２週間の起算日は１日とする。
（注２）各労働日の始業時刻は午前８時とする。

3.

労働日	1日	2日	3日	4日	5日	6日	7日	8日	9日	10日	11日	12日	13日	14日	２週間の運転時間計
運転時間等（時間）	休日	5	9	10	7	9	5	休日	5	8	10	9	7	4	休日	88時間

（注１）２週間の起算日は１日とする。
（注２）各労働日の始業時刻は午前８時とする。

4.

労働日	1日	2日	3日	4日	5日	6日	7日	8日	9日	10日	11日	12日	13日	14日	２週間の運転時間計
運転時間等（時間）	休日	5	8	11	8	6	7	休日	5	9	10	8	6	7	休日	90時間

（注１）２週間の起算日は１日とする。
（注２）各労働日の始業時刻は午前８時とする。

〔正解〕 3　改善基準第4条（拘束時間等）第1項第6号　　（p164下1個目●）
〔解説〕
・運転時間は，2日を平均し1日当たり9時間（特定日と前日の平均及び特定日と翌日の平均の両方が9時間を超える場合に改善基準違反となり，片方のみ9時間を超える場合は違反とならない。）を超えないこと，2週間を平均して1週間当たり44時間を超えないこと。
・1について
　　5日を特定日として，特定日と前日（4日）の平均及び特定日と翌日（6日）の平均の両方が9.5時間のため，改善基準に違反している。
・2について
　　2週間を平均した1週間当たりの運転時間が44.5時間のため，改善基準に違反している。
・4について
　　3日を特定日として，特定日と前日（2日）の平均及び特定日と翌日（4日）の平均の両方が9.5時間，2週間を平均した1週間当たりの運転時間が45時間のため，改善基準に違反している。

〔令和5年度CBT試験・問23〕 ※試験後の法改正に伴い，問題の一部を修正しています。

問23 下図は，貨物自動車運送事業に従事する自動車運転者の1週間の勤務状況の例を示したものであるが，「自動車運転者の労働時間等の改善のための基準」（以下「改善基準告示」という。）に定める拘束時間等に関する次の記述のうち，【正しいものを2つ】選びなさい。ただし，すべて1人乗務の場合とする。なお，解答にあたっては，下図に示された内容及び各選択肢に記載されている事項以外は考慮しないものとする。

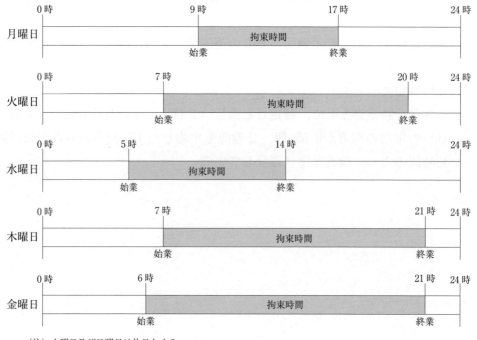

(注) 土曜日及び日曜日は休日とする。

1．1日についての拘束時間が改善基準告示に定める最大拘束時間に違反する勤務がある。

2．1日についての拘束時間が14時間を超えることができる1週間についての回数は，改善基準告示に違反している。

3．月曜日に始まる勤務の1日についての拘束時間は，この1週間の勤務の中で1日についての拘束時間が最も短い。

4．勤務終了後の休息期間が改善基準告示に違反するものはない。

〔正解〕 2．4　改善基準第4条（拘束時間等）
〔解説〕
- 1日についての拘束時間は，13時間を超えないものとし，当該拘束時間を延長する場合であっても，最大拘束時間は15時間とすること。　（p162下2個目●）
- 1日は始業時刻から起算して24時間をいう。　（p162下2行目）
- 1日についての拘束時間が14時間を超える回数をできるだけ少なくするよう努めるものとすること。（1週間について2回以内を目安とする。）　（p162下1個目●）
- 勤務終了後，継続11時間以上の休息期間を与えるよう努めることを基本とし，休息期間が継続9時間を下回らないものとすること。　（p163下2個目●）

拘束時間
　月曜日：9時～17時＋火曜日の7時～9時＝10時間
　火曜日：7時～20時＋水曜日の5時～7時＝15時間
　水曜日：5時～14時＝9時間
　木曜日：7時～21時＋金曜日の6時～7時＝15時間
　金曜日：6時～21時＝15時間

休息期間
　月～火：17時～7時＝14時間
　火～水：20時～5時＝9時間
　水～木：14時～7時＝17時間
　木～金：21時～6時＝9時間

- 1について
　1日についての拘束時間が15時間を超える勤務はない。
- 2について
　1日についての拘束時間が14時間を超える勤務が3回のため改善基準に違反している。
- 3について
　1日についての拘束時間が最も短いのは水曜日である。
- 4について
　勤務終了後の休息期間が9時間を下回るところはないので改善基準に違反していない。

5 実務上の知識及び能力

〔令和3年度CBT試験・問24〕

問24 下表は、貨物自動車運送事業者が、法令の規定により運転者ごとに行う点呼の記録表の一例を示したものである。この記録表に関し、A、B、Cに入る【最もふさわしい事項を下の選択肢（①〜⑧）から1つ】選びなさい。

①車両の異常の有無
②貨物の積載状況
③運転者交替時の通告内容
④薬物の使用状況
⑤指示事項
⑥日常点検の状況
⑦疾病・疲労・睡眠不足等の状況
⑧自動車・道路・運行の状況

〔正解〕・安全規則の解釈及び運用について第7条（点呼等）第5項関係

(p30下13行目（16））

A：⑤指示事項
B：⑦疾病・疲労・睡眠不足等の状況
C：③運転者交替時の通告内容

〔令和3年度CBT試験・問25〕

問25　一般貨物自動車運送事業者が事業用自動車の運転者に対して行う指導・監督に関する次の記述のうち，【適切なものをすべて】選びなさい。なお，解答にあたっては，各選択肢に記載されている事項以外は考慮しないものとする。

1．運転者が交通事故を起こした場合，事故の被害状況を確認し，負傷者がいるときは，まず最初に運行管理者に連絡した後，負傷者の救護，道路における危険の防止，警察への報告などの必要な措置を講じるよう運転者に対し指導している。

2．他の自動車に追従して走行するときは，常に「秒」の意識をもって自車の速度と制動距離（ブレーキが効きはじめてから止まるまでに走った距離）に留意し，前車への追突の危険が発生した場合でも安全に停止できるよう，制動距離と同程度の車間距離を保って運転するよう指導している。

3．実際の事故事例やヒヤリハット事例のドライブレコーダー映像を活用して，事故前にどのような危険が潜んでいるか，それを回避するにはどのような運転をすべきかなどを運転者に考えさせる等，実事例に基づいた危険予知訓練を実施している。

4．飲酒は，速度感覚の麻痺，視力の低下，反応時間の遅れ，眠気が生じるなど自動車の運転に極めて深刻な影響を及ぼす。個人差はあるものの，体内に入ったビール500ミリリットル（アルコール5％）が分解処理されるのに概ね2時間が目安とされていることから，乗務前日の飲酒・酒量については，運転に影響のないよう十分気をつけることを運転者に指導している。

〔正解〕 3
〔解説〕
・1について
　交通事故あったときは，当該事故に係る車両等の運転者その他の乗務員（以下「運転者等」という。）は，直ちに車両等の運転を停止して，負傷者を救護し，道路における危険を防止する等必要な措置を講じなければならないと道路交通法第72条に記載されている。
・2について
　自動車の停止距離＝空走距離＋制動距離である。制動距離と同じ車間距離では安全に停止することはできない。車間距離は，十分に確保して走行しなければならない。
・4について
　体重60キログラムの成人男性で，1単位（ビール500ミリリットル（アルコール5％））のアルコールが体内から消えるまでに約3時間〜4時間かるといわれている。

〔令和3年度CBT試験・問26〕

問26　事業用自動車の運転者の健康管理に関する次の記述のうち,【適切なものをすべて】選びなさい。なお, 解答にあたっては, 各選択肢に記載されている事項以外は考慮しないものとする。

1．事業者は, 業務に従事する運転者に対し法令で定める健康診断を受診させ, その結果に基づいて健康診断個人票を作成して3年間保存している。また, 運転者が自ら受けた健康診断の結果を提出したものについても同様に保存している。

2．事業者は, 運転者が軽症度の睡眠時無呼吸症候群（SAS）と診断された場合は, 残業を控えるなど業務上での負荷の軽減や, 睡眠時間を多く取る, 過度な飲酒を控えるなどの生活習慣の改善によって, 業務が可能な場合があるので, 医師と相談して慎重に対応している。

3．常習的な飲酒運転の背景には, アルコール依存症という病気があるといわれている。この病気は専門医による早期の治療をすることにより回復が可能とされているが, 一度回復しても飲酒することにより再発することがあるため, 事業者は, アルコール依存症から回復した運転者に対しても飲酒に関する指導を行う必要がある。

4．運転者が運転中に安全運転の継続が困難となるような体調不良や異常を感じた場合, 速やかに安全な場所に事業用自動車を停止させ, 運行管理者に連絡し, 指示を受けるよう指導している。また, 交替運転者が配置されていない場合は, その後の運行再開の可否については, 体調の状況を運転者が自ら判断し決定するよう指導している。

〔正解〕 2．3．
〔解説〕
　・1について
　　・誤：健康診断個人票を作成して<u>3年間保存</u>
　　・正：健康診断個人票を作成して<u>5年間保存</u>
　・4について
　　運転者は，運行の途中において運行の継続ができない状況が発生した場合は，運行管理者にその状況を報告し，運行管理者の指示を仰がなければならない。運行管理者は，報告を受けた内容から適切に判断して運転者に指示をし，運転者は，その指示に基づき運行を再開しなければならない。

〔令和３年度CBT試験・問27〕

問27　交通事故防止対策に関する次の記述のうち，【適切なものをすべて】選びなさい。なお，解答にあたっては，各選択肢に記載されている事項以外は考慮しないものとする。

1．ドライブレコーダーは，事故時の映像だけでなく，運転者のブレーキ操作やハンドル操作などの運転状況を記録し，解析することにより運転のクセ等を読み取ることができるものがあり，運行管理者が行う運転者の安全運転の指導に活用されている。

2．前方の自動車を大型車と乗用車から同じ距離で見た場合，それぞれの視界や見え方が異なり，大型車の場合には運転席が高いため，車間距離をつめてもあまり危険に感じない傾向となるので，この点に注意して常に適正な車間距離をとるよう運転者を指導する必要がある。

3．四輪車を運転する場合，二輪車との衝突事故を防止するための注意点として，①二輪車は死角に入りやすいため，その存在に気づきにくく，また，②二輪車は速度が実際より速く感じたり，距離が近くに見えたりする特性がある。したがって，運転者に対してこのような点に注意するよう指導する必要がある。

4．自動車のハンドルを左に切り旋回した場合，左側の後輪が左側の前輪の軌跡に対し外側を通ることとなり，この前後輪の軌跡の差を内輪差という。大型車などホイールベースが長いほど内輪差が小さくなることから，運転者に対し，交差点での左折時には，内輪差による歩行者や自転車等との接触，巻き込み事故に注意するよう指導する必要がある。

〔正解〕 1．2．
〔解説〕
- 3について
 二輪車は四輪車に比べて車体が小さいため，四輪車から見た場合に，二輪車は速度が実際より遅く感じたり，距離が遠くに見えたりする特性がある。
- 4について
  - 誤：自動車のハンドルを左に切り旋回した場合，左側の後輪が左側の前輪の軌跡に対し外側を通ることとなり，この前後輪の軌跡の差を内輪差という。
  大型車などホイールベースが長いほど内輪差が小さくなる。
  - 正：自動車のハンドルを左に切り旋回した場合，左側の後輪が左側の前輪の軌跡に対し内側を通ることとなり，この前後輪の軌跡の差を内輪差という。
  大型車などホイールベースが長いほど内輪差が大きくなる。

〔令和3年度CBT試験・問28〕

問28　自動車の運転に関する次の記述のA，B，C，Dに入るべき字句として【いずれか正しいものを1つ】選びなさい。

1．自動車の夜間の走行時において，自車のライトと対向車のライトで，お互いの光が反射し合い，その間にいる歩行者や自転車が見えなくなることを A という。

2．自動車がカーブを走行するとき，自動車の重量及びカーブの半径が同一の場合に，速度を2分の1に落として走行すると遠心力の大きさは B になる。

3．長い下り坂などでフット・ブレーキを使い過ぎるとブレーキ・ドラムやブレーキ・ライニングなどが摩擦のため過熱することによりドラムとライニングの間の摩擦力が減り，制動力が低下することを C という。

4．自動車が衝突するときの衝撃力は，車両総重量が2倍になると D になる。

　　A：①蒸発現象　　　　　　②クリープ現象
　　B：①4分の1　　　　　　②2分の1
　　C：①ベーパー・ロック現象　②フェード現象
　　D：①2倍　　　　　　　　②4倍

〔正解〕
- A：①蒸発現象
- B：①4分の1
- C：②フェード現象
- D：①2倍

〔解説〕
- 蒸発現象とは，夜間，雨が降っているときに，対向車と自車のヘッドライトが交差すると，道路を横断する歩行者などが突如として消えることがある現象をいう。
- 遠心力とは，速度の2乗に比例して大きくなり，カーブの半径が小さいほど大きくなる。
- フェード現象とは，長い下り坂を走行時に減速のためフットブレーキを多用することによってブレーキに負荷がかかり過ぎブレーキの効きが低下することをいう。
- 衝撃力は，車両の重さに比例して変化する。

〔令和3年度CBT試験・問29〕　※試験後の法改正に伴い，問題の一部を修正しています。

問29　荷主から貨物自動車運送事業者に対し，往路と復路において，それぞれ荷積みと荷下ろしを行うよう運送の依頼があった。これを受けて運行管理者は下の図に示す運行計画を立てた。この運行に関する次の1～3の記述について，解答しなさい。なお，解答にあたっては〈運行計画〉及び各選択肢に記載されている事項以外は考慮しないものとする。

〈運行計画〉

　A営業所を出庫し，B地点で荷積みし，E地点で荷卸し，休憩の後，戻りの便にて，F地点で再度荷積みし，G地点で休憩，荷卸しの後，A営業所に帰庫する行程とする。当該運行は，車両総重量8トン，最大積載量5トンの貨物自動車を使用し，運転者1人乗務とする。

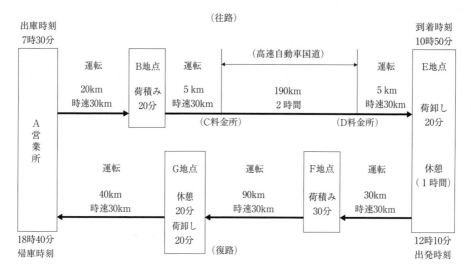

1．C料金所からD料金所までの間の高速自動車国道の運転時間を，2時間と設定したことは，道路交通法令に定める制限速度に照らし適切か否かについて，【いずれか正しいものを1つ】選びなさい。

　　①　適切　　②　不適切

2．当該運転者の前日の運転時間は9時間20分であり，また，当該運転者の翌日の運転時間は9時間20分と予定した場合，当日を特定日とした場合の2日を平均した1日当たりの運転時間は，「自動車運転者の労働時間等の改善のた

めの基準」(以下「改善基準告示」という。)に照らし，違反しているか否かについて，【いずれか正しいものを1つ】選びなさい。

① 違反している　② 違反していない

3．当日の全運行において，連続運転時間は「改善基準告示」に照らし，違反しているか否かについて，【いずれか正しいものを1つ】選びなさい。

① 違反している　② 違反していない

〔正解〕　1．②不適切
　　　　　2．②違反していない
　　　　　3．①違反している

〔解説〕
1．について
　190 km（走行距離）÷ 2 時間 = 95 km/h（平均速度）
　車両総重量8トン，最大積載量5トンの貨物自動車の高速自動車国道における最高速度は90キロメートル毎時であるため不適切である。

2．について
　往路
　　A営業所からB地点までの運転時間40分
　　B地点からE地点までの運転時間2時間20分
　復路
　　E地点からF地点　運転時間1時間
　　F地点からG地点　運転時間3時間
　　G地点からA営業所運転時間1時間20分
　往路　40分 + 2時間20分 = 3時間
　復路　1時間 + 3時間 + 1時間20分 = 5時間20分
　当日の運転時間　3時間 + 5時間20分 = 8時間20分
　当日と前日の運転時間の平均
　（8時間20分 + 9時間20分）÷ 2 = 8時間50分
　当日と翌日の運転時間の平均
　（8時間20分 + 9時間20分）÷ 2 = 8時間50分
　9時間を両方とも超えるのはないため改善基準に違反していない。

3．について

復路について，E地点からG地点までの運転時間の合計が4時間30分であるが，その間に運転の中断がないため，改善基準に違反している。(連続運転時間を計算する場合は，運転の中断は原則休憩としなければならないことから，荷積み，荷下ろし等の休憩以外の時間は，運転時間と考えるものとする。)
往路については，違反していない。

〔令和３年度CBT試験・問30〕

問30　運行管理者が次の事業用普通トラックの事故報告に基づき，この事故の要因分析を行ったうえで，同種事故の再発を防止するための対策として，【最も直接的に有効と考えられる組合せを，下の選択肢（①～⑧）から１つ】選びなさい。なお，解答にあたっては，〈事故の概要〉及び〈事故関連情報〉に記載されている事項以外は考慮しないものとする。

〈事故の概要〉

　当該トラックは，17時頃，霧で見通しの悪い高速道路を走行中，居眠り運転により渋滞車列の最後尾にいた乗用車に追突した。当該トラックは当該乗用車を中央分離帯に押し出したのち，前方の乗用車３台に次々と追突し，通行帯上に停止した。

　この事故により，最初に追突された乗用車に乗車していた３人が死亡し，当該トラックの運転者を含む７人が重軽傷を負った。当時霧のため当該道路の最高速度は時速50キロメートルに制限されていたが，当該トラックは追突直前には時速80キロメートルで走行していた。

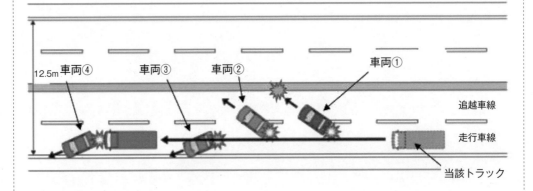

〈事故関連情報〉

○　当該運転者は，事故日前日運行先に積雪があり，帰庫時間が５時間程度遅くなって業務を早朝５時に終了した。その後，事故当日の正午に乗務前点呼を受け出庫した。

○　当該運転者は，事故日前１ヵ月間の勤務において，拘束時間及び休息期間について複数回の「自動車運転者の労働時間等の改善のための基準」（以下「改善基準告示」という。）違反があった。

○　当該運転者に対する乗務前点呼はアルコール検知器を使用し対面で行われて

いたが，睡眠不足等の運転者の体調確認は行われていなかった。
- ○ 当該営業所では，年度ごとの教育計画に基づき，所長自ら月1回ミーティングを実施していたが，交通事故を惹起した場合の社会的影響の大きさや，疲労などの生理的要因による交通事故の危険性などについて理解させる指導・教育が不足していた。
- ○ 当該運転者は，採用後2年が経過していたが，初任運転者に対する適性診断を受診していなかった。
- ○ 当該事業者は，年2回の定期健康診断の実施計画に基づき実施しており，当該運転者は，これらの定期健康診断を受診していた。
- ○ 当該トラックは，法令で定められた日常点検及び定期点検を実施していた。また，速度抑制装置（スピードリミッター）が取り付けられていた。

〈事故の再発防止対策〉

ア 運行管理者は，運転者に対して，法定速度を遵守させるとともに，交通事故を惹起した場合の社会的影響の大きさや過労が運転に及ぼす危険性を認識させ，疲労や眠気を感じた場合は直ちに運転を中止し，休憩するよう指導を徹底する。

イ 事業者は，点呼の際に点呼実施者が不在にならないよう，適正な数の運行管理者又は補助者を配置するなど，運行管理を適切に実施するための体制を整備する。

ウ 運行管理者は，関係法令及び改善基準告示に違反しないよう，日頃から運転者の運行状況を確実に把握し，適切な乗務割を作成する。また，運転者に対しては，点呼の際適切な運行指示を行う。

エ 事業者は，自社の事業用自動車に衝突被害軽減ブレーキ装置の導入を促進する。その際，運転者に対し，当該装置の性能限界を正しく理解させ，装置に頼り過ぎた運転とならないように指導を行う。

オ 事業者は，運転者に対して，疾病が交通事故の要因となるおそれがあることを正しく理解させ，定期的な健康診断結果に基づき，自ら生活習慣の改善を図るなど，適切な心身の健康管理を行うことの重要性を理解させる。

カ 法令で定められた日常点検及び定期点検整備を確実に実施する。その際，速度抑制装置の正常な作動についても，警告灯により確認する。

キ 運行管理者は，点呼を実施する際，運転者の体調や疲労の蓄積などをきちん

と確認し，疲労等により安全な運転を継続することができないおそれがあるときは，当該運転者を交替させる措置をとる。
ク　運行管理者は，法に定められた適性診断を，運転者に確実に受診させるとともに，その結果を活用し，個々の運転者の特性に応じた指導を行う。

① ア・イ・エ・オ
② ア・イ・カ・キ
③ ア・ウ・エ・キ
④ ア・ウ・オ・カ
⑤ イ・エ・キ・ク
⑥ イ・エ・カ・ク
⑦ ウ・オ・キ・ク
⑧ ウ・オ・カ・ク

〔正解〕　3．ア・ウ・エ・キ
〔解説〕
- アについて

　　当該事故は，居眠り運転により追突事故を起こしたものであり，疲労や眠気を感じた場合は直ちに運転を休止，休憩するよう指導を徹底することが，より直接的に有効な再発防止対策と考えられる。

- ウについて

　　当該運転者は，早朝5時に乗務を終了し，事故当日の正午に乗務前点呼を受け出庫していることから，休息期間が改善基準に違反していると思われる。また，事故日前1ヵ月の勤務において，拘束時間及び休息期間について複数回の改善基準違反があったことから，運行管理者は，日頃から運転者の運行状況を確実に把握し，適切な乗務割を作成することが，より直接的に有効な再発防止対策と考えられる。

- エについて

　　当該事故が居眠り運転による追突事故であることから，追突被害軽減ブレーキ装着の導入は，同種事故の再発防止対策に有効であること考えられる。

- キについて

　　運行管理者が点呼を実施する際，運転者の体調や疲労の蓄積などをきちんと確認し，疲労，睡眠不足等により安全な運転を継続することができないおそれがあるときは，当該運転者を交替させる措置をとることは，より直接的に有効な再発防止対策であると考えられる。

- イの適切な数の運行管理者等を配置すること，オの定期健康診断は実施計画に基づき年2回実施していること，カの法令で定められた日常点検及び定期点検は実施していること，クの初任診断を受診させ，その結果に応じた指導を行うことは運行の安全を確保するために早急に行う必要があると思われるが，これらの状況から，選択肢3．の組み合わせが正答であると考えられる。

〔令和4年度CBT試験・問24〕　※試験後の法改正に伴い，問題の一部を修正しています。

問24　運行管理者の日常業務の記録等に関する次の記述のうち，【適切なものをすべて】選びなさい。なお，解答にあたっては，各選択肢に記載されている事項以外は考慮しないものとする。

1．運行管理者は，事業用自動車の運転者が他の営業所に転出し当該営業所の運転者でなくなったときは，直ちに，運転者等台帳に運転者でなくなった年月日及び理由を記載して1年間保存している。

2．運行管理者は，運行記録計により記録される「瞬間速度」，「運行距離」及び「運行時間」等により運転者の運行の実態や車両の運行の実態を分析し，運転者の日常の乗務を把握し，過労運転の防止及び運行の適正化を図る資料として活用しており，この運行記録計の記録を1年間保存している。

3．運行管理者は，事業用自動車の運転者に対し，事業用自動車の構造上の特性，貨物の正しい積載方法など事業用自動車の運行の安全を確保するために必要な運転の技術及び自動車の運転に関して遵守すべき事項等について，適切に指導を行うとともに，その内容等について記録し，かつ，その記録を営業所において3年間保存している。

4．運行管理者は，事業者が定めた勤務時間及び乗務時間の範囲内で，運転者が過労とならないよう十分考慮しながら，天候や道路状況などを勘案しつつ，乗務割を作成している。なお，乗務については，早めに運転者に知らせるため，事前に予定を示すことにしている。

〔正解〕　2．3．4．
〔解説〕
・1について
・誤：1年間
・正：3年間

〔令和4年度CBT試験・問25〕

問25　一般貨物自動車運送事業者が事業用自動車の運転者に対して行う指導・監督に関する次の記述のうち，【適切なものをすべて】選びなさい。なお，解答にあたっては，各選択肢に記載されている事項以外は考慮しないものとする。

1．時速36キロメートルで走行中の自動車を例に取り，運転者が前車との追突の危険を認知しブレーキ操作を行い，ブレーキが効きはじめるまでに要する空走時間を1秒間とし，ブレーキが効きはじめてから停止するまでに走る制動距離を8メートルとすると，当該自動車の停止距離は約13メートルとなるなど，危険が発生した場合でも安全に止まれるような速度と車間距離を保って運転するよう指導している。

2．危険ドラッグ等の薬物を使用して運転した場合には，重大な事故を引き起こす危険性が高まり，その結果取り返しのつかない被害を生じることもあることから，運行管理者は，常日頃からこれらの薬物を使用しないよう，運転者等に対し強く指導している。

3．大雨，大雪，土砂災害などの異常気象時の措置については，異常気象時等処理要領を作成し運転者全員に周知させておくとともに，運転者とも速やかに連絡がとれるよう緊急時における連絡体制を整えているので，普段から事業用自動車の運行の中断，待避所の確保，徐行運転等の運転に関わることについてはすべて運転者の判断に任せ，中断，待避したときは報告するよう指導している。

4．実際の事故事例やヒヤリハット事例のドライブレコーダー映像を活用して，事故前にどのような危険が潜んでいるか，それを回避するにはどのような運転をすべきかなどを運転者に考えさせる等，実事例に基づいた危険予知訓練を実施している。

〔正解〕 2．4．
〔解説〕
・1について
自動車の停止距離＝空走距離＋制動距離である。
時速36キロメートルにおける1秒間の走行距離（空走距離）は10メートルである。
時速36km＝36,000m÷3,600秒＝10メートル（空走距離）
停止距離＝10メートル（空走距離）＋8メートル（制動距離）＝18メートルである。
・3について
異常気象時における運行の中断，待避所の確保，徐行運転等の運転に関わることについては，運行管理者が状況を的確に把握し，運転者に対して適切な指示を行う必要があり，運転者の判断に任せてはならない。

〔令和4年度CBT試験・問26〕

問26　一般貨物自動車運送事業者（以下「事業者」という。）が行う事業用自動車の運転者の健康管理に関する次の記述のうち，【適切なものをすべて】選びなさい。なお，解答にあたっては，各選択肢に記載されている事項以外は考慮しないものとする。

1．事業者は，業務に従事する運転者に対し法令で定める健康診断を受診させ，その結果に基づいて健康診断個人票を作成して5年間保存している。また，運転者が自ら受けた健康診断の結果を提出したものについても同様に保存している。

2．事業者は，日頃から運転者の健康状態を把握し，点呼において，意識の異常，眼の異常，めまい，頭痛，言葉の異常，手足の異常等の申告又はその症状が見られたら，脳血管疾患の初期症状とも考えられるためすぐに専門医療機関で受診させるよう対応している。

3．トラック運転者は，単独で判断する，連続作業をする，とっさの対応が必要，同じ姿勢で何時間も過ごすなどから，心身の状態が運行に及ぼす影響は大きく，健康状態を保持することが必要不可欠である。このため，事業者は，運転者が運転中に異常を感じたときには，運行継続の可否を自らの判断で行うよう指導している。

4．睡眠時無呼吸症候群（SAS）は，大きないびきや昼間の強い眠気などの症状があるが，必ずしも眠気を感じることがない場合もある。SASスクリーニング検査を実施する場合には，本人の自覚症状による問診票だけで検査対象者を絞ってしまうと，重症のSAS患者を見過ごしてしまうリスクがあるため，定期的に，また，雇い入れ時等のタイミングで医療機器によるSASスクリーニング検査を受けることが重要である。

〔正解〕 1．2．4．
〔解説〕
・3について
　運転者は，運転中に健康状態に異常を感じたときは，無理に運転を継続せず，速やかに運行管理者にその状況を報告し，指示を仰がなければならない。運行管理者は報告を受けた内容から運行継続の可否を判断し，運転者に指示をしなければならない。

〔令和4年度CBT試験・問27〕

問27　交通事故防止対策に関する次の記述のうち,【適切なものをすべて】選びなさい。なお,解答にあたっては,各選択肢に記載されている事項以外は考慮しないものとする。

1．交通事故は,そのほとんどが運転者等のヒューマンエラーにより発生するものである。したがって,事故惹起運転者の社内処分及び再教育に特化した対策を講ずることが,交通事故の再発を未然に防止するには最も有効である。そのためには,発生した事故の要因の調査・分析を行うことなく,事故惹起運転者及び運行管理者に対する特別講習を確実に受講させる等,ヒューマンエラーの再発防止を中心とした対策に努めるべきである。

2．ドライブレコーダーは,事故時の映像だけでなく,運転者のブレーキ操作やハンドル操作などの運転状況を記録し,解析することにより運転のクセ等を読み取ることができるものがあり,運行管理者が行う運転者の安全運転の指導に活用されている。

3．指差呼称は,運転者の錯覚,誤判断,誤操作等を防止するための手段であり,道路の信号や標識などを指で差し,その対象が持つ名称や状態を声に出して確認することをいい,安全確認に重要な運転者の意識レベルを高めるなど交通事故防止対策に有効な手段の一つとして活用されている。

4．適性診断は,運転者の運転能力,運転態度及び性格等を客観的に把握し,運転の適性を判定することにより,運転に適さない者を運転者として選任しないようにするためのものであり,ヒューマンエラーによる交通事故の発生を未然に防止するための有効な手段となっている。

〔正解〕 2．3．
〔解説〕
・1について
　交通事故の再発を未然に防止するためには，事故惹起運転者の社内処分及び再教育に特化した対策を講じるのではなく，発生した事故の調査や事故要因を分析し，再発防止対策を策定し，運転者に対する指導監督を行うことが必要である。また，国土交通大臣が告示で定める事業用自動車の運転者に対して行う指導及び監督の指針に基づき，継続的かつ計画的に指導及び監督を行うことが重要である。
・4について
　適性診断は，運転者の運転行動や運転態度が安全運転にとって好ましい方向へ変化するように動機付けを行うことにより，運転者自身の安全意識を向上させるためのものであり，運転に適さない者を運転者として選任しないようにするためのものではない。

〔令和4年度CBT試験・問28〕

問28　自動車の運転等に関する次の記述のうち、【適切なものを2つ】選びなさい。なお、解答にあたっては、各選択肢に記載されている事項以外は考慮しないものとする。

1．自動車の夜間の走行時において、自車のライトと対向車のライトで、お互いの光が重なり合い、その間にいる歩行者や自転車が見えなくなることをクリープ現象という。

2．自動車の乗員が自分の両手両足で支えられる力は、自分の体重のせいぜい2～3倍が限度といわれている。これは、自動車が時速7キロメートル程度で衝突したときの力に相当することになる。このため、危険から自身を守るためにシートベルトを着用することが必要である。

3．自動車がカーブを走行するとき、自動車の重量及びカーブの半径が同一の場合に、速度を2分の1に落として走行すると遠心力の大きさは2分の1になる。

4．自動車が衝突するときの衝撃力は、速度が2倍になると4倍になる。

〔正解〕　2．4．
〔解説〕
・1について
　・誤：クリープ現象
　・正：蒸発現象
・3について
遠心力は速度の2乗に比例するので、速度を2分の1に落とした場合は遠心力の大きさは4分の1になる。

〔令和4年度CBT試験・問29〕　※試験後の法改正に伴い，問題の一部を修正しています。

問29　運行管理者は，荷主からの運送依頼を受けて，下の図に示す運行計画を立てた。この運行に関する次の1〜3の記述について，解答しなさい。なお，解答にあたっては，〈運行計画〉及び各選択肢に記載されている事項以外は考慮しないものとする。

〈運行計画〉

　A地点から，重量が5,250キログラムの荷物をB地点に運び，その後，戻りの便にて，C地点から5,000キログラムの荷物をD地点に運ぶ行程とする。当該運行は，最大積載量6,000キログラムの貨物自動車を使用し，運転者1人乗務とする。

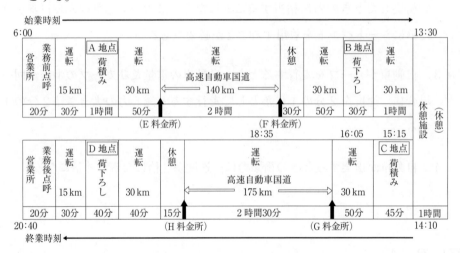

1．E料金所からF料金所までの間の高速自動車国道（本線車道に限る。以下同じ。）の運転時間を2時間，及びG料金所からH料金所までの間の高速自動車国道の運転時間を2時間30分と設定したことは，道路交通法令に定める制限速度に照らし適切か否かについて，【正しいものを1つ】選びなさい。

　　①適切　②不適切

2．当該運転者は前日の運転時間が8時間30分であり，また，翌日の運転時間を8時間30分とした場合，当日を特定の日とした場合の2日を平均して1日当たりの運転時間が「自動車運転者の労働時間等の改善のための基準」（以下

「改善基準告示」という。）に違反しているか否について，【正しいものを1つ】選びなさい。

　　①違反していない　②違反している

3．当該運行の連続運転時間の中断方法について「改善基準告示」に照らし，違反しているか否かについて，【正しいものを1つ】選びなさい。

　　①違反していない　②違反している

〔正解〕　1．①適切
　　　　　2．②違反している
　　　　　3．②違反している

〔解説〕
・1について
　E料金所〜F料金所　140km（走行距離）÷2時間＝70km/h（平均速度）
　G料金所〜H料金所　175km（走行距離）÷2.5時間＝70km/h（平均速度）
　最大積載量6,000キログラムの貨物自動車の高速自動車国道における最高速度は90キロメートル毎時であるため適切である。

・2について
　当日の運転時間　30分＋50分＋2時間＋50分＋1時間＋50分＋2時間30分＋40分＋30分＝9時間40分
　当日と前日の運転時間の平均
　（8時間30分＋9時間40分）÷2＝9時間5分
　当日と翌日の運転時間の平均
　（8時間30分＋9時間40分）÷2＝9時間5分
　両方とも9時間を超えるため改善基準に違反している。

・3について
　復路について，C地点からH料金所までの運転時間の合計が4時間5分であるが，その間に運転の中断がないため，改善基準に違反している。（連続運転時間を計算する場合は，運転の中断は原則休憩としなければならないことから，荷積み，荷下ろし等の休憩以外の時間は，運転時間と考えるものとする。）
　往路については，違反していない。

〔令和4年度CBT試験・問30〕

問30　運行管理者が次の事業用普通トラックの事故報告に基づき，事故の要因分析を行ったうえで，同種事故の再発を防止するための対策として，【最も直接的に有効と考えられるものを〈事故の再発防止対策〉から3つ】選びなさい。なお，解答にあたっては，〈事故の概要〉及び〈事故関連情報〉に記載されている事項以外は考慮しないものとする。

〈事故の概要〉

　当該トラックは，17時頃，霧で見通しの悪い高速道路を走行中，居眠り運転により渋滞車列の最後尾にいた乗用車に追突し，4台がからむ多重衝突事故が発生した。
　当時，霧のため当該道路の最高速度は時速50キロメートルに制限されていたが，当該トラックは追突直前には時速80キロメートルで走行していた。

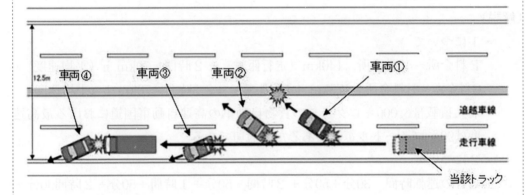

1．〈事故関連情報〉

　○　当該運転者（35歳）は，事故日前日，運行先に積雪があり，帰庫時間が5時間程度遅くなって業務を早朝5時に終了した。その後，事故当日の正午に乗務前点呼を受け出庫した。

　○　当該運転者は，事故日前1ヵ月間の勤務において，拘束時間及び休息期間について複数回の「自動車運転者の労働時間等の改善のための基準」（以下「改善基準告示」という。）違反があった。

　○　月1回ミーティングを実施していたが，交通事故を惹起した場合の社会的影響の大きさや疲労などによる交通事故の危険性などについての指導・教育が不足していた。

　○　当該運転者は，事業者が行う定期健康診断において，特に指摘はなかった。

2．〈事故の再発防止対策〉

① 運行管理者は，運転者に対して，交通事故を惹起した場合の社会的影響の大きさや過労が運転に及ぼす危険性を認識させ，疲労や眠気を感じた場合は直ちに運転を中止し，休憩するよう指導を徹底する。

② 事業者は，運転者に対して，疾病が交通事故の要因となるおそれがあることを理解させ，健康診断結果に基づき，生活習慣の改善を図るなど，適切な心身の健康管理を行うことを理解させる。

③ 運行管理者は，「改善基準告示」に違反しないよう，適切な乗務割を作成するとともに，点呼の際適切な運行指示を行う。

④ 運行管理者は，法定等に定められた適齢診断を運転者に確実に受診させるとともに，その結果を活用し，個々の運転者の特性に応じた指導を行う。

⑤ 運行管理者は，点呼を実施する際，運転者の体調や疲労の蓄積などをきちんと確認し，疲労等により安全な運転を継続することができないおそれがあるときは，当該運転者を交替させる措置をとる。

⑥ 法令で定められた日常点検及び定期点検整備を確実に実施する。その際，速度抑制装置の正常な作動についても，警告灯により確認する。

〔正解〕 ①. ③. ⑤.
〔解説〕
・①について
当該事故は，居眠り運転により起きた4台がからむ多重衝突事故である。そのため，運転者に対して，交通事故を惹起した場合の社会的影響の大きさや過労が運転に及ぼす危険性を認識させ，疲労や眠気を感じた場合は直ちに運転を中止し，休憩するよう指導を徹底することは，再発防止に<u>直接的に有効と考えられる</u>。

・②について
運転者の疾病により起きた事故ではないため，再発防止に<u>直接的に有効ではないと考えられる</u>。

・③について
当該運転者は，早朝5時に業務を終了し，事故当日の正午に乗務前点呼を受け出庫していることから，休息期間が改善基準に違反している。また，事故日前1ヵ月の勤務において，拘束時間及び休息期間について複数回の改善基準違反があったことから，運行管理者は，日頃から運転者の運行状況を確実に把握し，適切な乗務割を作成し，点呼の際適切な運行指示を行うことは，再発防止に<u>直接的に有効と考えられる</u>。

・④について
適齢診断は高齢運転者のための適性診断あり，当該運転者は35歳であることから，再発防止に<u>直接的に有効ではないと考えられる</u>。

・⑤について
当該事故が居眠り運転による事故であることから，点呼を実施する際，運転者の体調や疲労の蓄積などをきちんと確認し，疲労等により安全な運転を継続することができないおそれがあるときは，当該運転者を交代させる措置をとることは，再発防止に<u>直接的に有効と考えられる</u>。

・⑥について
速度抑制装置が正常に作動したか否かが事故の原因ではないため，再発防止に<u>直接的に有効ではないと考えられる</u>。

〔令和5年度CBT試験・問24〕

問24　事業用自動車の運転者に対する点呼の実施に関する次の記述のうち,【適切なものをすべて】選びなさい。なお,解答にあたっては,各選択肢に記載されている事項以外は考慮しないものとする。

1．運行の業務前の点呼においてアルコール検知器を使用するのは,身体に保有している酒気帯びの有無を確認するためのものであり,道路交通法施行令で定める呼気中のアルコール濃度1リットル当たり0.15ミリグラム以上であるか否かを判定するためのものではない。

2．運行管理者は,業務前及び業務後の運転者に対し,原則,対面で点呼を実施しなければならないが,遠隔地で業務を開始又は終了する場合,車庫と営業所が離れている場合,又は運転者の出庫・帰庫が早朝・深夜であり,点呼を行う運行管理者が営業所に出勤していない場合等,運行上やむを得ず,対面での点呼が実施できないときには,電話,その他の方法で行っている。

3．通常は,運行管理者又は補助者による対面点呼が実施されているが,両者が休暇等で不在の時には,社内の運行管理体制に明記されていない事務員が代わりに点呼を行い,運行管理者にその内容を報告している。

4．運行管理者が業務前の点呼において,運転者に対して酒気帯びの有無を確認しようとしたところ,営業所に設置されているアルコール検知器が停電により全て使用できなかったことから,当該運行管理者は,運転者に携帯させるために営業所に備えてある携帯型アルコール検知器を使用して酒気帯びの有無を確認した。

〔正解〕 1．4
〔解説〕
・2について
　車庫と営業所が離れている場合，運転者の出庫・帰庫が早朝・深夜であり運行管理者が出勤していない場合等は，「運行上やむを得ない場合」には該当しない。したがって，対面で点呼を行わなければならない。
・3について
　点呼は運行管理者又は補助者により実施されなければならないため，事務員が代わりに点呼を行うことはできない。事業者は事業用自動車の運行中は，運行管理者等が不在とならないよう，運行管理者等の配置を適切に行わなければならない。

〔令和5年度CBT試験・問25〕

問25　運行管理者の役割等に関する次の記述のうち,【適切なものをすべて】選びなさい。なお,解答にあたっては,各選択肢に記載されている事項以外は考慮しないものとする。

1．事業者が,事業用自動車の定期点検を怠ったことが原因で重大事故を起こしたことにより,行政処分を受けることになった。この場合に,運行管理者は当該重大事故を含む運行管理業務上に一切問題がなくても,事業者に代わって事業用自動車の運行管理を行っていることから,運行管理者資格者証の返納を命じられる。

2．運行管理者は,運行管理業務に精通し,確実に遂行しなければならない。そのためにも自動車輸送に関連する諸規制を理解し,実務知識を身につけると共に,日頃から運転者と積極的にコミュニケーションを図り,必要な場合にあっては運転者の声を自動車運送事業者に伝え,常に安全で明るい職場環境を築いていくことも重要な役割である。

3．運行管理者は,運転者の指導教育を実施していく際,運転者一人ひとりの個性に応じた助言・指導（カウンセリング）を行うことも重要である。そのためには,日頃から運転者の性格や能力,事故歴のほか,場合によっては個人的な事情についても把握し,そして,これらに基づいて助言・指導を積み重ねることによって事故防止を図ることも重要な役割である。

4．運行管理者は,事業者に代わって法令に定められた事業用自動車の運行の安全確保に関する業務を行い,交通事故を防止するという重要な役割を果たすことが求められていることから,運行管理者以外に複数の補助者を選任し運行管理業務に当たらせ,運行管理者は運行管理に関し,これらの補助者の指導・監督のみを行っている。

〔正解〕 2．3．
〔解説〕
　・1について
　　事業者が，事業用自動車の定期点検を怠ったことが原因の重大事故により，行政処分を受けることになった場合において，運行管理者の行う運行管理業務が適正に行われていたときは，運行管理者が運行管理者資格者証の返納を命じられることはない。
　・4について
　　補助者は，運行管理者の履行補助を行う者であって，代理業務を行える者ではない。運行管理者は，事業用自動車の運行の安全の確保に関する業務のみではなく，貨物自動車運送事業輸送安全規則第20条に定める運行管理者の業務全般を行わなければならない。

〔令和5年度CBT試験・問26〕

問26 一般貨物自動車運送事業者（以下「事業者」という。）が行う事業用自動車の運転者の健康管理に関する次の記述のうち，【適切なものをすべて】選びなさい。なお，解答にあたっては，各選択肢に記載されている事項以外は考慮しないものとする。

1．事業者は，深夜業（22時～5時）を含む業務に常時従事する運転者に対し，法令に定める定期健康診断を6ヵ月以内ごとに1回，必ず，定期的に受診させるようにしている。

2．睡眠時無呼吸症候群（SAS）は，大きないびきや昼間の強い眠気など容易に自覚症状を感じやすいので，事業者は，自覚症状を感じていると自己申告をした運転者に限定して，SASスクリーニング検査を実施している。

3．トラック運転者は，単独で判断する，連続作業をする，とっさの対応が必要，同じ姿勢で何時間も過ごすなどから，心身の状態が運行に及ぼす影響は大きく，健康な状態を保持することが必要不可欠である。このため，事業者は，運転者が運転中に体調の異常を感じたときには，運行継続の可否を自らの判断で行うよう指導している。

4．運転者が脳検診において，異常所見の疑いが認められたため，当該運転者に脳検診を再受診させたところ，医師から診断結果に基づき，乗務時間を減らすなど，乗務の際の配慮が必要であるとの意見があった。このため，事業者は，医師からの意見等を勘案し，当該運転者について，乗務時間の短縮，夜間乗務の回数の削減等の就業上の措置を決定している。

〔正解〕 1．4．
〔解説〕
　・2について
　　SASは自覚症状を感じにくいことが多いため，自己申告をした運転者に限定せず，SASスクリーニング検査の実施等，早期発見・早期治療の取り組みを行うことが重要である。
　・3について
　　運転者は，運転中に健康状態に異常を感じたときは，運行管理者にその状況を報告し，指示を仰がなければならない。運行管理者は報告を受けた内容から運行継続の可否を判断し，運転者に指示をしなければならない。

〔令和5年度CBT試験・問27〕

問27　交通事故防止対策に関する次の記述のうち,【適切なものをすべて】選びなさい。なお,解答にあたっては,各選択肢に記載されている事項以外は考慮しないものとする。

1．交通事故は,そのほとんどが運転者等のヒューマンエラーにより発生するものである。したがって,事故惹起運転者の社内処分を行うことが,交通事故の再発を未然に防止するには最も有効である。そのため,発生した事故の要因の調査・分析を行うことなく,事故惹起運転者及び運行管理者に対する特別講習を確実に受講させる等,ヒューマンエラーの再発防止を中心とした対策に努めるべきである。

2．ドライブレコーダーは,事故時の映像だけでなく,運転者のブレーキ操作やハンドル操作などの運転状況を記録し,解析することにより運転のクセ等を読み取ることができるものがあり,運行管理者が行う運転者の安全運転の指導に活用されている。

3．いわゆる「ヒヤリ・ハット体験」とは,運転者が運転中に他の自動車等と衝突又は接触するおそれなどがあったと認識した状態をいい,1件の重大な事故(死亡・重傷事故等)が発生する背景には多くのヒヤリ・ハットがあるとされており,このヒヤリ・ハット体験情報を収集・活用していくことは,交通事故防止対策に有効な手段となっている。

4．適性診断は,運転者の運転能力,運転態度及び性格等を客観的に把握し,運転の適性を判定することにより,運転に適さない者を運転者として選任しないようにするためのものであり,ヒューマンエラーによる交通事故の発生を未然に防止するための有効な手段となっている。

〔正解〕 2．3．
〔解説〕
　・1について
　　交通事故の再発を未然に防止するためには，事故惹起運転者の社内処分及び再教育に特化した対策を講じるのではなく，発生した事故の調査や事故要因を分析し，再発防止対策を策定し，運転者に対する指導監督を行うことが必要である。また，国土交通大臣が告示で定める事業用自動車の運転者に対して行う指導及び監督の指針に基づき，継続的かつ計画的に指導及び監督を行うことが重要である。
　・4について
　　適性診断は，運転者の運転行動や運転態度が安全運転にとって好ましい方向へ変化するように動機付けを行うことにより，運転者自身の安全意識を向上させるためのものであり，運転に適さない者を運転者として選任しないようにするためのものではない。

〔令和5年度CBT試験・問28〕

問28　自動車の運転等に関する次の記述のA，B，Cに入るべき字句として【いずれか正しいものを1つ】選びなさい。

1．自動車がカーブを走行するとき，自動車の重量及びカーブの半径が同じ条件の場合に，速度を2分の1に落として走行すると遠心力の大きさは　A　になる。

2．フット・ブレーキを使い過ぎると，ブレーキ・ドラムやブレーキ・ライニングなどが摩擦のため過熱してその熱がブレーキ液に伝わり，液内に気泡が発生することによりブレーキが正常に作用しなくなり制動力が低下することを　B　という。

3．雨の降りはじめに，路面の油や土砂などの微粒子が雨と混じって滑りやすい膜を形成するため，タイヤと路面との摩擦係数が低下し急ブレーキをかけたときなどにスリップすることを　C　という。

A：①4分の1　　　　　　②2分の1
B：①フェード現象　　　　②ベーパー・ロック現象
C：①ウェット・スキッド現象　②クリープ現象

〔正解〕
A：①4分の1
B：②ベーパー・ロック現象
C：①ウェット・スキッド現象

〔令和5年度CBT試験・問29〕

問29 荷主から貨物自動車運送事業者に対し，往路と復路において，それぞれ荷積みと荷下ろしを行うよう運送の依頼があった。これを受けて運行管理者は下の図に示す運行計画を立てた。この運行に関する次の1～3の記述について，解答しなさい。なお，解答にあたっては，〈運行計画〉及び各選択肢に記載されている事項以外は考慮しないものとする。

〈運行計画〉

　　B地点から，重量が5,500キログラムの荷物をC地点に運び，その後，戻りの便にて，D地点から5,250キログラムの荷物をF地点に運ぶ行程とする。当該運行は，最大積載量6,250キログラムの貨物自動車を使用し，運転者1人乗務とする。

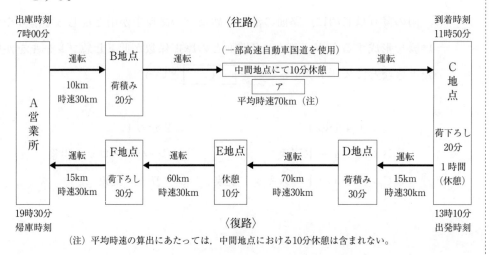

（注）平均時速の算出にあたっては，中間地点における10分休憩は含まれない。

1．当該運行においてA営業所を7時00分に出庫し，C地点に11時50分に到着するとした場合，B地点とC地点の距離　ア　は何キロメートルになるか，次の①～③の中から【正しいものを1つ】選びなさい。

　　①280キロメートル　　②294キロメートル　　③315キロメートル

2．当該運転者は前日の運転時間が8時間40分であり，また，翌日の運転時間を8時間40分とした場合，当日を特定の日とした場合の2日を平均して1日当たりの運転時間が「自動車運転者の労働時間等の改善のための基準」（以下

「改善基準告示」という。）に違反しているか否について，【正しいものを1つ】選びなさい。

　　①違反していない　　　②違反している

3．当日の全運行において，連続運転時間は「改善基準告示」に，違反しているか否かについて，【正しいものを1つ】選びなさい。

　　①違反していない　　　②違反している

〔正解〕　1：①280キロメートル
　　　　　2：②違反している
　　　　　3：②違反している

〔解説〕
・1について
　B地点出発時刻　7時（A営業所出庫時刻）＋40分（A営業所〜B地点まで20分＋荷積み20分）＝7時40分
　B地点〜C地点までの所要時間　11時50分－7時40分＝<u>4時間10分</u>
　B地点〜C地点までの距離　時速70km×4時間（4時間10分－10分休憩）
　＝<u>280キロメートル</u>

・2について
　当日の運転時間　4時間20分（往路）＋5時間20分（復路）＝<u>9時間40分</u>
　　　往路　20分＋4時間＝4時間20分
　　　復路　30分＋2時間20分＋2時間＋30分＝5時間20分
　前日と当日の運転時間の平均
　（8時間40分＋9時間40分）÷2＝<u>9時間10分</u>
　当日と翌日の運転時間の平均
　（9時間40分＋8時間40分）÷2＝<u>9時間10分</u>
　両方とも9時間を超えるため改善基準に<u>違反している</u>。

・3について
　往路について、A営業所からC地点到着までの運転時間は4時間40分であり、その間の中断時間は休憩10分であるので改善基準に<u>違反している</u>。
　復路について、C地点出発からF地点到着までの運転時間は5時間20分であり、その間の中断時間は休憩10分であるので改善基準に<u>違反している</u>。
　（連続運転時間を計算する場合は、運転の中断は原則休憩としなければならないことから、荷積み、荷下ろし等の休憩以外の時間は、運転時間と考えるものとする。）

〔令和5年度CBT試験・問30〕

問30　運行管理者が運転者に対し実施する危険予知訓練に関し，下図の交通場面の状況において考えられる〈運転者が予知すべき危険要因〉とそれに対応する〈運行管理者による指導事項〉として，【最もふさわしいものを〈選択肢の組み合わせ〉1～8の中から3つ】選びなさい。なお，解答にあたっては，【交通場面の状況等】に記載されている事項及び下図の状況以外は考慮しないものとする。

【交通場面の状況等】
・雨が降り始めた片側1車線の道路を走行している。
・対向自動二輪車が右折の合図を出している。
・歩行者と自転車が前方に見えている。

〈運転者が予知すべき危険要因〉

① 右折の合図を出している自動二輪車が右折をしてくると衝突する危険がある。

② 左折する時に自転車に気づくのが遅れると衝突する危険がある。

③ 道路の左側にいる歩行者が，雨が降り始めたので早く行こうと道路を横断してくるとはねる危険がある。

④ 急停止すると後続車に追突される危険がある。

⑤ 雨が降り始めたので，道路右側にいる自転車があわてて道路を横断してくると衝突する危険がある。

〈運行管理者による指導事項〉
　ア　雨天時は，視界が悪くなり見にくくなるため，ヘッドライトを点灯させること。
　イ　雨の降り始めは路面が滑りやすく停止距離が長くなるため，速度を落とし，対向車線の他車の動向に注意して走行すること。
　ウ　雨の降り始めは傘を持たない歩行者が，早く行こうとして安全を確認しないまま道路を横断してくることがあるので，いつでも停止できる速度に落として進行すること。
　エ　歩行者の動きに気をとられることで，自転車を見落とすおそれがあるので，左右の動向に注意して進行すること。
　オ　雨が降り始めたら速度を落とし，先行車と十分に車間距離をとって進行すること。

〈選択肢の組み合わせ〉
　1．①－イ
　2．②－ウ
　3．③－オ
　4．④－エ
　5．⑤－ア
　6．③－ウ
　7．④－ア
　8．⑤－エ

〔正解〕　1：①-イ
　　　　　6：③-ウ
　　　　　8：⑤-エ

〔解説〕
・①について
　対向自動二輪車に対する予知すべき危険要因であり，二輪自動車が右折の合図を出していること，雨の降り始めによる路面の状況等から考えて，運行管理者による指導事項として「イ」が適切であると考えられる。
・②について
　自転車に対する予知すべき危険要因であるが，選択肢の組合せには適切なものはない。
・③について
　歩行者に対する予知すべき危険要因であり，歩行者が雨のため安全を確認せずに道路を横断することが考えられるので，運行管理者による指導事項として「ウ」が適切であると考えられる。
・④について
　後続車は確認されない。
・⑤について
　自転車に対する予知すべき危険要因であり，右側の自転車，左側の歩行者ともに道路を横断することが考えられるので，運行管理者による指導事項として「エ」が適切であると考えられる。

過去の頻出試験問題10問

問1　貨物自動車運送事業法に定める一般貨物自動車運送事業者の輸送の安全についての次の文中、A、B、Cに入るべき字句として【いずれか正しいものを1つ】選びなさい。

1. 一般貨物自動車運送事業者は、事業用自動車の　　A　　、荷役その他の事業用自動車の運転に附帯する作業の状況等に応じて必要となる員数の運転者及びその他の従業員の確保、事業用自動車の運転者がその休憩又は睡眠のために利用することができる施設の整備及び管理、事業用自動車の運転者の適切な勤務時間及び　　B　　の設定その他事業用自動車の運転者の過労運転を防止するために必要な事項に関し国土交通省令で定める基準を遵守しなければならない。

2. 一般貨物自動車運送事業者は、事業用自動車の運転者が疾病により安全な運転ができないおそれがある状態で事業用自動車を運転することを防止するために必要な　　C　　に基づく措置を講じなければならない。

A　1．種類　　　　　2．数

B　1．乗務時間　　　2．休息期間

C　1．医学的知見　　2．運行管理規程

(令和2年度CBT・問2)

・事業法第15条（輸送の安全）第1項第1号　　（p18下1行目）
・事業法第15条（輸送の安全）第2項　　　　　（p19上8行目）

〔正解〕　A：2．数
　　　　　B：1．乗務時間
　　　　　C：1．医学的知見

問2　一般貨物自動車運送事業者（以下「事業者」という。）の安全管理規程等及び輸送の安全に係る情報の公表についての次の記述のうち、<u>誤っているものを1つ</u>選びなさい。なお、解答にあたっては、各選択肢に記載されている事項以外は考慮しないものとする。

1．貨物自動車運送事業法（以下「法」という。）第14条第1項の規定により安全管理規程を定めなければならない事業者は、安全統括管理者を選任したときは、国土交通省令で定めるところにより、遅滞なく、その旨を国土交通大臣に届け出なければならない。

2．事業用自動車（被けん引自動車を除く。）の保有車両数が100両以上の事業者は、安全管理規程を定めて国土交通大臣に届け出なければならない。これを変更しようとするときも、同様とする。

3．事業者は、毎事業年度の経過後100日以内に、輸送の安全に関する基本的な方針その他の輸送の安全に係る情報であって国土交通大臣が告示で定める①輸送の安全に関する基本的な方針、②輸送の安全に関する目標及びその達成状況、③自動車事故報告規則第2条に規程する事故に関する統計について、インターネットの利用その他の適切な方法により公表しなければならない。

4．事業者は、法第22条（輸送の安全確保の命令）、法第27条（事業改善の命令）又は法第33条（許可の取消し等）の規定による処分（輸送の安全に係るものに限る。）を受けたときは、遅滞なく、当該処分の内容並びに当該処分に基づき講じた措置及び講じようとする措置の内容をインターネットの利用その他の適切な方法により公表しなければならない。

※試験後の法改正に伴い、問題の一部を修正しています。　　　（令和2年8月・問3）

〔正解〕 2 安全規則第2条の3（貨物自動車運送事業者の事業の規模）

(p16上3個目●)

〔解説〕
・誤：100両以上
・正：200両以上
1は○ 事業法第14条（安全管理規程等）第5項 　　(p17上9行目)
3は○ 安全規則第2条の8（輸送の安全にかかわる情報の公表）第1項

(p18上2個目●)

4は○ 安全規則第2条の8（輸送の安全にかかわる情報の公表）第2項

(p18下1個目●)

問3 次の記述のうち、一般貨物自動車運送事業の運行管理者が行わなければならない業務として、<u>正しいものを2つ</u>選びなさい。なお、解答にあたっては、各選択肢に記載されている事項以外は考慮しないものとする。

1. 自動車事故報告規則第5条（事故警報）の規定により定められた事故防止対策に基づき、事業用自動車の運行の安全の確保について、事故を発生させた運転者に限り、指導及び監督を行うこと。

2. 法令の規定により、運転者として常時選任するため新たに雇い入れた者であって当該貨物自動車運送事業者において初めて事業用自動車に乗務する前3年間に初任診断（初任運転者のための適性診断として国土交通大臣が認定したもの）を受診したことがない者に対して、当該診断を受診させること。

3. 従業員に対し、効果的かつ適切に指導及び監督を行うため、輸送の安全に関する基本的な方針を策定し、かつ、これに基づき指導及び監督を行うこと。

4. 法令の規定により、運行指示書を作成し、及びその写しに変更の内容を記載し、運転者に対し適切な指示を行い、運行指示書を事業用自動車の運転者に携行させ、及び変更の内容を記載させ、並びに運行指示書及びその写しの保存をすること。

(令和2年8月・問6)

〔正解〕　2　安全規則第20条（運行管理者の業務）第1項第14号の2
　　　　　　　　　　　　　　　　　　　　　　　　　　（p62下15行目⑭-2）
　　　　　4　安全規則第20条（運行管理者の業務）第1項第12号の2
　　　　　　　　　　　　　　　　　　　　　　　　　　（p60下14行目⑫-2）

〔解説〕
　1は×　安全規則第20条（運行管理者の業務）第1項第17号　（p64上2行目⑰）
　・事故を発生させた運転者に限らず、すべての従業員に対して、指導及び監督を行うこと。
　3は×　安全規則第20条（運行管理者の業務）第1項第14号　（p62上17行目⑭）
　・輸送の安全に関する基本的な方針を策定するのは事業者である。

問4　一般貨物自動車運送事業者(以下「事業者」という。)の運行管理者の選任等に関する次の記述のうち、【誤っているものを1つ】選びなさい。なお、解答にあたっては、各選択肢に記載されている事項以外は考慮しないものとする。

1. 事業者は、事業用自動車（被けん引自動車を除く。）の運行を管理する営業所ごとに、当該営業所が運行を管理する事業用自動車の数を30で除して得た数（その数に1未満の端数があるときは、これを切り捨てるものとする。）に1を加算して得た数以上の運行管理者を選任しなければならない。

2. 国土交通大臣は、運行管理者資格者証の交付を受けている者が、貨物自動車運送事業法若しくはこの法律に基づく命令又はこれらに基づく処分に違反したときは、その運行管理者資格者証の返納を命ずることができる。また、運行管理者資格者証の返納を命ぜられ、その日から5年を経過しない者に対しては、運行管理者資格者証の交付を行わないことができる。

3. 事業者は、法令に規定する運行管理者資格者証を有する者又は国土交通大臣が告示で定める運行の管理に関する講習であって国土交通大臣の認定を受けたもの（基礎講習）を修了した者のうちから、運行管理者の業務を補助させるための者（補助者）を選任することができる。

4. 事業者は、新たに選任した運行管理者に、選任届出をした日の属する年度（やむを得ない理由がある場合にあっては、当該年度の翌年度）に基礎講習又は一般講習（基礎講習を受講していない当該運行管理者にあっては、基礎講習）を受講させなければならない。ただし、他の事業者において運行管理者として選任されていた者にあっては、この限りでない。

(令和2年度CBT・問8)

〔正解〕　4　講習の種類を定める告示第4条（基礎講習及び一般講習）第1項

(p66上2個目●)

〔解説〕
・ただし書きの規定はない。他の事業者において運行管理者として選任されていた者であっても，受講させなければならない。
　1は○　安全規則第18条（運行管理者等の選任）第1項　　(p51上4個目●)
　2は○　事業法第17条（運行管理者資格者証）第2項第2号　(p50上9行目)
　3は○　安全規則第18条（運行管理者等の選任）第3項　　(p51下1個目●)

問5　道路運送車両法に定める検査等についての次の文中，A，B，C，Dに入るべき字句を下の枠内の選択肢（①〜⑥）から選びなさい。

1．登録を受けていない道路運送車両法第4条に規定する自動車又は同法第60条第1項の規定による車両番号の指定を受けていない検査対象軽自動車若しくは二輪の小型自動車を運行の用に供しようとするときは，当該自動車の使用者は，当該自動車を提示して，国土交通大臣の行う　A　を受けなければならない。

2．登録自動車又は車両番号の指定を受けた検査対象軽自動車若しくは二輪の小型自動車の使用者は，自動車検査証の有効期間の満了後も当該自動車を使用しようとするときは，当該自動車を提示して，国土交通大臣の行う　B　を受けなければならない。この場合において，当該自動車の使用者は，当該自動車検査証を国土交通大臣に提出しなければならない。

3．自動車の使用者は，自動車検査証記録事項について変更があったときは，法令で定める場合を除き，その事由があった日から　C　以内に，当該変更について，国土交通大臣が行う自動車検査証の変更記録を受けなければならない。

4．国土交通大臣は，一定の地域に使用の本拠の位置を有する自動車の使用者が，天災その他やむを得ない事由により，　D　を受けることができないと認めるときは，当該地域に使用の本拠の位置を有する自動車の自動車検査証の有効期間を，期間を定めて伸長する旨を公示することができる。

| ①新規検査 | ②継続検査 | ③構造等変更検査 |
| ④予備検査 | ⑤15日 | ⑥30日 |

※試験後の法改正に伴い，問題の一部を修正しています。　　　（令和2年8月・問11）

- 車両法第59条（新規検査）第1項　　（p76上2個目●）
- 車両法第62条（継続検査）第1項　　（p76上3個目●）
- 車両法第67条（自動車検査証記録事項の変更及び構造等変更検査）第1項
（p77下1個目●）
- 車両法第61条の2（自動車検査証の有効期間）第1項　　（p82下2個目●）

〔正解〕　A：①　新規検査
　　　　　B：②　継続検査
　　　　　C：⑤　15日
　　　　　D：②　継続検査

問6　道路交通法に定める停車及び駐車を禁止する場所についての次の文中，A，B，C，Dに入るべき字句を下の枠内の選択肢（①～③）から選びなさい。なお，各選択肢は，法令の規定若しくは警察官の命令により，又は危険を防止するため一時停止する場合には当たらないものとする。また，解答にあたっては，各選択肢に記載されている事項以外は考慮しないものとする。

1．車両は，交差点の側端又は道路のまがりかどから　　A　　以内の道路の部分においては，停車し，又は駐車してはならない。

2．車両は，横断歩道又は自動車横断帯の前後の側端からそれぞれ前後に　　B　　以内の道路の部分においては，停車し，又は駐車してはならない。

3．車両は，安全地帯が設けられている道路の当該安全地帯の左側の部分及び当該部分の前後の側端からそれぞれ前後に　　C　　以内の道路の部分においては，停車し，又は駐車してはならない。

4．車両は，踏切の前後の側端からそれぞれ前後に　　D　　以内の部分においては，停車し，又は駐車してはならない。

①　3メートル　　②　5メートル　　③　10メートル

（令和元年8月・問14）

・道交法第44条（停車及び駐車を禁止する場所）　　（p122下2個目●）

〔正解〕　A＝②　5メートル
　　　　　B＝②　5メートル
　　　　　C＝③　10メートル
　　　　　D＝③　10メートル

問7 貨物自動車に係る道路交通法に定める乗車、積載及び過積載（車両に積載をする積載物の重量が法令による制限に係る重量を超える場合における当該積載。以下同じ。）等についての次の記述のうち、<u>誤っているものを1つ</u>選びなさい。なお、解答にあたっては、各選択肢に記載されている事項以外は考慮しないものとする。

1. 自動車の使用者は、その者の業務に関し、自動車の運転者に対し、道路交通法第57条（乗車又は積載の制限等）第1項の規定に違反して政令で定める積載物の重量、大きさ又は積載の方法の制限を超えて積載をして運転することを命じ、又は自動車の運転者がこれらの行為をすることを容認してはならない。

2. 車両（軽車両を除く。）の運転者は、当該車両について政令で定める乗車人員又は積載物の重量、大きさ若しくは積載の方法の制限を超えて乗車をさせ、又は積載をして車両を運転してはならない。ただし、当該車両の出発地を管轄する警察署長による許可を受けてもっぱら貨物を運搬する構造の自動車の荷台に乗車させる場合にあっては、当該制限を超える乗車をさせて運転することができる。

3. 警察署長は、荷主が自動車の運転者に対し、過積載をして自動車を運転することを要求するという違反行為を行った場合において、当該荷主が当該違反行為を反復して行うおそれがあると認めるときは、内閣府令で定めるところにより、当該自動車の運転者に対し、当該過積載による運転をしてはならない旨を命ずることができる。

4. 積載物の長さは、自動車（大型自動二輪車及び普通自動二輪車を除く。以下同じ。）の長さにその長さの10分の2の長さを加えたものを超えてはならず、積載の方法は、自動車の車体の前後から自動車の長さの10分の1の長さを超えてはみ出してはならない。

※試験後の法改正に伴い、問題の一部を修正しています。　　　　（令和3年3月・問16）

〔正解〕　3　道交法第58条の5（過積載車両の運転の要求等の禁止）第2項

(p129上1個目●)

〔解説〕
- 誤：<u>当該自動車の運転者に対し，当該過積載による運転をしてはならない旨を</u>
- 正：<u>当該荷主に対し，当該違反行為をしてはならない旨を</u>

1は○　道交法第75条（自動車の使用者の義務等）第1項第6号

(p137上1個目●)

2は○　道交法第57条（乗車又は積載の制限等）　　(p126下2個目●)

4は○　施行令第22条（自動車の乗車又は積載の制限）第3号イ，第4号イ

(p127上1個目●)

問8　労働基準法及び労働安全衛生法の定める健康診断に関する次の記述のうち、誤っているものを1つ選びなさい。なお、解答にあたっては、各選択肢に記載されている事項以外は考慮しないものとする。

1. 事業者は、常時使用する労働者を雇い入れるときは、当該労働者に対し、労働安全衛生規則に定める既往歴及び業務歴の調査等の項目について医師による健康診断を行わなければならない。ただし、医師による健康診断を受けた後、3ヵ月を経過しない者を雇い入れる場合において、その者が当該健康診断の結果を証明する書面を提出したときは、当該健康診断の項目に相当する項目については、この限りでない。
2. 事業者は、事業者が行う健康診断を受けた労働者に対し、遅滞なく、当該健康診断の結果を通知しなければならない。
3. 事業者は、深夜業を含む業務等に常時従事する労働者に対し、当該業務への配置替えの際及び6ヵ月以内ごとに1回、定期に、労働安全衛生規則に定める所定の項目について医師による健康診断を行わなければならない。
4. 事業者は、労働安全衛生規則で定めるところにより、深夜業に従事する労働者が、自ら受けた健康診断の結果を証明する書面を事業者に提出した場合において、その健康診断の結果（当該健康診断の項目に異常の所見があると診断された労働者に係るものに限る。）に基づく医師からの意見聴取は、当該健康診断の結果を証明する書面が事業者に提出された日から4ヵ月以内に行わなければならない。

(令和2年8月・問19)

〔正解〕　4　衛生規則第51条の2（医師等からの意見聴取）第1項

(p172上1個目●)

〔解説〕

・誤：<u>4ヵ月以内</u>

・正：<u>2ヵ月以内</u>

1は○　衛生規則第43条（雇入時の健康診断）　　(p170上3個目●)
2は○　衛生規則第51条の4（健康診断の結果の通知）　　(p172上3個目)
3は○　衛生規則第45条（特定業務従事者の健康診断）　　(p170下2個目●)

問9　下図は、貨物自動車運送事業に従事する自動車運転者（1人乗務で隔日勤務に就く運転者以外のもの。）の5日間の勤務状況の例を示したものであるが、次の1～4の拘束時間のうち、「自動車運転者の労働時間等の改善のための基準」等における1日についての拘束時間として、【正しいものを1つ】選びなさい。

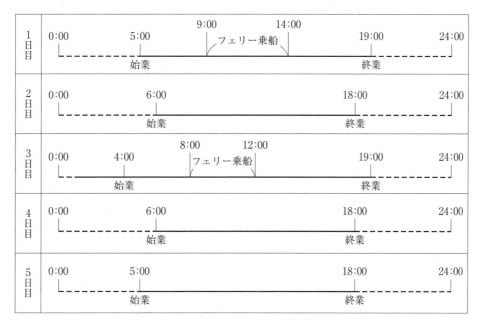

1. 1日目： 9時間　2日目：12時間　3日目：15時間　4日目：12時間

2. 1日目： 9時間　2日目：12時間　3日目：11時間　4日目：12時間

3. 1日目： 9時間　2日目：14時間　3日目：11時間　4日目：13時間

4. 1日目：14時間　2日目：14時間　3日目：15時間　4日目：13時間

（令和2年度CBT・問22）

〔正解〕 3　改善基準第4条（拘束時間等）

〔解説〕
・1日は，始業時刻から起算して24時間をいう。　（p162下2行目）
・フェリー乗船時間は休息期間とする。　（p167下1個目●）

　　　　　　　　拘束時間
1日目　　　　19時－5時－5時間（フェリー乗船時間）＝9時間
2日目　　　　18時－6時＋2時間（翌日の4時から6時）＝14時間
3日目　　　　19時－4時－4時間（フェリー乗船時間）＝11時間
4日目　　　　18時－6時＋1時間（翌日の5時から6時）＝13時間

・選択肢3が正しい
　1日目：9時間　2日目：14時間　3日目：11時間　4日目：13時間

問10 交通事故及び緊急事態が発生した場合における事業用自動車の運行管理者又は運転者の措置に関する次の記述のうち，<u>適切なものをすべて</u>選びなさい。なお，解答にあたっては，各選択肢に記載されている事項以外は考慮しないものとする。

1．大型トラックに荷物を積載して運送中の運転者から，営業所の運行管理者に対し，「現在走行している地域の天候が急変し，集中豪雨のため，視界も悪くなってきたので，一時運転を中断している。」との連絡があった。連絡を受けた運行管理者は，「営業所では判断できないので，運行する経路を運転者自ら判断し，また，運行することが困難な状況に至った場合は，適当な待避場所を見つけて運転者自らの判断で運送の中断等を行うこと」を指示した。

2．運転者は，中型トラックで高速道路を走行中，大地震が発生したのに気づき当該トラックを路側帯に停車させ様子を見ていた。この地震により高速道路の車両通行が困難となったので，当該運転者は，運行管理者に連絡したうえで，エンジンキーを持ってドアをロックして当該トラックを置いて避難した。

3．運転者は，交通事故を起こしたので，二次的な事故を防ぐため，事故車両を安全な場所に移動させるとともに，ハザードランプの点灯，発炎筒の着火，停止表示器材の設置により他の自動車に事故の発生を知らせるなど，安全に留意しながら道路における危険防止の措置をとった。

4．運転者が中型トラックを運転して踏切にさしかかりその直前で一旦停止した。踏切を渡った先の道路は混んでいるが，前の車両が前進すれば通過できると判断し踏切に進入したところ，車両の後方部分を踏切内に残し停車した。その後，踏切の警報機が鳴り，遮断機が下り始めたが，前方車両が動き出したため遮断機と接触することなく通過することができた。

（令和元年8月・問28）

〔正解〕 3
〔解説〕
- 1．について
  - 安全規則第20条（運行管理者の業務）第１項第15号において，「運行管理者は，異常気象その他の理由により輸送の安全の確保に支障を生ずるおそれがあるときは，乗務員に対する適切な指示その他輸送の安全を確保するために必要な措置を講じなければならない。」と規定している。運行管理者は，気象情報の収集等により状況を的確に把握し，運転者に対して運行の中止，徐行運転，待避所の指定等について適切な指示を行う必要があり，運転者の判断に任せてはならない。このため，運行管理者は，運行に際しての経路調査において待避所の箇所等に関する情報を収集するなどして，異常気象の発生時等における運行の安全確保に万全を期すことが重要である。
- 2．について
  - 大地震等により自動車を道路上に置いて避難するときは，道路の左側に寄せて駐車し，エンジンを止め，エンジンキーは付けたままとし，窓を閉め，ドアはロックしないこと。
- 4．について
  - 道路交通法第50条（交差点等への進入禁止）第２項には「車両等は，その進行しようとする道路の前方の車両等の状況により，踏切に入った場合においてはその部分で停止することとなるおそれがあるときは，これらの部分に入ってはならない。」と規定している。運転者は，踏切の前方の状況を確認し，踏切内で停止するおそれがあると判断されたときは踏切内に入ってはならない。

第3編

実践模擬問題（30問）

●問題に取り組む前に

　この実践模擬問題は，実際の試験で良く出題されるテーマの問題を試験本番と同じく30問そろえました。答えを一つだけ選ぶもの，複数選ぶもの，文章中の空欄に入る語句を枠の中から選ぶもの，など様々なパターンの問題がありますので，設問をよく読んで解答してください。本番と同じように，模擬試験としてこの30問を90分以内に解いてみてください。試験自体に慣れるとともに，それぞれの問題への時間配分について考慮をめぐらすことができるのも，模擬試験を行う大事なポイントです。

　なお，この模擬問題の正解は巻末に記載してあります。

（実際の試験では電卓等は使用できませんので，この模擬試験でも電卓等は使用しないで下さい。）

貨物実践模擬問題（30問）

（試験時間は90分）　　　令和7年8月版

問1から問30までについて，それぞれの設問の指示に従って解答してください。
(答えを一つだけ選ぶもの，複数選ぶもの，枠の中から選ぶもの等があります。)

Ⅰ．貨物自動車運送事業法関係

問1　貨物自動車運送事業に関する次の記述のうち，正しいものを2つ選びなさい。なお，解答にあたっては，各選択肢に記載されている事項以外は考慮しないものとする。

1．「貨物自動車運送事業」とは，一般貨物自動車運送事業，特定貨物自動車運送事業及び貨物自動車利用運送事業をいう。

2．一般貨物自動車運送事業者は，国土交通省令で定めるところにより，輸送の安全を確保するために講じた措置及び講じようとする措置その他の国土交通省令で定める輸送の安全にかかわる情報を公表しなければならない。

3．事業用自動車（被けん引自動車を除く。）の保有車両数が200両以上の事業者は，安全管理規程を定めて国土交通大臣に届け出なければならない。これを変更しようとするときも，同様とする。

4．一般貨物自動車運送事業者は，運送約款を変更しようとするときは，国土交通大臣が定めて公示した標準運送約款と同一のものに変更する場合を除き，あらかじめその旨を，国土交通大臣に届け出なければならない。

5．一般貨物自動車運送事業を経営しようとする者は，国土交通大臣の認可を受けなければならない。

問2　貨物自動車運送事業者の過労運転の防止についての次の文中，A・B・C・Dに入るべき字句を次の枠内の選択肢から選びなさい。
1．一般貨物自動車運送事業者等は，　A　に従い業務を行うに　B　事業用自動車の運転者（以下「運転者」という。）又は特定自動運行保安員を常時選任しておかなければならない。
2．貨物自動車運送事業者は，運転者，特定自動運行保安員及び事業用自動車の運行の業務の補助に従事する従業員（以下「乗務員等」という。）の　C　に努め，疾病，疲労，睡眠不足その他の理由により　D　し，又はその補助をすることができないおそれがある乗務員等を事業用自動車の運行の業務に従事させてはならない。

① 健康状態の把握	② 運行計画	③ 必要な員数の
④ 生活習慣の把握	⑤ 必要な資格を有する	⑥ 事業計画
⑦ 安全に運行の業務を遂行	⑧ 長時間の連続する運行の業務を遂行	

問3　次の記述のうち，一般貨物自動車運送事業の運行管理者が行わなければならない業務として正しいものを2つ選びなさい。なお，解答にあたっては，各選択肢に記載されている事項以外は考慮しないものとする。
1．事業計画に従い業務を行うに必要な員数の事業用自動車の運転者又は特定自動運行保安員を常時選任しておくこと。
2．異常気象その他の理由により輸送の安全の確保に支障を生ずるおそれがあるときは，乗務員等に対する適切な指示その他輸送の安全を確保するために必要な措置を講ずること。
3．運転者等に対して，法令の規定により点呼を行い，報告を求め，確認を行い，及び指示をしたときは，運転者等ごとに点呼を行った旨，報告，確認及び指示の内容並びに法令で定める所定の事項を記録し，かつ，その記録を1年間保存すること。
4．休憩又は睡眠のための時間及び勤務が終了した後の休息のための時間が十分に確保されるように，国土交通大臣が告示で定める基準に従って，運転者の勤務時間及び乗務時間を定め，当該運転者にこれらを遵守させること。
5．統括運行管理者は，運行管理者の職務及び権限並びに事業用自動車の運行の安全の確保に関する業務の処理基準（運行管理規程）を定めること。

問4 貨物自動車運送事業の事業用自動車の運転者等に対する点呼に関する次の記述のうち，正しいものを全て選びなさい。なお，解答にあたっては，各選択肢に記載されている事項以外は考慮しないものとする。
1．業務前の点呼においては，道路運送車両法の規定による日常点検の実施又はその確認について報告を求めなければならない。
2．貨物自動車運送事業者は，運行上やむを得ない場合は，電話その他の方法により点呼を行うことができるが，営業所と当該営業所の車庫が離れている場合は，運行上やむを得ない場合に該当しないので，対面により点呼を行わなければならない。
3．2日間にわたる運行（1日目の業務が営業所以外の遠隔地で終了し，2日目の業務開始が1日目の業務を終了した地点となるもの。）については，1日目の業務後の点呼及び2日目の業務前の点呼のいずれも対面により，又は対面による点呼と同等の効果を有するものとして国土交通大臣が定める方法で行うことができないことから，2日目の業務については，業務前の点呼及び業務後の点呼（業務後の点呼は対面で行う。）のほかに，当該業務途中において少なくとも1回対面による点呼と同等の効果を有するものとして国土交通大臣が定める方法（当該方法により点呼を行うことが困難である場合にあっては，電話その他の方法）により点呼（中間点呼）を行わなければならない。
4．業務後の点呼における運転者の酒気帯びの有無については，当該運転者からの報告と目視等による確認で酒気を帯びていないと確認できる場合は，アルコール検知器を用いての確認は実施する必要はない。
5．業務後の点呼においては，当該業務に係る事業用自動車，道路及び運行の状況の報告を求めるとともに，運転者に対しては酒気帯びの有無並びに疾病，疲労，睡眠不足等の状況について報告を求め，及び確認を行わなければならない。

問5 次の自動車事故に関する記述のうち、一般貨物自動車運送事業者が自動車事故報告規則に基づき運輸支局長等に速報を要するものを全て選びなさい。なお、解答にあたっては、各選択肢に記載されている事項以外は考慮しないものとする。

1. 事業用自動車が雨の降る中を走行中、突然、自転車が進行方向の直前に飛び出してきたため急停車したところ、後続の自動車10台が次々と衝突する玉突き事故となったとき

2. 酒気を帯びた状態で事業用自動車を運転し、交差点において出会い頭に乗用車と衝突した。この事故により乗用車の運転者が負傷したとき

3. 事業用自動車が市街地を走行中に運転操作を誤り、歩道に乗り上げて8人の歩行者をはねてしまった。この事故により5人の歩行者が重傷を負ったとき

4. 事業用自動車の運転者が一般道路を走行中、ハンドル操作を誤り積載されたコンテナを落下させたとき。

5. 灯油を積載したタンク車が、カーブしている道路を走行中に運転操作を誤って1メートル下の用水路に転落し、積載している灯油の一部が漏えいしたとき

問6 一般貨物自動車運送事業者（以下「事業者」という。）の事業用自動車の運行の安全を確保するために，国土交通省告示等に基づき運転者に対して行わなければならない指導監督及び特定の運転者に対して行わなければならない特別な指導に関する次の記述のうち，誤っているものを1つ選びなさい。なお，解答にあたっては，各選択肢に記載されている事項以外は考慮しないものとする。

1．事業用自動車の運行の安全を確保するために必要な運転の技術及び法令に基づき自動車の運転に関して遵守すべき事項について，運転者に対する適切な指導及び監督をすること。この場合においては，その日時，場所及び内容並びに指導及び監督を行ったもの及び受けた者を記録し，かつ，その記録を営業所において3年間保存すること。

2．初任運転者に対する特別な指導は，①貨物自動車運送事業法その他の法令に基づき運転者が遵守すべき事項，事業用自動車の運行の安全を確保するために必要な運転に関する事項等について15時間以上，②安全運転の実技について20時間以上実施する。

3．事業者は，事業用自動車の運転者として常時選任するために新たに雇い入れた者であって，当該事業者において初めて事業用自動車に乗務する前3年間に他の事業者によって運転者として常時選任されたことがない者には，初任運転者を対象とする特別な指導について，やむを得ない事情がある場合は，初めて事業用自動車に乗務を開始した後1ヵ月以内に実施する。

4．事業者は，適齢診断（高齢運転者のための適性診断として国土交通大臣が認定したもの）を運転者が65才に達した日以後1年以内に1回受診させ，その後3年以内ごとに1回受診させること。

5．事故惹起運転者に対する適性診断の受診については，やむを得ない事情がある場合を除き，当該交通事故を引き起こした後再度事業用自動車に乗務を開始した後1ヵ月以内に受診させる。

問7 一般貨物自動車運送事業者の運行管理者の選任等に関する次の記述のうち，誤っているものを1つ選びなさい。なお，解答にあたっては，各選択肢に記載されている事項以外は考慮しないものとする。

1．運行管理者の業務を補助させるための者（補助者）を選任する場合は，所定の運行管理者資格者証を有する者又は国土交通大臣が認定する講習（基礎講習）を修了している者でなければならない。

2．一般貨物自動車運送事業者は，運行管理者を選任したとき，又は解任したときは，遅滞なく，その旨を国土交通大臣に届け出なければならない。

3．事業用自動車30両（うち，被けん引自動車0両）の運行の管理をする営業所には，運行管理者を2名以上選任しなければならない。

4．事業者は，新たに選任した運行管理者に，選任届出をした日の属する年度（やむを得ない理由がある場合にあっては，当該年度の翌年度）に基礎講習又は一般講習を受講させなければならない。ただし，他の事業者において運行管理者として選任されていた者にあっては，この限りではない。

5．一の営業所において複数の運行管理者を選任する事業者は，それらの業務を統括する運行管理者（統括運行管理者）を選任しなければならない。

問8　事業用自動車の運転者が遵守しなければならない事項に関する次の記述のうち，誤っているものを1つ選びなさい。なお，解答にあたっては，各選択肢に記載されている事項以外は考慮しないものとする。

1．出勤時に酒気を帯びた状態にあるときは，酒気帯び状態にあることを貨物自動車運送事業者に申し出なければならない。

2．運転者は，事業用自動車に係る業務を行ったときは，①従事した運行の業務に係る事業用自動車の自動車登録番号その他の当該事業用自動車を識別できる表示，②業務の開始及び終了の地点及び日時並びに主な経過地点及び業務に従事した距離等所定の事項を「業務の記録」（法令に規定する運行記録計に記録する場合は除く。）に記録すること。

3．踏切を通過するときは，変速装置を操作しないで通過しなければならず，また，事業用自動車の故障等により踏切内で運行不能となったときは，速やかに列車に対し適切な防護措置をとること。

4．運転者は，乗務を開始しようとするとき，乗務前及び乗務後の点呼のいずれも対面で行うことができない乗務の途中及び乗務を終了したときは，法令に規定する点呼を受け，事業者に所定の事項について報告をすること。

5．運転者は，乗務を終了して他の運転者と交替するときは，交替する運転者に対し，当該乗務に係る事業用自動車，道路及び運行の状況について通告すること。この場合において，交替して乗務する運転者は，当該通告を受け，当該事業用自動車の制動装置，走行装置その他の重要な装置の機能について異常のおそれがあると認められる場合には，点検すること。

Ⅱ．道路運送車両法関係

問9　自動車の登録等に関する次の記述のうち，正しいものを2つ選びなさい。なお，解答にあたっては，各選択肢に記載されている事項以外は考慮しないものとする。

1．登録自動車の所有者は，当該自動車の使用者が道路運送車両法の規定により自動車の使用の停止を命ぜられ，同法の規定により自動車検査証を返納したときは，遅滞なく，当該自動車登録番号標及び封印を取りはずし，自動車登録番号標について国土交通大臣の領置を受けなければならない。

2．登録自動車の所有者は，当該自動車の使用の本拠の位置に変更があったときは，その事由があった日から30日以内に，国土交通大臣の行う変更登録の申請をしなければならない。

3．自動車登録番号標及びこれに記載された自動車登録番号の表示は，国土交通省令で定めるところにより，自動車登録番号標を自動車の前面及び後面の任意の位置に確実に取り付けることによって行うものとする。

4．何人も，国土交通大臣若しくは封印取付受託者が取付けをした封印又はこれらの者が封印の取付けをした自動車登録番号標は，これを取り外してはならない。ただし，整備のため特に必要があるときその他の国土交通省令で定めるやむを得ない事由に該当するときは，この限りでない。

5．一時抹消登録を受けた自動車（国土交通省令で定めるものを除く。）の所有者は，自動車の用途を廃止したときには，速やかに，国土交通省令で定めるところにより，その旨を国土交通大臣に届け出なければならない。

問10 自動車の検査等に関する次の記述のうち，誤っているものを１つ選びなさい。なお，解答にあたっては，各選択肢に記載されている事項以外は考慮しないものとする。

1．自動車は，その構造が，長さ，幅及び高さ並びに車両総重量等について，国土交通省令で定める保安上又は公害防止その他の環境保全上の技術基準に適合するものでなければ，運行の用に供してはならない。

2．車両総重量が8,050キログラムである貨物の運送の用に供する事業用自動車であって，初めて自動車検査証の交付を受ける場合の有効期間は２年である。

3．自動車の使用者は，自動車検査証又は検査標章が滅失し，き損し，又はその識別が困難となった場合には，その再交付を受けることができる。

4．自動車は，指定自動車整備事業者が継続検査の際に交付した有効な保安基準適合標章を表示しているときは，自動車検査証を備え付けていなくても，運行の用に供することができる。

5．検査標章は，自動車検査証がその効力を失ったとき，又は継続検査，臨時検査若しくは構造等変更検査の結果，当該自動車検査証の返付を受けることができなかったときは，当該自動車に表示してはならない。

問11 道路運送車両法に定める自動車の整備命令等に関する次の文中，A，B，C，Dに入るべき字句を次の枠内の選択肢から選びなさい。

　地方運輸局長は，自動車が保安基準に適合しなくなるおそれがある状態又は適合しない状態にあるとき（道路運送車両法第54条の2第1項に規定するときを除く。）は，当該自動車の　A　に対し，保安基準に適合しなくなるおそれをなくすため，又は保安基準に適合させるために必要な　B　を行うべきことを命ずることができる。この場合において，地方運輸局長は，保安基準に　C　にある当該自動車の　A　に対し，当該自動車が保安基準に適合するに至るまでの間の運行に関し，当該自動車の使用の方法又は　D　その他の保安上又は公害防止その他の環境保全上必要な指示をすることができる。

① 経路の制限	② 所有者	③ 整　備
④ 使用の制限	⑤ 使用者	⑥ 点　検
⑦ 適合しない状態	⑧ 適合しなくなるおそれがある状態	

問12　道路運送車両の保安基準及びその細目を定める告示についての次の記述のうち，正しいものを全て選びなさい。なお，解答にあたっては，各選択肢に記載されている事項以外は考慮しないものとする。

1．自動車の（二輪自動車等を除く。）の空気入ゴムタイヤの接地部は滑り止めを施したものであり，滑り止めの溝は，空気入ゴムタイヤの接地部の全幅にわたり滑り止めのために施されている凹部（サイピング，プラットフォーム及びウエア・インジケータの部分を除く。）のいずれの部分においても1.6ミリメートル（二輪自動車及び側車付二輪自動車に備えるものにあっては，0.8ミリメートル）以上の深さを有すること。

2．自動車の後面には，夜間にその後方150メートルの距離から走行用前照灯で照射した場合にその反射光を照射位置から確認できる赤色の後部反射器を備えなければならない。

3．自動車の前面ガラス及び側面ガラス（告示で定める部分を除く。）は，フィルムが貼り付けられた場合，当該フィルムが貼り付けられた状態においても，透明であり，かつ，運転者が交通状況を確認するために必要な視野の範囲に係る部分における可視光線の透過率が60％以上であることが確保できるものでなければならない。

4．自動車は，告示で定める方法により測定した場合において，長さ（セミトレーラにあっては，連結装置中心から当該セミトレーラの後端までの水平距離）12メートル（セミトレーラのうち告示で定めるものにあっては，13メートル），幅2.6メートル，高さ3.8メートルを超えてはならない。

5．自動車に備えなければならない非常信号用具は，夜間150メートルの距離から確認できる赤色の灯光を発するものでなければならない。

Ⅲ．道路交通法関係

問13 道路交通法に定める追越し等に関する次の記述のうち，誤っているものを1つ選びなさい。なお，解答にあたっては，各選択肢に記載されている事項以外は考慮しないものとする。

1．車両は，他の車両を追い越そうとするときは，その追い越されようとする車両（以下「前車」という。）の右側を通行しなければならない。ただし，前車が法令の規定により右折をするため道路の中央又は右側端に寄って通行しているときは，その左側を通行しなければならない。

2．車両（乗合自動車及びトロリーバスを除く。）は，車両通行帯の設けられた道路を通行する場合を除き，最高速度が高い車両に追いつかれ，かつ，道路の中央（当該道路が一方通行となっているときは，当該道路の右側端。）との間にその追いついた車両が通行するのに十分な余地がない場合においては，できる限り道路の左側端に寄ってこれに進路を譲らなければならない。

3．車両は，道路標識等により追越しが禁止されている道路の部分においては，他の車両（特定小型原動機付自転車等を除く。）を追い越すため，進路を変更し，又は前車の側方を通過してはならない。

4．車両は，法令の規定若しくは警察官の命令により，又は危険を防止するため，停止し，若しくは停止しようとして徐行している車両等に追いついたときは，その前方にある車両等の側方を通過して当該自動車の前方に割り込み，又はその前方を横切ってはならない。

5．車両は，道路のまがりかど付近，勾配の急な上り坂又は勾配の急な下り坂の道路の部分においては，他の車両（特定小型原動機付自転車等を除く。）を追い越すため，進路を変更し，又はその追い越されようとする車両の側方を通過してはならない。

問14 道路交通法に定める停車及び駐車を禁止する場所（法令の規定若しくは警察官の命令により，又は危険を防止するため一時停止する場合を除く。）に関する次の記述のうち，正しいものを2つ選びなさい。なお，解答にあたっては，各選択肢に記載されている事項以外は考慮しないものとする。

1．車両は交差点，横断歩道，自転車横断帯，踏切，軌道敷内，坂の頂上付近，勾配の急な坂又はトンネルの部分においては，停車し，又は駐車してはならない。
2．車両は交差点の側端又は道路のまがりかどから10メートル以内の部分においては，停車し，又は駐車してはならない。
3．車両は安全地帯が設けられている道路の当該安全地帯の左側の部分及び当該部分の前後の側端からそれぞれ前後に10メートル以内の部分においては，停車し，又は駐車してはならない。
4．車両は乗合自動車の停留所又はトロリーバス若しくは路面電車の停留場を表示する標示柱又は標示板が設けられている位置から15メートル以内の部分（当該停留所又は停留場に係る運行系統に属する乗合自動車，トロリーバス又は路面電車の運行時間中に限る。）においては，停車し，又は駐車してはならない。
5．車両は踏切の前後の側端からそれぞれ前後に20メートル以内の部分においては，停車し，又は駐車してはならない。

問15 道路交通法に定める合図等に関する次の記述のうち，誤っているものを1つ選びなさい。なお，解答にあたっては，各選択肢に記載されている事項以外は考慮しないものとする。

1．車両等（自転車以外の軽車両を除く。）の運転者は，左右の見とおしのきかない交差点，見とおしのきかない道路のまがりかど又は見とおしのきかない上り坂の頂上で道路標識等により指定された場所を通行しようとするときは，警音器を鳴らさなければならない。

2．車両（自転車以外の軽車両を除く。）の運転者が左折又は右折するときの合図を行う時期は，その行為をしようとする時の3秒前のときである。

3．停留所において乗客の乗降のため停車していた乗合自動車が発信するため進路を変更しようとして手又は方向指示器により合図をした場合においては，その後方にある車両は，その速度又は方向を急に変更しなければならないこととなる場合を除き，当該合図をした乗合自動車の進路の変更を妨げてはならない。

4．車両（自転車以外の軽車両を除く。）の運転者が同一方向に進行しながら進路を左方又は右方に変えるときの合図を行う時期は，その行為をしようとする時の3秒前のときである。

5．車両（自転車以外の軽車両を除く。）の運転者は，左折し，右折し，転回し，徐行し，停止し，後退し，又は同一方向に進行しながら進路を変えるときは，手，方向指示器又は灯火により合図をし，かつ，これらの行為が終わるまで当該合図を継続しなければならない。（環状交差点における場合を除く。）

問16 道路交通法に定める徐行及び一時停止等に関する次の記述のうち、正しいものを2つ選びなさい。なお、解答にあたっては、各選択肢に記載されている事項以外は考慮しないものとする。

1．車両は、道路外の施設又は場所に出入りするためやむを得ない場合において歩道等を横断するときは、徐行しなければならない。

2．車両は、歩道と車道の区別のない道路を通行する場合その他の場合において、歩行者の側方を通過するときは、これとの間に安全な間隔を保ち、又は徐行しなければならない。

3．車両等は、左右の見とおしがきかない交差点に入ろうとするとき（当該交差点において交通整理が行われている場合及び優先道路を通行している場合を除く。）は、一時停止しなければならない。

4．車両等は、横断歩道等又はその手前の直前で停止している車両等がある場合において、当該停止している車両等の側方を通過してその前方に出ようとするときは、徐行しなければならない。

5．車両等（優先道路を通行している車両等を除く。）は、交通整理の行われていない交差点に入ろうとする場合において、交差道路が優先道路であるとき、又はその通行している道路の幅員よりも交差道路の幅員が明らかに広いものであるときは、徐行しなければならない。

問17 道路交通法に定める運転者及び使用者の義務等に関する次の記述のうち，正しいものを2つ選びなさい。なお，解答にあたっては，各選択肢に記載されている事項以外は考慮しないものとする。

1．車両等の運転者は，高齢の歩行者，身体の障害のある歩行者その他の歩行者でその通行に支障のあるものが通行しているときは，一時停止し，又は徐行して，その通行を妨げないようにしなければならない。

2．自動車等の運転者は，自動車等を運転する場合においては，当該自動車等が停止又は徐行しているときを除き，携帯電話用装置，自動車電話用装置その他の無線通話装置（その全部又は一部を手で維持しなければ送信及び受信のいずれをも行うことができないものに限る。）を通話のために使用してはならない。

3．車両等に積載している物が道路に転落し，又は飛散したときは，必ず道路管理者に通報するものとし，当該道路管理者からの指示があるまでは，転落し，又は飛散した物を除去してはならない。

4．自動車の運転者は，故障その他の理由により本線車道若しくはこれに接する加速車線，減速車線若しくは登坂車線（以下「本線車道等」という。）において当該自動車を運転することができなくなったときは，政令で定めるところにより，当該自動車が故障その他の理由により停止しているものであることを表示しなければならない。ただし本線車道等に接する路肩若しくは路側帯においては，この限りではない。

5．自動車の運転者は，負傷若しくは障害のため又は妊娠中であることにより座席ベルトを装着させることが療養上又は健康保持上適当でない者を，自動車の運転者席以外の乗車装置に，座席ベルトを装着しないで乗車させて自動車を運転することができる。

Ⅳ．労働基準法関係

問18 労働基準法（以下「法」という）の定めに関する次の記述のうち，正しいものを2つ選びなさい。なお，解答にあたっては，各選択肢に記載されている事項以外は考慮しないものとする。

1．使用者は，労働者名簿，賃金台帳及び雇入，解雇，災害補償，賃金その他労働関係に関する重要な書類を1年間保存しなければならない。

2．常時10人以上の労働者を使用する使用者は，始業及び終業の時刻，休憩時間，休日，休暇に関する事項等法令に定める事項について就業規則を作成し，行政官庁に届け出なければならない。

3．労働者は，労働契約の締結に際し使用者から明示された賃金，労働時間その他の労働条件が事実と相違する場合においては，少なくとも30日前に使用者に予告したうえで，労働契約を解除することができる。

4．法で定める労働条件の基準は最低のものであるから，労働関係の当事者は，当事者間の合意がある場合を除き，この基準を理由として労働条件を低下させてはならないことはもとより，その向上を図るように努めなければならない。

5．使用者は，労働基準法及びこれに基づく命令の要旨，就業規則，時間外労働及び休日労働に関する協定等を常時各作業場の見やすい場所へ掲示し，又は備え付けること，書面を交付することその他の厚生労働省令で定める方法によって，労働者に周知させなければならない。

問19 労働基準法の定めに関する次の記述のうち，誤っているものを1つ選びなさい。なお，解答にあたっては，各選択肢に記載されている事項以外は考慮しないものとする。

1．労働時間は，事業場を異にする場合においても，労働時間に関する規定の適用については通算する。

2．使用者は，その雇入れの日から起算して6ヵ月間継続勤務し全労働日の8割以上出勤した労働者に対して，継続し，又は分割した10労働日の有給休暇を与えなければならない。

3．出来高払制その他の請負制で使用する労働者については，使用者は，労働時間にかかわらず一定額の賃金の保障をしなければならない。

4．使用者は，6週間（多胎妊娠の場合にあっては，14週間）以内に出産する予定の女性が休業を請求した場合においては，その者を就業させてはならない。また，産後8週間を経過しない女性を就業させてはならない。ただし，産後6週間を経過した女性が請求した場合において，その者について医師が支障がないと認めた業務に就かせることは，差し支えない。

5．労働者が，退職の場合において，使用期間，業務の種類，その事業における地位，賃金又は退職の事由（退職の事由が解雇の場合にあっては，その理由を含む。）について証明書を請求した場合においては，使用者は，遅滞なくこれを交付しなければならない。

問20 「自動車運転者の労働時間等の改善のための基準」に定める目的等についての次の文中，A，B，Cに入るべき字句を次の枠内の選択肢から選びなさい。

1．この基準は，自動車運転者（労働基準法（以下「法」という。）第9条に規定する労働者（同居の親族のみを使用する事業又は事務所に使用される者及び家事使用人を除く。）であって，　A　の運転の業務（厚生労働省労働基準局長が定めるものを除く。）に主として従事する者をいう。）の労働時間等の改善のための基準を定めることにより，自動車運転者の労働時間等の　B　を図ることを目的とする。

2．労働関係の当事者は，この基準を理由として自動車運転者の労働条件を低下させてはならないことはもとより，その　C　に努めなければならない。

| ① 三輪以上の自動車 | ② 向上 | ③ 労働契約の遵守 |
| ④ 四輪以上の自動車 | ⑤ 維持 | ⑥ 労働条件の向上 |

問21　下図は，貨物自動車運送事業に従事する自動車運転者の1週間の勤務状況の例を示したものであるが，「自動車運転者の労働時間等の改善のための基準」（以下「改善基準」という。）に定める拘束時間等に関する次の記述のうち，正しいものを全て選びなさい。ただし，日曜日は休日とし，すべて1人乗務の場合とする。なお，解答にあたっては，下図に示された内容及び各選択肢に記載されている事項以外は考慮しないものとする。

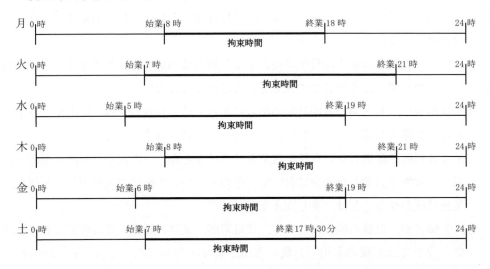

1．この1週間の勤務の中で1日についての拘束時間が最も短いのは月曜日である。
2．勤務終了後の休息期間が改善基準に違反する休息期間が1回ある。
3．1日についての拘束時間が改善基準に定める最大拘束時間に違反する勤務が2回ある。
4．1日についての拘束時間が15時間を超えることができる1週間についての回数は，改善基準に違反していない。

問22 下表は，貨物自動車運送事業に従事する自動車運転者の運転時間及び休憩時間の例を示したものであるが，連続運転の中断方法について，次のうち「自動車運転者の労働時間等の改善のための基準」に適合しているものを全て選びなさい。なお，解答にあたっては，下表に示された内容以外は考慮しないものとする。

1.

運転時間 2時間	休憩 20分	運転時間 1時間30分	休憩 10分	運転時間 1時間40分	休憩 20分	運転時間 2時間30分

2.

運転時間 1時間	休憩 30分	運転時間 1時間	休憩 20分	運転時間 3時間10分	休憩 30分	運転時間 1時間50分

3.

運転時間 50分	休憩 20分	運転時間 3時間10分	休憩 10分	運転時間 4時間	休憩 30分	運転時間 30分

4.

運転時間 1時間20分	休憩 15分	運転時間 1時間	休憩 15分	運転時間 1時間40分	休憩 15分	運転時間 1時間30分

問23　下表は，貨物自動車運送事業に従事する運転者の1箇月ごとの拘束時間の例を示したものであるが，次のうち「自動車運転者の労働時間等の改善のための基準」に違反しているものを全て選びなさい。なお，「1ヵ月についての拘束時間の延長に関する労使協定」があるものとする。

1．

	4月	5月	6月	7月	8月	9月	10月	11月	12月	1月	2月	3月	1年間
拘束時間	289時間	293時間	275時間	286時間	252時間	276時間	291時間	282時間	296時間	287時間	256時間	308時間	3391時間

2．

	4月	5月	6月	7月	8月	9月	10月	11月	12月	1月	2月	3月	1年間
拘束時間	278時間	279時間	290時間	286時間	258時間	270時間	284時間	286時間	318時間	275時間	265時間	310時間	3399時間

3．

	4月	5月	6月	7月	8月	9月	10月	11月	12月	1月	2月	3月	1年間
拘束時間	285時間	272時間	286時間	280時間	249時間	282時間	302時間	297時間	284時間	290時間	267時間	298時間	3392時間

4．

	4月	5月	6月	7月	8月	9月	10月	11月	12月	1月	2月	3月	1年間
拘束時間	270時間	292時間	282時間	285時間	266時間	277時間	279時間	290時間	303時間	287時間	280時間	306時間	3417時間

Ⅴ．実務上の知識及び能力

問24 運行管理者等が行う点呼の実施に関する次の記述のうち，適切なものを全て選びなさい。なお，解答にあたっては，各選択肢に記載されている事項以外は考慮しないものとする。

1．点呼は，運行管理者の業務を補助させるための者（補助者）に行わせる場合であっても，当該営業所において選任されている運行管理者が行う点呼は，点呼を行うべき総回数の3分の1以上でなければならない。運行管理者は，点呼を補助者に行わせる場合は，補助者に対し，点呼の実施方法，実施内容の報告を求める等適切な指導及び監督を行わなければならない。

2．業務前の点呼における酒気帯びの有無を確認するため，アルコール検知器を使用しなければならないとされているが，アルコール検知器を使用する理由は，身体に保有しているアルコールの程度を測定し，道路交通法施行令で定める呼気1リットル当たり0.15ミリグラム以上であるか否かを判定するためである。

3．運行指示書を携行する3日間の運行で，所属営業所以外の場所において業務を開始し，及び終了する2日目の運行は，業務前及び業務後の点呼のいずれも対面で行うことができない電話による点呼となることから，業務途中の点呼を行い，酒気帯びの有無及び疾病，疲労，睡眠不足その他の理由により安全な運転をすることができないおそれの有無について報告を求め，及び確認を行い，並びに必要な指示をしなければならない。

4．業務前の点呼において，営業所に設置しているアルコール検知器を使用して運転者の酒気帯びの有無を確認しようとしたが，当該アルコール検知器が故障により作動しなかった。このため，当該営業所に備えてある携帯用アルコール検知器を使用して酒気を帯びていないことを確認し，当該運転者を乗務させることとした。

5．業務後の点呼において，業務を終了した運転者からの当該業務に係る事業用自動車，道路及び運行の状況についての報告は，特に異常がない場合には運転者から求めないこととしており，点呼記録表に「異常なし」と記録している。

問25　運行管理者の業務上の措置等に関する次の記述のうち，適切なものを全て選びなさい。なお，解答にあたっては，各選択肢に記載されている事項以外は考慮しないものとする。

1．業務前の点呼において，運転者から「乗務する事業用自動車の後部右側の方向指示器が破損している。」との報告を受けた。運行管理者は，報告があった方向指示器の破損状況から道路運送車両の保安基準に適合しなくなるおそれがある状態又は適合しない状態にあると考え，整備管理者に対し運行の可否についての判断を求めた。

2．定期健康診断の結果，すべて異常なしとされた運転者については，健康管理が適切に行われ健康に問題がないと判断できる。また，健康に問題があるときは，事前に運行管理者等に申し出るよう指導している。このため，業務前の点呼において，運転者から体調不良等の報告がない場合は，疾病，疲労，睡眠不足等により安全な運転をすることができないおそれがないものと判断できるので，あらためて報告を求めることは要しない。

3．運行管理者の補助者（以下，「補助者」という。）は，運行管理者の履行補助を行うものであって，代理業務を行うことはできないが，点呼に関する業務については，その一部を行うことができる。したがって，補助者が行う業務前の点呼において，運転者が睡眠不足により安全な運転をすることができないおそれがあると判断した場合には，当該補助者は，当該運転者の後に乗務する予定の運転者を順次前倒しする等して乗務させ，その間に代わりの運転者を探す等の措置を取らなければならない。

4．運行指示書の作成を要する運行を行う場合には，運行の安全を確保するために必要な事項等を記載した運行指示書を作成し，これを運転者に携行させている。なお，運行管理者は，出庫時に行う業務前の点呼において，運行指示書の記載事項についても必要な指示を行っているので，電話等による業務前の点呼並びに業務途中の点呼では，事業用自動車の運行の安全を確保するために必要な事項についての指示は省略できる。

5．運行管理者は，事業者が定めた勤務時間及び乗務時間の範囲内で，運転者が過労とならないよう十分考慮しながら，天候や道路状況などを勘案しつつ，乗務割を作成している。なお，乗務については，早めに運転者に知らせるため事前に予定を示すことにしている。

問26 事業用自動車の運転者に対する指導及び監督に関する次の記述のうち，適切なものを全て選びなさい。なお，解答にあたっては，各選択肢に記載されている事項以外は考慮しないものとする。
1．雪道への対応の遅れは，雪道でのチェーンの未装着のため自動車が登り坂を登れないこと等により後続車両が滞留し大規模な立ち往生を発生させることにもつながる。このことから運行管理者は，状況に応じて早めのチェーン装着等を運転者に対し指導する必要がある。
2．飲酒により体内に摂取されたアルコールを処理するために必要な時間の目安については，例えばビール500ミリリットル（アルコール5％）の場合，概ね4時間とされている。事業者は，これを参考に個人差も考慮して，体質的にお酒に弱い運転者のみを対象として，飲酒が運転に及ぼす影響等について指導を行っている。
3．運転者は貨物の積載を確実に行い，積載物の転落防止や，転落させたときに危険を防止するために必要な措置をとることが遵守事項として法令で定められている。出発前に，スペアタイヤや車両に備えられている工具箱等も含め，車両に積載されているものが転落のおそれがないことを確認しなければならないことを指導している。
4．交通事故防止について指導を行う場合には，長時間連続運転等による過労及び飲酒等の生理的要因並びに慣れ及び自分の運転技能への過信による集中力の欠如等の心理的要因が交通事故を引き起こすおそれがあることを事例を挙げて説明すること等により理解させることが必要である。
5．大雨，大雪，土砂災害などの異常気象時の措置については，異常気象時等措置要領を作成し，運転者全員に周知させておくとともに運転者とも速やかに連絡がとれるよう緊急時における連絡体制を整えているので，事業用自動車の運行の中断，待避所の確保，徐行運転等の運転に関わることについては運転者の判断に任せ，中断，待避したときに報告するよう指導している。

問27 事業用自動車の運転者の健康管理に関する次の記述のうち，適切なものを全て選びなさい。なお，解答にあたっては，各選択肢に記載されている事項以外は考慮しないものとする。

1．漫然運転や居眠り運転の原因の一つとして，睡眠時無呼吸症候群と呼ばれている病気がある。この病気は，狭心症や心筋梗塞などの合併症を引き起こすおそれがあるので，事業者は，日頃から運転者に対し，睡眠時無呼吸症候群の症状などについて理解させ，早期発見・早期治療に取り組んでいる。

2．深夜業を含む業務に常時従事する運転者に対し，当該業務への配置換えの際に労働安全衛生規則に定める所定の項目について医師による健康診断を行い，その後1年以内ごとに1回当該健康診断を行っている。

3．事業者は，脳血管疾患の予防のため，運転者の健康状態や疾患につながる生活習慣の適切な把握・管理に努めるとともに，法令により義務づけられている定期健康診断において脳血管疾患を容易に発見することができることから，運転者に確実に受診させている。

4．事業用自動車の運転者に対し毎年1回実施している定期健康診断の受診結果に異常の所見があった場合は，当該運転者から所見に対する自覚症状等の有無を確認し，自覚症状等があるときに限り，医師から運転者の乗務に係る意見（乗務の可否，乗務させる場合の配慮等）を聴取し，また，必要に応じて，精密検査を受けさせることとしている。

5．常習的な飲酒運転の背景には，アルコール依存症という病気があるといわれているが，この病気は専門医によって早期に治療すれば回復できるといわれており，いったん回復すれば飲酒をしても再発のおそれはないので，飲酒に対する特段の指導はしていない。なお，事業者は，酒気を帯びている乗務員を事業用自動車に乗務させないことを遵守し，かつ，乗務員が酒気を帯びているときは事業者に申し出なければならないことを徹底している。

問28 自動車の走行時に働く力及び運転中の人間の視覚等に関する次の記述のうち，適切なものを全て選びなさい。なお，解答にあたっては，各選択肢に記載されている事項以外は考慮しないものとする。

1．自動車の速度が速くなるほど，運転者の視野は狭くなり，遠くを注視するようになるため，近くは見えにくくなる。したがって，速度を出しすぎると，路地等から飛び出してくる歩行者や自転車などを見落としやすくなることから，速度の出し過ぎに注意するよう運転者に対し指導する必要がある。

2．自動車が追越しをするときは，前の自動車の走行速度に応じた追越し距離，追越し時間が必要になるため，前の自動車と追越しをする自動車の速度差が大きい場合には追越しに長い時間と距離が必要になることから，無理な追越しをしないよう運転者に対し指導する必要がある。

3．バン型トラックの後方は，ほとんど死角となって見えない状態となることから，後退時の事故の要因となることがある。その対策として，バックアイカメラを装着して，死角を大きく減少させることができるが，その使用にあたっては，バックアイカメラにも限界があり，過信しないよう運転者に指導する必要がある。

4．車両の重量が重い自動車は，スピードを出すことにより，カーブでの遠心力が大きくなるため横転などの危険性が高くなり，また，制動距離が長くなるため追突の危険性も高くなる。このため，法定速度を遵守し，十分な車間距離を保つことを運転者に指導する必要がある。

5．自動車が，障害物に衝突した場合の衝撃力は，速度が2倍になると2倍になる。したがって，高速走行等においては早めのブレーキを心掛けるよう指導する必要がある。

問29　交通事故等の措置に関する次の記述のうち，適切なものを全て選びなさい。なお，解答にあたっては，各選択肢に記載されている事項以外は考慮しないものとする。

1．昼間，事業用自動車の運転者が高速道路を走行中，アクセルを踏んでも速度が上がらず徐々にスピードが落ちてきて今にも停止しそうになったため，当該事業用自動車の運転者は，非常点滅表示灯を点滅させながら，当該事業用自動車が停車することができる幅のある路側帯に停車させるとともに，非常電話で当該事業用自動車の移動を依頼した。なお，非常点滅表示灯を点滅させて停車していること，及び移動用のレッカー車が数十分で到着できるとのことなので，停止表示器材の表示は行わなかった。

2．事業用自動車で走行中の運転者が踏切を通過するため一時停止し安全を確認して発進したところ，当該事業用自動車のエンジンが突然停止して踏切内で立ち往生してしまった。当該運転者は，エンジンの再始動は困難と判断し，直ちに踏切支障報知装置の非常ボタンを押すとともに，発煙筒を使用して列車の運転士等に踏切内に当該事業用自動車が立ち往生していることを知らせるとともに，当該事業用自動車を踏切の外に移動させるための措置を講じた。

3．事業用自動車の運転者が運転中に交差点内で衝突事故を起こしたが，当方及び相手方の運転者にけがはなく，双方の自動車の損傷程度も走行に支障を及ぼすようなものではなかった。相手方の運転者との話し合いの結果，事故はお互いの過失によるものであることから，自動車の修理費用についてはお互いが自己負担することとし，警察官には事故の報告をしないこととした。

4．事業用自動車の運転者が荷物を配送中に歩行者と接触し，当該歩行者が負傷するという事故が発生した。運転者は救急車の出動を要請するとともに，警察官に事故の発生を報告した。救急車が到着して当該歩行者が病院に搬送された。当該運転者は報告の際，警察官から事故現場を離れないよう言われていたが，急ぎの荷物であり，また，届け先が近いことからすぐに戻れると思い，事故現場を離れて荷物の配送を行った。その後直ちに事故現場に戻り警察官の指示に従った。

5．事業用自動車で走行中の運転者は，大地震が発生したので当該事業用自動車を左側の路肩に寄せ停車させ様子を見ていた。この地震により道路等が損壊し車両の通行が困難となったので，当該運転者は当該事業用自動車を道路外に移動させてから避難しようとしたが，道路等の状況から当該事業用自動車を適当な場所に移動させることが困難であったため，やむを得ず停車した場所に当該事業用自動車を置き，エンジンを止め，エンジンキーを付け，窓を閉め，ドアはロックせずに安全な場所に避難した。

問30 荷主からの運送依頼に基づき，運行管理者が立てた３日間にわたる運行の計画に関する次の１～４の記述について，適切なものを全て選びなさい。なお，解答にあたっては，運行計画及び各選択肢に記載されている事項以外は考慮しないものとする。

◎３日間にわたる運行の計画

1日目	始業時刻6時 出庫時刻7時							到着時刻19時 終業時刻20時	
	(点呼) 営業所	運転 3時間	荷積み 1時間	休憩 1時間	運転 3時間	荷降し 30分	休憩 30分	運転 3時間	(点呼)(休息) 宿泊施設

2日目	始業時刻6時 出庫時刻7時									到着時刻19時30分 終業時刻20時30分	
	(点呼) 宿泊施設	運転 2時間	荷積み 30分	休憩 30分	運転 2時間	休憩 1時間	運転 2時間	荷降し 1時間	休憩 30分	運転 3時間	(点呼)(休息) 宿泊施設

3日目	始業時刻4時30分 出庫時刻5時30分									到着時刻17時30分 終業時刻18時30分
	(点呼) 宿泊施設	運転 2時間	荷積み 1時間	休憩 30分	運転 2時間	休憩 1時間	運転 2時間	荷降し 1時間	休憩 30分	運転 2時間	(点呼) 営業所

１．連続運転時間は，「自動車運転者の労働時間等の改善のための基準」（以下，「改善基準」という。）に適合しているので，交替運転者の配置は必要ないものと判断した。

２．１日についての最大拘束時間は，改善基準に適合しているので，交替運転者の配置は必要ないものと判断した。

３．休息期間は，改善基準に適合しているので，交替運転者の配置は必要ないものと判断した。

４．２日目を特定日とした場合における２日を平均して１日当たりの運転時間は，改善基準に適合しているので，交替運転者の配置は必要ないものと判断した。

実践模擬問題解答（30問）
（貨物　令和7年8月版）

問題番号		正解番号等		正（○）・誤（×）箇所の正解内容等
貨物自動車運送事業法関係	問1	2.3	○	1．貨物自動車利用運送事業→貨物軽自動車運送事業（p9上2個目●） 4．あらかじめその旨を，国土交通大臣に届け出なければならない→国土交通大臣の認可を受けなければならない。（p13下2個目●） 5．認可→許可（p10上2個目●）
	問2	A＝⑥事業計画　　　B＝③必要な員数の C＝①健康状態の把握　D＝⑦安全に運行の業務を遂行 （p19下1個目●，p22上1個目●）		
	問3	2.3	○	1．運転者又は特定自動運行保安員の選任を行うのは事業者である。（p53下7行目①） 4．勤務時間及び乗務時間を定めるのは事業者である。（p54上12行目③） 5．運行管理規程を定めるのは事業者である。（p65上2個目●）
	問4	1.2	○	3．2日間にわたる運行の場合，1日目は業務前点呼を対面で行い，2日目は業務後点呼を対面で行うため，中間点呼は要しない。業務前点呼及び業務後点呼の，いずれも対面で行うことができない場合に中間点呼を行わなければならない。（p24下1個目●） 4．酒気帯びの有無については，運転者の状態を目視等で確認するほか，アルコール検知器を用いて行わなければならない。（p25上2個目●） 5．疾病，疲労，睡眠不足等の状況については報告，確認を要しない。（p25上1個目●）
	問5	2.3 5	○	1．台数による速報の規定はない。（p69下1個目●） 4．コンテナの落下による速報の規定はない。（p69下1個目●）
	問6	5	×	5．再度事業用自動車に乗務する前に受診させる。やむを得ない事情がある場合には，乗務を開始した後1ヵ月以内に受診させる。（p47上3行目）
	問7	4	×	4．ただし書きの規定はない。他の事業者において運行管理者として選任されていた者であっても，受講させなければならない。（p66上2個目●）
	問8	5	×	5．異常のおそれがあるかどうかにかかわらず，点検し

— 402 —

問題番号		正解番号等		正（○）・誤（×）箇所の正解内容等
道路運送車両法関係				なければならない。（p49上12行目）
	問9	1.4	○	2．30日以内→15日以内（p74上6個目●） 3．前面及び後面の任意の位置→前面及び後面であって，自動車登録番号標に記載された自動車登録番号の識別に支障が生じないものとして告示で定める位置（p79下2個目●） 5．速やかに→その事由があった日から15日以内に（p75上2個目●）
	問10	2	×	2．2年→1年（p82上1行目）
	問11	A＝⑤使用者　　　　B＝③整備 C＝⑦適合しない状態　D＝①経路の制限（p88上3個目●）		
	問12	1.2	○	3．60％以上→70％以上（p96下8行目） 4．幅2.6メートル→幅2.5メートル（p91上2個目●） 5．夜間150メートル→夜間200メートル（p104上5個目●）
道路交通法関係	問13	5	×	5．勾配の急な上り坂→上り坂の頂上付近（p117下2個目●）
	問14	1.3	○	2．10メートル以内→5メートル以内（p122下2個目●） 4．15メートル以内→10メートル以内（p122下2個目●） 5．20メートル以内→10メートル以内（p122下2個目●）
	問15	2	×	2．その行為をしようとする時の3秒前のときである→その行為をしようとする地点（交差点においてその行為をする場合にあっては，当該交差点の手前の側端）から30メートル手前の地点に達したときである（p124下1個目●）
	問16	2.5	○	1．徐行しなければならない→歩道等に入る直前で一時停止し，かつ，歩行者の通行を妨げないようにしなければならない（p113下2個目●） 3．一時停止しなければならない→徐行しなければならない（p122上1個目●） 4．徐行しなければならない→その前方に出る前に一時停止しなければならない（p121上1個目●）
	問17	1.5	○	2．停止又は徐行しているときを除き→停止していると

問題番号	正解番号等		正（○）・誤（×）箇所の正解内容等
			きを除き（p134上7行目） 3．積載物等が道路に転落し，又は飛散したときは，速やかに転落し，又は飛散した物を除去する等道路における危険を防止するため必要な措置を講じなければならない。（p133上1行目） 4．本線車道等に接する路肩若しくは路側帯において運転することができなくなったときにおいても，故障等により停止しているものであることを表示しなければならない。（p139上1個目●）
問18	2．5	○	1．1年間→5年間（法143条の規定により当分の間「3年間」とする。）（p160上2個目●） 3．少なくとも30日前に使用者に予告したうえで→即時に（p153上4個目●） 4．当事者間の合意がある場合においても，法で定める労働条件の基準を理由として労働条件を低下させてはならないことはもとより，その向上を図るように努めなければならない。（p149上2個目●）
問19	3	×	3．労働時間にかかわらず→労働時間に応じ（p155下1個目●）
問20	A＝④四輪以上の自動車　　B＝⑥労働条件の向上 C＝②向上　　（p161上1～2個目●）		
問21	2．4	○	・1日についての最大拘束時間は15時間とすること。 ・1日についての拘束時間が14時間を超える回数は1週間について2回以内を目安とすること。 ・勤務終了後の休息期間が継続9時間を下回らないこと。 ・1日は始業時刻から起算して24時間をいう。 （p162～P163） ・拘束時間 　月曜日：8時～18時＋火曜日の7時～8時＝11時間 　火曜日：7時～21時＋水曜日の5時～7時＝16時間 　　　　　　　　　　　　　　　→改善基準に違反 　水曜日：5時～19時＝14時間 　木曜日：8時～21時＋金曜日の6時～8時＝15時間 　金曜日：6時～19時＝13時間 　土曜日：7時～17時30分＝10.5時間 　　　　　　　　　　　→1週間の中で最も短い ・休息期間 　月～火：18時～7時＝13時間 　火～水：21時～5時＝8時間→改善基準に違反

問題番号	正解番号等		正(〇)・誤(×)箇所の正解内容等
			水～木：19時～8時＝13時間 木～金：21時～6時＝9時間 金～土：19時～7時＝12時間 1について　拘束時間が最も短いのは土曜日である。 3について　最大拘束時間に違反する勤務は1回である。
問22	3.4	〇	・連続運転時間（1回が連続10分以上で，かつ合計が30分以上の運転の中断をすることなく連続して運転する時間をいう。）は4時間を超えないものとする。(p165上1個目●) 1．2度目の休憩10分後に運転を再開し，4時間10分（1時間40分＋2時間30分）の運転をしているが，この間に運転中断が休憩20分のため改善基準に違反している。 2．1度目の休憩30分後に運転の再開し，4時間10分（1時間＋3時間10分）の運転をしているがその間の運転中断が休憩20分のため改善基準に違反している。
問23	1.2 4	×	・拘束時間は1ヵ月について，284時間を超えず，かつ，1年について3,300時間を超えないものとする。労使協定があるときは，1年について6ヵ月までは，1ヵ月について310時間まで延長することができ，かつ，1年について3,400時間まで延長することができる。(p162上1個目●) ・拘束時間が284時間を超える月が3ヵ月を超えて連続しないものとする。(p162上2個目●) 1．284時間超えが7回あるので改善基準に違反 2．310時間超えがあるので改善基準に違反 3．284時間超えは6回，310時間超，1年3,400時間超はないので改善基準に適合 4．1年間の拘束時間が3,400時間を超えているので改善基準に違反
実務上の知識及び能力 問24	1.3 4	〇	2．業務前の点呼においてアルコール検知器を使用するのは，酒気帯びの有無を確認するためであって，道路交通法施行令で定める呼気中のアルコール濃度1リットル当たり0.15ミリグラム以上であるか否かを判定するためのものではない。 5．業務後の点呼においては，当該業務に係る事業用自動車，道路及び運行の状況について特に異常がない場合でも報告を求めなければならない。

問題番号	正解番号等		正（○）・誤（×）箇所の正解内容等
問25	1.5	○	2．定期健康診断の結果にかかわらず，業務前の点呼においては疾病，疲労，睡眠不足等についても報告を求めなければならない。 3．補助者が行う業務前の点呼において，安全な運転ができないおそれがあると判断した場合には，直ちに運行管理者に報告し，運行管理者の指示を仰がなければならない。 4．電話等による業務前の点呼並びに業務途中の点呼においては事業用自動車の運行の安全を確保するために必要な事項についての指示を省略することはできない。
問26	1.3 4	○	2．輸送安全規則第3条第5項には「酒気を帯びた状態にある乗務員を事業用自動車に乗務させてはならない。」と規定している。酒気帯び運転の防止を図るためには，お酒に弱い運転者のみを対象とするのではなく，すべての運転者を対象として，飲酒が運転に及ぼす影響等について指導することが必要である。 5．異常気象時における運行の中断，待避所の確保，徐行運転等の運転に関わることについては，運行管理者が状況を的確に把握し，運転者に対して適切な指示を行う必要があり，運転者の判断に任せてはならない。
問27	1	○	2．<u>1年以内ごと→6ヵ月以内ごと</u> 3．脳血管疾患は，定期健康診断において容易に発見することができるものではないといわれている。事業者は，運転者の健康状態や疾病につながる生活習慣を適切に把握し，また，定期健康診断の結果に基づいて生活習慣の改善を図るなど適切な健康管理を行うことの重要性とともに，脳検診の必要性を理解させるようにすることも重要である。 4．自覚症状があるかどうかにかかわらず医師からの意見聴取をしなければならない。 5．アルコール依存症は，いったん回復しても飲酒によって再発するおそれがあるので飲酒に対する指導は必要である。
問28	1.3 4	○	2．前の自動車と追越しをする自動車の速度差が小さい場合に長い時間と距離が必要になる。 5．速度が2倍になると，衝撃力は4倍になる。

問題番号	正解番号等		正（○）・誤（×）箇所の正解内容等
問29	2.5	○	1．高速道路において，故障により路側帯等に停車させるときは，非常点滅表示灯を点滅させていても停止表示器材を表示しなければならない。 3．交通事故を起こしたときは，物損事故であっても警察官に報告しなければならない。（車両等の交通による人の死傷若しくは物の損傷を「交通事故」という。） 4．警察官から事故現場を離れないよう指示されたときは，すぐに戻れる場合でも，事故現場を離れてはならない。
問30	1.4	○	・連続運転時間（1回がおおむね連続10分以上で，合計が30分以上の運転の中断をすることなく連続して運転する時間をいう。）は4時間を超えないこと。 ・連続運転時間の計算をする場合は，運転の中断は原則休憩としなければならないので，荷積み，荷下ろし等の休憩以外の時間は運転時間と考えるものとする ・最大拘束時間は15時間とすること。 ・休息期間は継続9時間を下回らないこと。 ・1日当たりの運転時間は，2日を平均し9時間を超えないこと。 （特定日と前日の平均及び特定日と翌日の平均の両方が9時間を超える場合に改善基準違反となり，片方のみ9時間を超える場合は違反とならない。） ・1日は始業時刻から起算して24時間をいう。 ・1について 連続運転時間は改善基準に適合している。 ・2について 2日目の拘束時間が16時間のため改善基準に違反している。 14.5時間（始業6時～終業20時30分）＋1.5時間（3日目4時30分～6時） ・3について 2日目から3日目にかけての休息期間が8時間のため改善基準に違反している。 ・4について 2日目（9時間）と1日目（9時間）の平均が9時間，2日目（9時間）と3日目（8時間）の平均が8.5時間のため改善基準に適合している。

— 407 —

トラック帳票一覧表

●貨物自動車運送事業法適正化事業による帳票類の備え付けは万全ですか。

運行管理関係

コード	品　名			価格	ご注文部数
101	運転者台帳	B5判	50枚	660円	
104	（労働者名簿）	A4判	30枚	660	
501	運転者台帳用ファイル（B5用）		1個	990	
113	点呼記録表（25名・A様式）途中点呼付		100枚	781	
111	点呼記録表（25名・B様式）		100枚	781	
114	点呼記録表（12名・A様式）途中点呼付		100枚	451	
112	点呼記録表（12名・B様式）		100枚	451	
506	点呼記録表用ファイル（12名用）		1個	1,595	
131	乗務実績一覧表		100枚	792	
121	乗務日報（B5判）		100枚	352	
123	運転日報（基本タイプ）（B5½判）		100枚	220	
122	運転日報（応用タイプ）（B5判）		100枚	407	
125	運行記録計による乗務記録		100枚	792	
141	運送受託簿		100枚	352	
142	作業指図書（標準）		100枚	209	
145	運行指示書（A4判 2枚複写）		1冊(30組)	627	
151	配車記録表（23台）		100枚	792	
152	配車記録表（9台）		100枚	462	
132	車両別日報集計表		100枚	792	
511	乗務員教育記録（1号様式）		50枚	660	
512	乗務員教育台帳（3号様式）		50枚	660	
503	乗務員教育記録用ファイル（索引付）		1個	990	

※「教育記録」は、教育・指導内容を詳細に記録し、出席者を記入する。保存期間3年。
「教育台帳」は、1人につき、どのような教育・指導を行ったか、箇条書きに記入する。

コード	品　名		価格	ご注文部数
161	事故記録簿	50枚	660	
533	事故報告書（重大事故・4枚複写式）	1冊(5組)	1,452	
133	車両別輸送実績表（月分、区域）	100枚	792	
171	標準引越見積書（A4判 3枚複写）	1冊(20組)	1,056	
181	運行管理規程	1冊	264	
182	整備管理規程	1冊	198	
680	標準貨物自動車運送約款　掲示用A2判	1枚	132	

書籍

	901	過去の問題の解説と実践模擬問題 運行管理者試験テキスト 貨物編　定価2,640円（税込）	部
	921	最新版 自動車六法 定価7,700円（税込）	部
	931	保安基準ハンドブック 第24版 定価1,980円（税込）	部

整備管理関係

コード	品　名		価格	ご注文部数
201	日常点検表（毎日用）	100枚	220円	
203	日常点検簿（1年間セット分）	1冊	660	
206	日常点検表（月分）(1年間セット分補充用)	1枚	53	
204	日常点検簿（トラクタ・トレーラ用）(1年間セット・ファイル付・A4判)	1冊	781	

・商品コード201は、1枚1枚切り離して使用するタイプ。A5判
・商品コード203は、表・裏にて1ヶ月分を記入するタイプ（月分）が12枚入り、1冊（1年間分）。1台ごと管理する場合に便利。B5判

コード	品　名				価格	ご注文部数
541	点検整備記録簿 1冊を1車用に決めて使用するタイプ。車両台数分必要。	B5判 2枚複写	1車3年分 1冊	264		
542		A4判 2枚複写	1車3年分 1冊	396		
543		B5判 3枚複写	1車2年分 1冊	264		
544		A4判 3枚複写	1車2年分 1冊	396		
545	点検整備記録表 どの車両と決めず、30回分使用できるタイプ。	B5判 2枚複写	30組	495		
546		A4判 2枚複写	30組	649		
547		B5判 3枚複写	30組	693		
548		A4判 3枚複写	30組	836		

※商品コード541〜548は、3ヶ月ごとの定期点検記録用紙。
2枚複写は、自社で点検整備している場合。（会社保存用＋車両携帯用）
3枚複写は、整備工場に出す場合。（会社保存用＋車両携帯用＋整備工場控）

コード	品　名		価格	ご注文部数
212	車両管理台帳綴（点検整備記録を綴じる台帳）	A4判 1冊	286	
591	整備カード	1枚	33	
593	整備作業指示伝票	100枚	352	
559	点検整備計画予定実施表（1ヶ月分）	1枚	55	
561	点検整備計画年間予定実施表	1枚	55	
750	事業報告書・実績報告書1セット（事業報告書3部・事業実績報告書3枚）	一般	990	
751	（一般）は、自社のみで営業している場合（一般・利用）は、下請けも利用し、営業している場合	一般・利用	990	
611	運行・整備管理者選任等届出書（関東）（提出部数2枚）	1枚	77	

顧客コード（請求・納品書に記載しています）　　お電話

貴社名（部署名等）

ご担当者名

初めてご注文の方、顧客コードのわからない方は下記へご住所をご記入下さい。

ご住所（　　－　　）

通信欄

●事業用自動車関係図書・帳票・特注品印刷総合商社●
株式会社 輸送文研社
https://yuso-bunken.co.jp

〈 ご注文FAX番号 **03-3861-0295** 〉
〒101-0031 東京都千代田区東神田1-3-4　TEL.03-3861-0291
※主な帳票の説明は、ホームページに記載しております。　2024年4月作成

●品物の代金・送料のお支払いは、原則として代引き（代金引換え＝着払い）となっております。●様式の内容及び価格は予告なく変更することがあります。

●ご注文の際は一覧表をコピーしてファックスでお申込み下さい。注文部数・貴社名・ご住所もお忘れなく。●商品の価格は消費税10%込みの金額です。